实训系列

21世纪高等院校财经管理系列实用规划教材

国际贸易综合模拟实验教程

袁定喜　刘增科 ◎主编
李锦生 ◎主审

内容简介

本书基于 Sim Trade 外贸实习平台编写,共分为十二章。第一章、第二章对 Sim Trade 实验前的准备工作及外贸流程进行讲解;第三到十章以进出口基本流程为主线,对第一笔交易的交易磋商、合同签订、进出口预算、租船订舱、报检报关、办理保险、制单结汇及核销退税等外贸环节从预备知识、单据填写、实验具体操作三个维度进行了详细的讲解;第十一章、第十二章分别对第二笔交易和其他笔交易进行了讲解。本书编写充分遵循循序渐进的原则,起初强调"照葫芦画瓢"进行模仿操作,然后逐步改变交易条件提高交易难度,以达到尽快让学生系统地掌握外贸业务操作和顺利适应工作岗位要求等目的。

本书可作为高校国际经济与贸易专业本、专科学生的实验教材,也可以作为国际贸易实务课程的配套用书,还可作为单证员、外销员、国际商务师等职业资格考试的参考用书。本教程不仅可以供国贸专业学生使用,还可以供国际商务、市场营销、贸易经济等专业的学生参考使用。

图书在版编目(CIP)数据

国际贸易综合模拟实验教程/袁定喜,刘增科主编. —北京: 北京大学出版社,2019.3
21 世纪高等院校财经管理系列实用规划教材
ISBN 978-7-301-30265-1

Ⅰ.①国… Ⅱ.①袁… ②刘 Ⅲ.①国际贸易—贸易实务—高等学校—教材 Ⅳ.①F740.4

中国版本图书馆 CIP 数据核字(2019)第 033941 号

书 名	国际贸易综合模拟实验教程 GUOJI MAOYI ZONGHE MONI SHIYAN JIAOCHENG
著作责任者	袁定喜 刘增科 主编
策划编辑	王显超
责任编辑	罗丽丽
标准书号	ISBN 978-7-301-30265-1
出版发行	北京大学出版社
地 址	北京市海淀区成府路 205 号 100871
网 址	http://www.pup.cn 新浪微博:@北京大学出版社
编辑部邮箱	pup6@pup.cn
总编室邮箱	zpup@pup.cn
电 话	邮购部 010-62752015 发行部 010-62750672 编辑部 010-62750667
印 刷 者	北京虎彩文化传播有限公司
经 销 者	新华书店
	787 毫米×1092 毫米 16 开本 19 印张 455 千字 2019 年 3 月第 1 版 2023 年 8 月第 3 次印刷
定 价	45.00 元

未经许可,不得以任何方式复制或抄袭本书之部分或全部内容。
版权所有,侵权必究
举报电话: 010-62752024 电子信箱: fd@pup.pku.edu.cn
图书如有印装质量问题,请与出版部联系,电话: 010-62756370

前　言

　　国际贸易是一门研究商品跨国交换过程的综合性应用学科，涉及政策、法规、贸易、金融等诸多领域，具有较强的实践性。对于高校学生而言，毕业后进入工作单位，需要有较强的实际操作能力。要达到这种要求，通常有顶岗实习和模拟训练两条途径。但是，总的来说，顶岗实习存在两大困难：一是实习单位比较难落实。主要是因为各外贸相关部门的接收能力有限，所能提供的实习岗位不多，一些外贸企业出于保护自身商业秘密的考虑而拒绝接收学生短期实习。二是实习效果往往不佳。单笔进出口业务一般涉及时间较长，从发盘到完成业务全过程可能要经历几个月甚至更长的时间，学生在短暂的实习期很难完成一笔完整的业务。实习单位可能也并不放心将一些重要业务交给实习学生处理，学生很难学到真正想学的本领。因此，基于虚拟仿真贸易环境，让学生进行贸易操作及练习，从而培养学生的具体专业技能，就显得非常有必要。

　　由南京世格软件公司和对外经贸大学联合开发的 Sim Trade 虚拟仿真平台，以进出口交易基本流程为主线，涉及交易磋商、签订外贸合同、进出口预算、租船订舱、报检报关、办理保险、制单结汇及核销退税等全部环节，涵盖进出口业务主要外贸单据，能够分出口商、进口商、工厂、出口地银行、进口地银行等角色进行生动形象、具体真实的仿真交易。Sim Trade 实习平台对于学生巩固所学专业知识、增强实践操作能力，起到了积极作用，目前在全国高校中使用广泛，是一个非常好的实习平台。

　　江苏师范大学国际经济与贸易专业基于这一平台开设国际贸易综合模拟实验课程已有十多年时间，一直由袁定喜担任实验指导教师。从长期的实际教学过程来看，目前缺乏一本与 Sim Trade 平台十分贴近的教学用书。虽然有老师在课堂上演示操作和指点，但是学生前期相关课程的掌握程度参差不齐，对老师在每次实验课程前段讲解的即时内容吸收和反应的速度也大相径庭，软件公司提供的指导用书又较为简单。因此，亟须编写一本《国际贸易综合模拟实验教程》（以下简称《教程》），以供老师讲解参考和作为学生实验操作指导，从而达到"教、学、做"一体的行动导向教学目标。

　　编写本书希望能够达到以下目的。

　　第一，帮助学生系统地掌握外贸业务知识，提升学生的外贸从业能力，培养学生的职业素养。本书对于帮助国贸专业和其他相关专业学生掌握网络商务基础知识、国际贸易基本流程，培养学生在网络时代开展国际贸易的信息意识都具有重要意义。《教程》的编写将给学生很大的学习自主性，学生可以先通过自学了解贸易活动的完整工作流程，为模拟操作做好准备。上课过程中，通过教师讲解和模拟操作，学生就能很快掌握外贸操作流程和外贸单据制作基本知识。通过对《教程》的学习和模拟操作，学生毕业后，能够在更短的时间内适应工作岗位需求。

　　第二，帮助教师开展实验教学。国际贸易综合模拟实验课不仅要求教师具有扎实的国际贸易理论知识，还要懂得进出口业务操作技能，具备良好英语基础和计算机操作及问题处理能力。目前,各高校(尤其是本科院校)普遍面临着国贸实验教师资源短缺的问题。本书的编写,可以使实验指导教师拓宽自身的知识面,尽快提高实战业务水平和科研能力、顺利开展实验教学,提升国际贸易综合模拟实验课的教学质量。

第三,提高学校实验资源的利用效率。Sim Trade 是一个开放的平台,基于浏览器操作,学生只要在校内,无论何时、何地均可访问服务器,通过账号登录进行操作。《教程》的编写,将有助于学生摆脱课堂和实验室的限制,弥补校内实训课时不足的缺陷,帮助学生随时随地进行外贸模拟操作。

本书体现出国际贸易的全景式仿真操作,着重培养学生的动手能力、理解能力和动态思维能力。本书强调基础理论与实务知识相结合,突出了实训教学外贸业务流程操作和单证操作两个重点。本书的编写充分遵循循序渐进的原则:一是各主要章节先讲预备知识和单据填写,再讲具体操作,以使学生明白为什么要进行这样的操作以及怎样进行操作这两个问题。在实验的中后期,学生已对预备知识和单据填写部分有了很好的掌握,这时可以跳过这两大部分的讲解,直接将本书各主要章节的具体操作部分串联起来进行实验。二是交易先易后难,起初强调"照葫芦画瓢"熟悉交易环节和流程,然后逐渐改变交易条件,逐步提高交易难度和考核要求,直至学生能够迅速完成任何一种商品、任何交易条件下的交易流程,准确地进行进出口预算和填写各种单据。

本书既可作为高校国际经济与贸易专业本、专科学生的实验教材,也可以作为国际贸易实务课程的配套用书,还可作为单证员、外销员、国际商务师等职业资格考试的参考用书。本书不仅可以供国贸专业学生使用,还可以供国际商务、市场营销、贸易经济等专业的学生参考使用。

本书在编写过程中,大量吸收、使用了 Sim Trade 外贸实习平台内置资料,广泛参考了国内同行的相关成果,使用了江苏师范大学商学院 13 国贸班张文静同学在校学习期间所填写的外贸单据作为样本。《教程》出版前在部分班级进行了试用,很多同学提出了宝贵的修改意见。本书的出版受到了江苏师范大学商务系统模拟仿真综合训练中心的资助,得到了北京大学出版社的大力支持,江苏师范大学商学院李锦生副院长、江南老师为《教程》的出版付出了很大的心血。本《教程》受到了江苏省教育科学规划课题"高校经济管理类学科开放性实验教学研究"(项目批准号:c-b/2011/01/03)的资助。在此,一并致以诚挚的感谢!

由于时间仓促、作者水平有限,本书难免存在不足甚至错误,恳请各位老师、同学批评指正!

袁定喜

2018 年 11 月

目　　录

第一章　实验前的准备工作 …………… 1
　【学习目标】 ……………………………… 1
　第一节　认识 Sim Trade 实习平台 …… 1
　第二节　实习主要内容和对学生的
　　　　　实习要求 ……………………… 3
　第三节　实验计划安排 ………………… 4
　第四节　认识 Sim Trade 外贸实习平台
　　　　　操作画面 ……………………… 8
　本章小结 ………………………………… 32
　复习思考题 ……………………………… 33

第二章　外贸履约流程概览与角色
　　　　注册 …………………………… 34
　【学习目标】 …………………………… 34
　【实验任务】 …………………………… 34
　第一节　进出口贸易基本流程 ………… 34
　第二节　Sim Trade 外贸履约流程 …… 42
　第三节　国内采购流程 ………………… 49
　第四节　角色注册具体操作 …………… 50
　本章小结 ………………………………… 57
　复习思考题 ……………………………… 57

第三章　广告信息发布和交易磋商 …… 58
　【学习目标】 …………………………… 58
　【实验任务】 …………………………… 58
　第一节　广告信息发布具体操作 ……… 60
　第二节　交易磋商预备知识 …………… 65
　第三节　交易磋商具体操作 …………… 71
　本章小结 ………………………………… 78
　复习思考题 ……………………………… 78

第四章　外贸合同签订与进出口
　　　　预算 …………………………… 79
　【学习目标】 …………………………… 79
　【实验任务】 …………………………… 79
　第一节　L/C＋CIF 履约流程参考 …… 79
　第二节　外贸合同签订预备知识 ……… 81

　第三节　出口预算表和进口预算表
　　　　　填写 ………………………… 88
　第四节　外贸合同签订具体操作 ……… 99
　本章小结 ……………………………… 103
　复习思考题 …………………………… 103

第五章　信用证业务 …………………… 104
　【学习目标】 …………………………… 104
　【实验任务】 …………………………… 104
　第一节　信用证预备知识 …………… 104
　第二节　信用证业务单据填写 ……… 106
　第三节　信用证业务具体操作 ……… 121
　本章小结 ……………………………… 127
　复习思考题 …………………………… 128

第六章　备货和租船订舱 ……………… 129
　【学习目标】 …………………………… 129
　【实验任务】 …………………………… 129
　第一节　备货、租船订舱预备知识 …… 129
　第二节　备货、租船订舱单据填写 …… 133
　第三节　备货、租船订舱具体操作 …… 140
　本章小结 ……………………………… 146
　复习思考题 …………………………… 146

第七章　出口报检、办理保险和
　　　　出口报关 …………………… 147
　【学习目标】 …………………………… 147
　【实验任务】 …………………………… 147
　第一节　出口报检、办理保险和出口报关
　　　　　预备知识 …………………… 147
　第二节　出口报检、办理保险和出口报关
　　　　　单据填写 …………………… 154
　第三节　出口报检、办理保险和出口报关
　　　　　具体操作 …………………… 175
　本章小结 ……………………………… 181
　复习思考题 …………………………… 181

第八章　装船出运、结汇、出口核销与退税 ······ 182
【学习目标】 ······ 182
【实验任务】 ······ 182
第一节　装船出运、结汇、出口核销与退税预备知识 ······ 182
第二节　装船出运、结汇、出口核销与退税单据填写 ······ 187
第三节　装船出运、结汇、出口核销与退税具体操作 ······ 197
本章小结 ······ 204
复习思考题 ······ 204

第九章　进口报检、进口报关与提货 ······ 205
【学习目标】 ······ 205
【实验任务】 ······ 205
第一节　进口报检、进口报关与提货预备知识 ······ 205
第二节　进口报检、进口报关与提货单据填写 ······ 208
第三节　进口报检、进口报关与提货具体操作 ······ 220
本章小结 ······ 222
复习思考题 ······ 223

第十章　进口付汇核销和销货 ······ 224
【学习目标】 ······ 224
【实验任务】 ······ 224
第一节　进口付汇核销预备知识 ······ 224

第二节　进口付汇到货核销表填写 ······ 225
第三节　进口付汇核销和销货具体操作 ······ 227
第四节　意外事故处理 ······ 228
本章小结 ······ 230
复习思考题 ······ 230

第十一章　第二笔交易 ······ 231
【学习目标】 ······ 231
【实验任务】 ······ 231
第一节　不同贸易术语、不同结算方式的比较 ······ 231
第二节　第二笔交易基本要求 ······ 235
第三节　第二笔交易单据的填写 ······ 236
第四节　第二笔交易流程 ······ 240
本章小结 ······ 245
复习思考题 ······ 245

第十二章　其他笔交易 ······ 246
【学习目标】 ······ 246
【实验任务】 ······ 246
第一节　买卖商品的选择与报价 ······ 246
第二节　其他方式下的交易流程 ······ 255
第三节　实习成绩评定与常见问题处理 ······ 273
本章小结 ······ 277
复习思考题 ······ 277

附录　单据样本 ······ 278

参考文献 ······ 297

第一章 实验前的准备工作

【学习目标】

1. 认识 Sim Trade 实习平台。
2. 掌握实习内容和实习要求。
3. 了解不同的实习安排。
4. 熟悉 Sim Trade 操作画面。

第一节 认识 Sim Trade 实习平台

由对外经济贸易大学与南京世格软件公司合作开发的 Sim Trade 实习平台软件，开发时间较早，相对比较成熟，在全国高校国际经济与贸易专业中被普遍采用。借助 Sim Trade 实习平台软件，学生可分别扮演出口商、进口商、工厂、出口地银行、进口地银行等一个或多个角色，对国际货物买卖流程进行逼真的模拟操作。通过一段时间的上机操作，学生能在较短的时间内了解整个进出口操作流程，学会准确缮制各种单据，进行成本控制、利润核算，掌握询盘、发盘、还盘、接受等各环节的基本技巧。通过进出口贸易模拟操作，使学生置身于接近现实的进出口贸易环境中，成为交易的主体。学生在实验过程中，能体会进出口贸易中不同当事人的不同地位、面临的具体工作和互动关系，学习外贸公司利用各种办法控制成本以达到利润最大化的思路，了解供求平衡、竞争等宏观经济现象，并且学会合理地利用贸易方法理论，真正体验进出口贸易的乐趣与风险。

Sim Trade 实习平台中的用户名、密码和角色分配等工作由实习指导老师在正式上课前提前录入。一般来说，实习学生的用户名为自己的学号，原始密码一般没有或是有规律的数字（如学号）字母（后面需要及时修改），学生可以扮演的角色有五个，分别是：出口商、进口商、工厂、出口地银行和进口地银行（如图1.1、图1.2①）。

---

① 本书操作画面来源于 Sim Trade3.0 版本，其他版本只是在画面风格上有些不同，但主体内容没有大的差异。

图1.1 Sim Trade 登录界面

图1.2 Sim Trade 五角色

1. 出口商

出口商可随时了解公司的业务、库存和资金状况,通过电子邮件进行商务磋商,通过业务中心签订并履行出口合同和采购合同,通过单证中心缮制所需单据。具体来说主要操作流程为:签外销合同、审核信用证、备货、租船订舱、出口报检、出口保险、出口报关、装船出运、制单交单、结汇、核销、退税。Sim Trade 中假定全部的出口商所在国家均为中国。

2. 进口商

进口商同样可以随时了解公司的业务、库存和资金状况,通过电子邮件进行商务磋商,通过业务中心签订进口合同、履行合同、销售产品。具体来说主要操作流程为:签外销合同、申请开立信用证、租船订舱、进口保险、接收议付单证、付款赎单、进口报检、进口报关、提货、销货。Sim Trade 中,进口商由系统生成随机分布于世界上不同的国家。

3. 工厂

工厂主要负责同出口商进行磋商,接受出口商委托生产符合合同要求的产品,具体来说主要包括:签购销合同、组织生产、通知付款提货、放货等环节。Sim Trade 中也假定全部工厂都在中国。

4. 出口地银行

出口地银行主要向各经营者提供贷款还贷、信用证结算、国际汇款、国际托收等金融服务。具体来说包括：接收信用证，通知出口商、接收出口商交来的议付单证，寄单到进口地银行、接收进口地银行的付款，通知出口商已结汇。

5. 进口地银行

进口地银行主要向各经营者提供贷款还贷、信用证结算、国际汇款、国际托收等金融服务。具体来说主要包括：接收进口商的开证申请，开立信用证，并通知出口地银行；接收出口地银行的议付单证；接收进口商付款，付款到出口地银行。

第二节 实习主要内容和对学生的实习要求

一、实习主要内容

（1）利用 Sim Trade 提供的各项资源，做好交易前的准备工作。

（2）学会运用网络资源宣传企业及产品。

（3）使用 Sim Trade 邮件系统进行业务磋商，掌握往来函电的书写技巧。

（4）掌握不同贸易术语在海运、保险方面的差异。在询盘、发盘、还盘、接受环节的磋商过程中，灵活使用贸易术语（CIF、CFR、FOB）与结算方式（L/C、T/T、D/P、D/A），正确核算成本、费用与利润，以争取较好的成交价格。

（5）根据磋商内容，正确使用贸易术语与结算方式签订外销合同。

（6）掌握四种主要结算方式（L/C、T/T、D/P、D/A）的进出口业务流程。

（7）根据磋商内容做好备货工作，正确签订国内买卖合同。

（8）正确判断市场走向，做好库存管理。

（9）正确填写各种单据（包括出口业务中的报检、报关、议付单据，进口业务中的信用证开证申请）。

（10）掌握开证、审证、审单要点。

（11）学会正确预算并合理利用各种方式控制成本以达到利润最大化的目标。

（12）体会国际贸易的物流、资金流与业务流的运作方式，体会国际贸易中不同当事人的不同地位、面临的具体工作与互动关系。

二、对学生的实习要求

（1）计算机必须能够访问校园网（实验一般只能在校内完成，校外无法访问 Sim Trade 服务器）。

（2）遵守相关法律法规，不得在网上发表违法言论，不得做与实验无关的事情。

（3）用自己的学号登录 Sim Trade 外贸实习平台系统，进入后修改自己的密码。

（4）每个角色必须完成以下任务。

① 出口商：至少完成 5 笔以上出口业务（要用不同的贸易术语加结算方式，交易不同的商品）。

② 进口商：至少完成 5 笔以上进口业务（要用不同的贸易术语加结算方式，交易不同的商品）。

③ 工厂：至少完成 5 笔以上业务（交易不同的商品）。

④ 进口地银行：完成对信用证申请的审核及开证、审单工作，完成托收方式下审单并通知进口商取单工作。

⑤ 出口地银行：完成信用证方式下的审证、审单工作，完成托收方式下审单并将单据发送给进口地银行工作。

三、有关分数

① 本系统根据学生实习情况自动评分。评分标准包括基本资料、单据制作、财务状况、库存状况、供求信息、邮件管理、业务能力等七项。请同学们在做业务时，多找不同的交易对象交易不同的产品，搭配使用不同的结算方式和贸易术语。在指导老师不对评分标准进行修改的情况下，完成第一笔交易时，系统评分一般在 40 分左右，完成 5 笔以上完整业务，系统评分一般能够达到 60 分。如希望获得更高分数，需要完成更多笔业务。

② 学生的目前等级大致反映得分情况，每颗白钻代表 5 分，每颗金钻代表 10 分。

第三节 实验计划安排

通过实习，让每个学生深刻理解进出口贸易中一般贸易的实际应用和其中的工作细节。以下列出几种实习安排方式，请老师和同学们根据本校的教学计划作相应调整。

一、实习分组安排

可以分 1 人一组、5 人一组、2 人一组和不分组几种情况进行实习。

（1）1 人一组实习方式是指某个同学同时扮演出口商、进口商、工厂、出口地银行、进口地银行 5 个角色，是自己的各个角色之间开展交易。该方式主要适用于实习的开始阶段，有助于学生在短时间内熟悉不同角色的操作环境，尽快进入角色。

（2）5 人一组实习方式是指 5 个同学分别扮演出口商、进口商、工厂、出口地银行、进口地银行 5 个角色，相互之间开展交易。

（3）2 人一组实习方式是指一名同学扮演出口商、出口地银行 2 个角色，另一名同学扮演进口商、进口地银行、工厂 3 个角色，相互之间开展交易。

（4）不分组实习方式指让学生在班级范围内自由选择交易对象，由学生自行决定所扮演的角色，相互之间开展交易。

老师要做的准备工作如下。

（1）给每个学生分配好或帮助学生选择好不同的角色。

（2）在信息管理中发布实习内容的通知，要求学生按"淘金网"上的"通知"内容进行实习。

（3）要求分组学生相互配合完成各自承担的工作。学生做第一笔业务时建议使用自己的 5 个角色（1 人一组）进行交易，建议选用 CIF 的贸易术语结合 L/C 的结算方式，以便熟悉整个交易流程。第二笔交易可以按 2 人一组的实习方式进行。第三笔及以后交易可以让学生自由选择所承担的角色。要求每个学生都要使用四种主要结算方式（L/C、D/P、D/A、T/T），结合三种贸易术语（CIF、CFR、FOB），做 5 笔以上的业务。

（4）检查学生到课状况，及时掌握学生实习进度。

二、自动银行的设置

由于工作量较小，Sim Trade 中的银行角色（包括出口地银行、进口地银行），不参与评分。在实习后期或者实习时间较为紧张的情况下，实验指导老师可以设置自动银行，让系统代替学生自动处理银行相关业务。设置方法有两种，新增一个学生账号或将现有某个学生的银行角色设为自动银行。然后将设置好的自动银行编号告知学生，方便使用。两种设置方法分别如下。

1. 新增一个学生账号

（1）老师登录后，在"学生管理"画面，单击"增加"按钮。

（2）输入学号，在角色中勾选"出口地银行""进口地银行"。然后单击"确定"按钮（如图 1.3 左图所示）。

（3）增加完成后，在"学生管理"画面，分别单击刚才新增账号的出口地银行与进口地银行对应的"Y"处。

（4）在弹出的角色管理画面中勾选"成为自动银行"项，再单击"确定"，完成设置（如图 1.3 右图所示）。

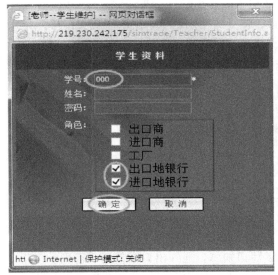
左图

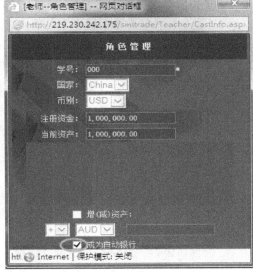
右图

图 1.3 设置自动银行

2. 使用现有学生账号

除了新增学生账号的方法外，老师还可以直接在现有学生账号中选择一个，将其出口地银行、进口地银行同时设置为自动银行，设置过程参考第一种方法。

三、实习时间安排

1. 54 及以上课时的实习

这项实习计划适用于学生在校集中学习的学校。

(1) 老师要做的准备工作。

① 介绍如何使用 Sim Trade。

② 在用户管理中给每个学生分配好 5 个角色。

③ 要求在实习期间尽可能多做业务，熟练掌握进出口业务及操作技巧。

④ 检查学生到课状况，及时掌握学生实习进度。

(2) 第 1~8 课时。

老师安排每个学生先用自己的 5 个角色做第一笔业务，进行 1 人一组的实习，便于尽快熟悉每个角色的业务操作。

实习内容如下。

① 了解 Sim Trade 基本用法。

② 以每个角色登录并注册公司名称，在"基本资料"中详细填写公司资料。

③ 进入每个角色的画面，对照在线帮助说明，熟悉操作环境和每个角色的具体工作。

④ 出口商、进口商了解并掌握各项核算，可参考在线帮助中"预算表的填写"部分。

⑤ 在"淘金网"中寻找合适的交易商品，发布公司广告、产品广告及供求信息。

⑥ 使用邮件系统与交易对象（自己）建立初步的业务联系，并进行交易磋商。

出口商、进口商之间的询盘、发盘、还盘、接受的往来函电，要求用英文撰写。

出口商、工厂之间的询价、报价、还价、接受等环节的往来函电，要求用中文撰写。

⑦ 签订 1 笔结算方式为 L/C、贸易术语为 CIF 的外销合同，填写预算表，双方签字确认并开始履行合同。

(3) 第 9~20 课时。

学生参考在线帮助，履行前面所签订的外销合同，完成第一笔交易。

实习内容如下。

① 进口商：申请开证。

② 进口地银行：审核开证申请书，开信用证，交进口商确认。

③ 进口商：确认信用证。

④ 进口地银行：通知出口地银行。

⑤ 出口地银行：对照合同审核信用证，填写通知书，通知出口商信用证已到。

⑥ 出口商：审证并接受信用证。若信用证有问题，可发邮件给进口商要求其修改。

⑦ 出口商：备货，与工厂进行邮件磋商，按工厂接受的价格签订国内买卖合同。

⑧ 工厂：确认买卖合同，组织生产，出货。

⑨ 出口商：制单，办理租船订舱、报检、保险、报关、出运、押汇事宜。

⑩ 出口地银行：审单，寄议付单据给进口地银行。

⑪ 进口地银行：审单，通知进口商赎单。

⑫ 进口商：付款、赎单、办理进口报检、报关、提货、销货、付汇核销事宜。

⑬ 出口商：办理结汇、核销、退税事宜。

(4) 第 21~32 课时。

第一笔业务完成后，可进行 2 人一组的实习，开始第二笔交易。一位同学做出口商、出口地银行，另一位同学做进口商、进口地银行和工厂。交易结束，两人互换角色再完成同样的交易，才算完整完成第二笔交易。第二笔交易可采用 D/P+FOB 的方式进行。

实习内容如下。

① 发布公司、产品广告与供求信息。

② 在"淘金网"通过供求信息、广告，或在"公司库"中寻找合适的交易对象，并与其进行交易磋商。

出口商、进口商之间的询盘、发盘、还盘、接受的往来函电，要求用英文撰写。

出口商、工厂之间的询价、报价、还价、接受等环节的往来函电，要求用中文撰写。

③ 出口商、进口商：签订 1 笔外销合同，结算方式为 D/P，贸易术语为 FOB，填写预算表，双方签字确认并开始履行合同。

④ 出口商：备货，按工厂接受的价格签订国内买卖合同。

⑤ 工厂：组织生产，出货。

⑥ 出口商：制单，办理订舱、报检、报关、出运、发装船通知、向银行交单（D/P 方式下）事宜。

⑦ 进口商：负责租船、根据出口商的装船通知办理保险。

⑧ 出口地银行：审单，寄单给进口地银行。

⑨ 进口地银行：审单，通知进口商赎单。

⑩ 进口商：付款、赎单，办理进口报检、报关、提货、销货、付汇核销事宜。

⑪ 出口商：办理结汇、核销、退税事宜。

(5) 余下课时。

老师安排学生进行不分组的实习，让学生自由寻找交易对象，要求每个学生的出口商、进口商和工厂角色至少各完成 3 笔业务，且其中出口商与进口商的业务须分别采用 T/T+CFR、D/A+CIF、L/C+FOB 3 种方式。如感到实习时间过紧，可设置自动银行供学生使用。

2. 8 周的实习

这项实习计划适用于部分学生有实习单位，部分学生无实习单位的学校。

老师要做的准备工作。

① 介绍如何使用 Sim Trade。

② 在用户管理中给每个学生分配好 5 个角色。

③ 安排无实习单位的学生在第 1~7 周自行上网实习。实习期间，可自由选择交易对象。无交易对象时，学生可用自己的 5 个账号自行交易，要求每人必须完成以下实习任务。

出口商：至少完成 5 笔出口业务（L/C、D/P、D/A、T/T 至少各 1 笔）。

进口商：至少完成 5 笔进口业务（L/C、D/P、D/A、T/T 至少各 1 笔）。

工厂：至少完成 5 笔买卖合同。

进口地银行：至少完成 2 笔信用证开证申请书的审核及开证、审单。
出口地银行：至少完成 2 笔审证、审单。
④ 安排第 8 周所有学生在学校集中上机实习。
⑤ 要求在实习期间尽可能多做业务，熟练掌握进出口业务及操作技巧。
注意事项：老师要事先安排好每个学生的联络方式，以解决学生在 1～7 周实习中的答疑问题。
实习内容参照"54 及以上课时的实习"的相关内容。

第四节　认识 Sim Trade 外贸实习平台操作画面

开始实习之前，需要老师提前将学生学号等信息录入系统为参加实习的学生分配实习账号。账号分配好以后，学生就可以访问并登录 Sim Trade 外贸实习平台。打开网页（建议使用 IE 浏览器）后，在网页地址栏中输入网址（通常为 Sim Trade 服务器 IP 地址加上"simtrade"，请务必牢记网址，以便下次访问），进入 Sim Trade 外贸实习平台登录页面（如图 1.4）。

图 1.4　Sim Trade 外贸实习平台登录页面

由于 Sim Trade 外贸实习平台中，出口商、进口商、工厂、出口地银行、进口地银行 5 个角色的操作画面较为相似，我们主要介绍"出口商"操作画面。进入 Sim Trade 外贸实习平台主页面之后，输入用户名（通常为学号）、密码（初始密码通常没有或与学号相同，如无初始密码，修改密码前不用输入），用户类型选择"出口商"，然后单击"登录系统"，就会进入出口商主页面。

> 提示：等后面修改好密码后，再次登录 5 个角色中的任何一个角色主页面时，可以让电脑记住自己的账号、密码，以方便下次迅速登录。一般实验室机房装有还原系统，电脑重新启动后，前面记住的账号、密码就不再显示，因此不用担心账号、密码被他人获取。

一、出口商主页面

图 1.5 为出口商主页面，列有"查阅在线帮助"（内容和"帮助"完全一样，后面即将阐述）、"实习要求"（前文已经阐述）、"您目前的等级"（最高为 10 颗金钻，每颗金钻相当于 10 分，每颗白钻相当于 5 分）、"在线列表"（单击后可以查看在线的同学和老师，以方便寻找交易伙伴）、"系统提示"（如图 1.6，帮助出口商分析目前的经营状况，以便及时改进提高实习成绩）和"我的公文夹"等链接。

图 1.5　出口商主页面

图 1.6　系统提示

"我的公文夹"（如图 1.7）是 Sim Trade 中的文件管理中心，用户在这里可以看到所有的合同及单据列表，也可以将有用的广告、信息和产品资料收藏进来，随时查看；同时还列出了该用户的当前状态及成长过程，便于及时掌握自己的实习状况，弥补不足。

单击"我的公文夹"按钮，可以进入文件管理页面。

图 1.7　我的公文夹

1. 我的文件

单击画面上方的"我的文件"按钮，可分别查看合同（如图 1.8）与单据（如图 1.9）列表。如果合同与单据很多，可以将它们加入"我的收藏"，这样寻找时更为便捷。

图 1.8 我的合同

图 1.9 我的单据

2. 我的收藏

单击画面上方的"我的收藏"按钮，可分别查看收藏的合同、单据、信息、广告和产品资料。用户在找到有用的资料时，可以单击右边的"收藏"按钮，将其加入收藏夹中。

3. 我的状态

单击画面上方的"我的状态"按钮，可分别查看该用户目前的状态及成长情况。

（1）我的状态：包括资产、库存、业务状况等，其中等级最高为 10 颗金钻，每颗金钻相当于 10 分，每颗白钻相当于 5 分。

（2）我的成长：为学生能力柱状图和曲线图，包括综合能力、单据填写熟练程度、业务流程熟练程度和预算能力四项，以每笔已完成的合同为单位。

二、出口商基本资料

单击出口商主画面上方的第二个按钮 ，可打开用户资料的操作画面（如图 1.10），用于记录公司各项详细信息。

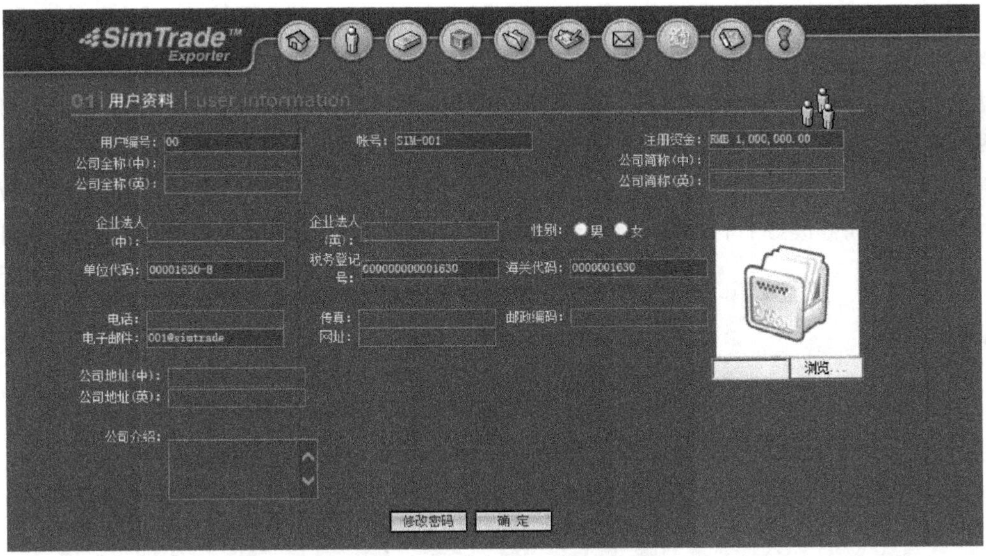

图 1.10 出口商用户资料

用户编号、账号、注册资金、单位代码、税务登记号、海关代码、电子邮件等内容都是系统统一分配的,学生不能修改,在填写单据过程中会用到。其他内容需要学生在填写资料时详细填写。

> **提示**:请注意系统生成的电子邮件地址,出口商为"学号+1@simtrade",进口商为"学号+2@simtrade",工厂为"学号+3@simtrade",出口地银行为"学号+4@simtrade",进口地银行为"学号+5@simtrade",实验指导老师为"指导老师账号+6@simtrade"。注意,这里加1、2、3、4、5只是涉及电子邮件地址,后面在起草合同中填写交易对象编号时,只需填写相应学号即可,不要在后面再加上1、2、3、4、5。

单击"修改密码"按钮,可对登录密码进行修改(如图1.11)。

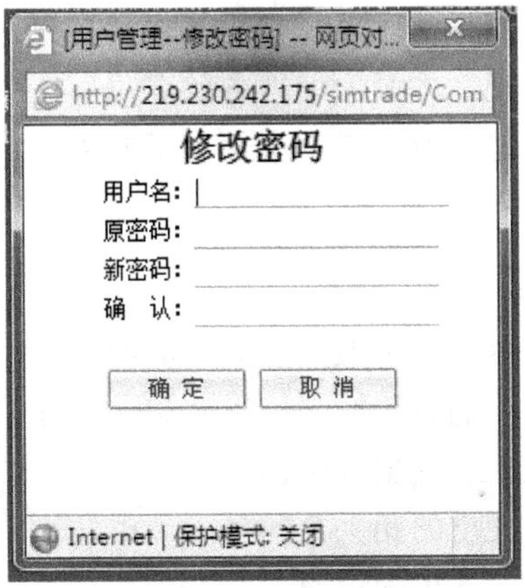

图 1.11 修改密码

在修改密码时，用户名填写自己的姓名，然后输入原始密码（如果没有原始密码则无须填写），输入新密码，再次输入新密码确认，然后单击"确定"按钮。弹出用户密码修改成功的网页对话框（如图1.12），密码修改完成。如没有原始密码，但在修改密码过程中系统提示"原始密码不正确"，则可能是密码已经修改好了。出口商密码修改好后，进口商、工厂、出口地银行、进口地银行都无须再次修改密码，5个角色统一使用此时改好的新密码。密码修改好后，学生应该牢记该密码，如果忘记密码可向实验指导老师咨询。

图1.12 用户密码修改成功提示

三、出口商财务资料

单击出口商主画面上方的第三个按钮，可打开财务资料的操作画面。这里相当于公司的财务部，所有业务往来发生的收入、支出都在"日记账"中体现，所有与贷款有关的项目都在"贷款明细"中体现。本画面的财务状况只用于查询，不能做任何修改。在本画面中，注册资金与币别都不可修改；贷款余额＝所有未还贷款的总金额；库存资产＝库存量×采购成本。

1. 日记账

单击"日记账"按钮，可进入日记账的画面（如图1.13）。
时间：记录发生收入、支出的具体时间，以"年-月-日　时:分:秒"倒序排列。
收入、支出：记录发生收入、支出的金额。
合同号：记录发生收入、支出的相关合同号。
项目描述：记录发生收入、支出的说明。

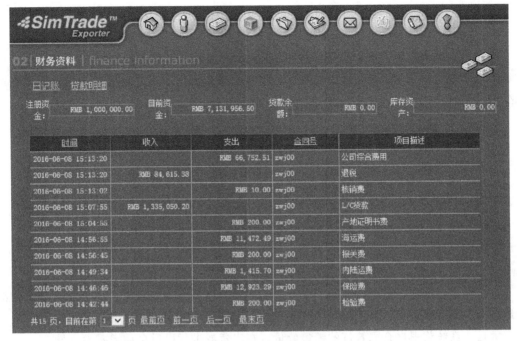

图 1.13 日记账画面

2. 贷款明细

单击"贷款明细"按钮，可进入贷款明细的画面（如图 1.14）。

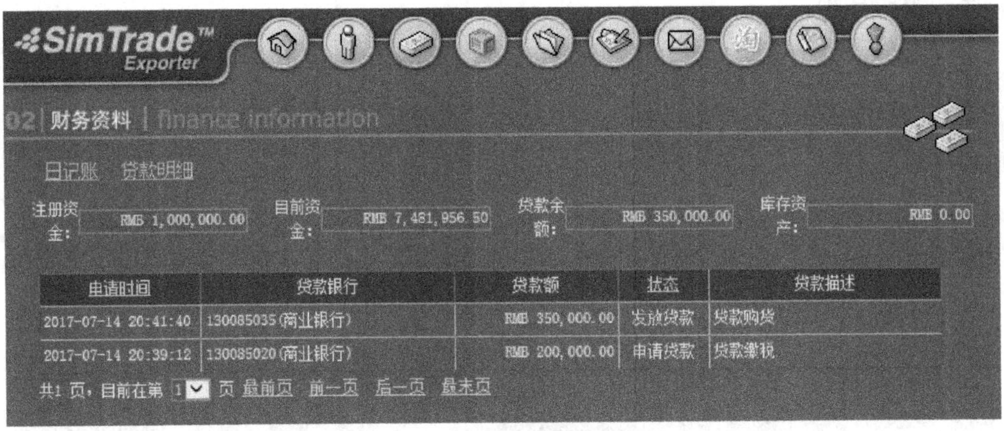

图 1.14 贷款明细画面

申请时间：按贷款申请的具体时间，以"年-月-日 时:分:秒"倒序排列。

贷款银行：显示贷款银行的编号，以便今后还贷时输入。

贷款额：显示贷款的金额，其中的币别为出口商申请贷款时所输入的币别，但在涉及公司资金流转时贷款金额将自动转换成以本国货币计算。

状态："申请贷款"表示银行尚未批准此项贷款，"发放贷款"表示银行同意贷款，并将贷款金额划入申请贷款者的账户中。

贷款描述：是出口商在向银行申请贷款时填写的内容。

四、库存状况

单击出口商主画面上方的第四个按钮 ,可打开库存状况的操作画面(如图 1.15),这里相当于公司的仓库。随着业务的进展,系统将根据进货后库存量增加,销货后库存量减少的原则自动统计出来,本画面只能查询,不能做修改。

图 1.15 库存资料画面

商品编号、名称:与"淘金网"中"产品展示"里的资料相对应。进货或出货时,系统均以商品编号来自动计算库存量的增减。

数量:系统将根据合同签订的销售数量,在出货或进货以后自动增减库存量。

库存成本:显示出口商向工厂采购时所签合同中有关该项产品采购成本的平均数。例如:出口商分别向两家工厂采购同样数量的某产品,与 A 工厂签订的合同金额为 10 元/件,与 B 工厂签订的合同金额为 12 元/件,则两次进货后,显示的采购成本为 11 元/件。

五、业务中心

业务中心是 Sim Trade 中非常重要的操作界面,外贸模拟实验中的大部分工作需要通过登录这个界面来完成。单击出口商主画面上方的第五个按钮 ,可打开业务中心的操作画面(图 1.16)。

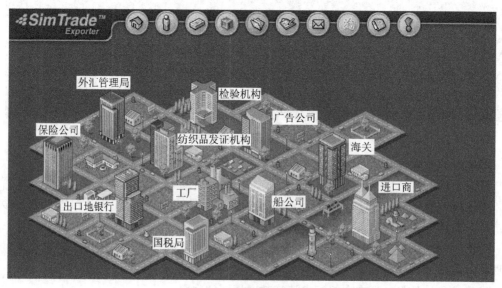

图 1.16 出口商业务中心

在地图上，每个建筑物表示与业务相关的工作机构，鼠标移到建筑物上，画面显示相应名称。单击该建筑物（如：进口商），会在弹出对话框中列出与该机构（如：进口商）相关的工作内容（如：起草合同）。业务中心的具体操作请参考履约流程与快速入门。

六、业务日志

单击出口商主画面上方的第六个按钮 ，可打开业务日志的操作画面，这里对出口业务中的相关流程加以标识，让操作者及时了解业务的进行状况。

1. 出口业务

可查看出口业务的完成状况（如图1.17）。列出此合同项下，从起草合同开始到业务结束全过程中发生的事件，包括错误操作。注意，这里显示的是主合同业务状况，如果要查看其他合同的业务日志，请单击"切换主合同"，每次只能就一笔合同查看业务日志。

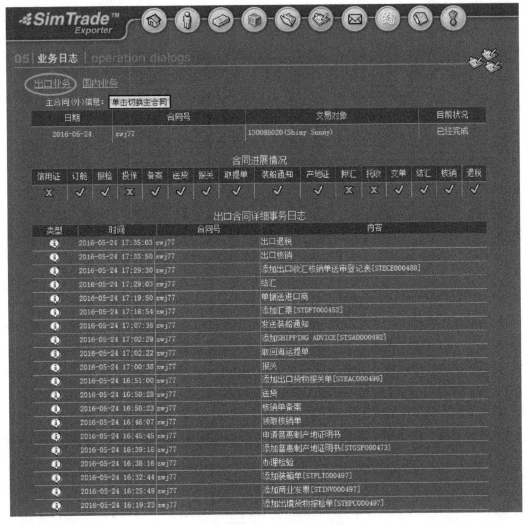

图 1.17　业务日志—出口业务

日期：指外销合同的日期。本画面以外销合同日期做倒序排列显示，因此在签订外销合同时，建议使用者输入固定的日期格式（例如：YYYY-MM-DD）。

合同号：为外销合同的合同号。

交易对象：显示外销合同的买方（BUYER）用户编号与公司简称。

目前状况：根据合同的签订、履行的进程，显示当前的执行情况，更详细的状况可以看下方的业务进程标识。

合同进展情况：包括信用证、订舱、报检、投保、备案、送货、报关、取提单、装船通知、产地证、押汇、托收、交单、结汇、核销、退税等环节，是相关出口业务过程的状态标识。系统在这些项目的下方以"√"表示已完成状态，以"×"表示未完成状态。根据贸易条件与结算方式的不同，有些项目是可以为"×"的。例如：CFR方式下由进口商投保，则出口商"投保"项的下方可以为"×"；而进口商在做了投保后，其"投保"项下才会改为"√"。

2. 国内业务

可查看国内采购业务的完成状况（如图1.18），操作方法同"出口业务"。

图1.18　业务日志—国内业务

七、我的邮件

单击出口商主画面上方的第七个按钮，进入邮件系统（如图1.19），在这里可通过邮件与各个用户进行联系。由于邮件是Sim Trade外贸实习平台自动评分的内容之一，学生在进行模拟操作过程中，最好使用Sim Trade自带的邮件系统进行联系，使用Sim Trade邮件系统以外的联系方式（如QQ、Sim Trade系统以外的电子邮箱等）进行联系时，系统将无法对所发送邮件进行加分。

图1.19　我的邮件

邮件系统的使用和普通电子邮件的使用并没有大的差异，具体过程如下。

1. 打开邮件系统

登录成功后，单击画面上方的"我的邮件"按钮，打开邮件系统。

> **提示**：学生在实习时，应常看新邮件信息，以争取更多的业务机会。

2. 发送新邮件

操作步骤如下。

（1）单击左上方的"新建"。

（2）填写收件人、主题、合同号与内容。其中，收件人必须写交易对象的邮件地址（"学号＋1或2或3或4或5@simtrade"，可在公司库中查到），合同号填写该邮件相关的合同号码，如发送邮件时未涉及合同，则"合同号"一栏可不填。

（3）写完后，单击邮件画面左上方的"发送"按钮，完成新邮件的发送。此时，可单击"已发送邮件"，确认邮件发送信息是否正确。

> **提示**：在发邮件时应在全文的署名下面写上发件公司的联系资料，以方便对方联络。

3. 收邮件

在收件箱内，Sim Trade 将出口商、进口商、工厂、出口地银行、进口地银行、管理员、教师及系统信息分别进行管理，使用者应及时查看新邮件，以免错失良机。

八、淘金网

单击出口商主画面上方的第八个按钮 ，可打开"淘金网"画面（如图 1.20）。"淘

图 1.20　"淘金网"首页

金网"是 Sim Trade 中一个仿真的 B2B 电子商务中心,提供完全仿真的国际商业环境。"淘金网"是进行 Sim Trade 外贸模拟实习的重要依据,使用者可在各个页面中分别查到通知、今日汇率、运费、保险费、其他费用、税率,以及交易商品、工厂、出口商与进口商等各种资料。关键词搜索功能帮助使用者快速找到需要的供求信息、公司、产品资料,为外贸实习提供更大空间。

1. 首页

"淘金网"首页上方有"产品展示""公司库""银行""运费查询""保险费""其他费用""税率查询"等按钮。"淘金网"首页左上方有"通知"栏,有南京世格公司的联系方式,学生在实验过程中如遇到操作问题也可以直接向世格公司进行咨询。老师也可在此发布一些通知公告,供学生单击查看。"淘金网"有市场信息、出口商供应信息、出口商需求信息、进口商需求信息、供应商供应信息和其他信息等内容,学生可以通过查看这些信息了解国内外市场状况,分析、选择适当的目标市场与交易对象。当然,在学生首次查看这里的时候,由于班级同学尚未发布相关信息,因此这里可能会看不到任何具体信息。

2. 产品展示

单击"淘金网"上的"产品展示"按钮,进入产品展示页面(如图 1.21)。Sim Trade 外贸实习平台中,共提供了 200 种(每页 10 种,共 20 页)不同类型的商品以供交易。请注意,在进行 Sim Trade 实验过程中,交易的商品必须要在这 200 种商品之中。学生在通过输入关键词或单击"全部"右边的 按钮选择搜索不同类型的商品。

图 1.21 "淘金网"产品展示

我们可以单击打开"详细情况"(如图 1.22、图 1.23),了解商品的基本资料,以便从中选择适当的产品进行交易。

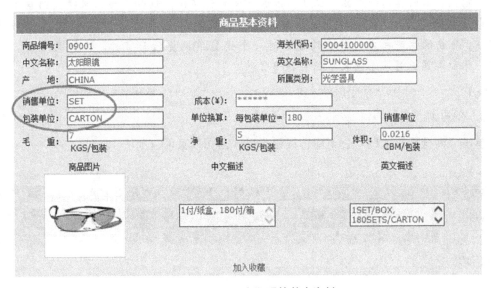

图 1.22　01005 甜玉米罐头基本资料

图 1.23　09001 太阳眼镜基本资料

（1）商品编号。商品编号也称商品代码、商品代号，是为了便于识别输入、储存和处理，用来表示商品一定信息的一个或一组有规律的符号。Sim Trade 外贸实习平台中，200 种商品中的每种商品都有 1 个商品编号与之对应。在合同及各类单据中增加、修改商品资料时，需引用此编号（Product No.）。

（2）海关代码。海关代码也称海关编码、H. S. 编码，为编码协调制度的简称。我国目前使用的海关代码，一共 10 位，其中前 8 位称为主码，后 2 位称为附加码。Sim Trade 外贸实习平台中，200 种商品中的每种商品都有 1 个海关代码与之对应。记下海关代码，可到"淘金网"中的"税率"页面查此类商品的固定税率，这将对进口商、出口商、工厂的税收核算起到重要作用。

（3）中文名称、中文描述。产品的中文名称与描述，多用于出口商与工厂签的购销合同、出口商制作的出境货物报检单等单据中。

（4）英文名称、英文描述。产品的英文名称与描述，多用于出口商与进口商签的外销合同、出口商制作的商业发票、装箱单等单据中。

（5）所属类别。商品所属大类，在有些单据中会用到，如出口收汇核销单。

（6）销售单位。在 Sim Trade 中，合同的成交数量以销售单位来计算，单据中的 Quantity 项也是以销售单位来填写的。

（7）包装单位。在 Sim Trade 中，体积与重量都是针对一个包装单位而言的。单据中有关"Package"或"件数"项，须填写包装的数量及单位；有关"毛重"或"净重"项，须先根据成交数量计算出包装数量，再根据包装数量计算出重量来填写。

（8）毛重、净重。在 Sim Trade 中，毛、净重是指一个包装单位的毛、净重。

（9）体积。在 Sim Trade 中，体积是指一个包装单位的体积，使用者在计算总体积时，必须先算出包装数量，再以包装数量乘以单件包装的体积，方能算出总体积。

> **提示**：不同类别的产品，销售单位和包装单位不同。例如：甜玉米罐头销售单位和包装单位都是 CARTON，而太阳眼镜的包装单位是 CARTON，销售单位却是 SET。货物的生产成本和单价均是针对一个销售单位货物而言的，而有关毛重、净重、体积却是针对一个包装单位货物而言的。

3. 公司库

单击"淘金网"上的"公司库"按钮，进入公司库页面（如图1.24）。

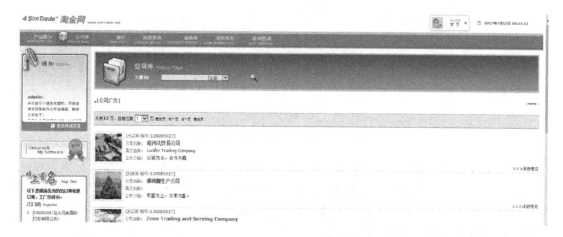

图 1.24 "淘金网"公司库

在这里可以查到所有出口商、进口商、工厂的详细资料，可以在公司库搜索栏中输入关键词寻找交易伙伴并查看其信息。Sim Trade 公司库页面"榜上有名"模块对成绩优秀（排名前十）的出口商、进口商和工厂进行了公司排名，为做实验的同学调查、评估交易对象资信状况、选择正确交易对象提供准确信息。公司广告为使用者宣传自己提供了一席之地，提升其扩大业务的机会，单击公司广告右侧的"more"按钮可进入查看。

4. 银行

单击"淘金网"上的"银行"按钮,进入银行页面(如图1.25)。

图 1.25 "淘金网"银行

在这里可以查到所有出口地银行、进口地银行的详细资料。在做申请开证、押汇、结汇、赎单、贷款等业务时,可在此页面查询银行编号,在银行搜索栏中输入关键词可以寻找相关银行并查看其信息。在"淘金网"银行页面的左下方可以看到"今日汇率"牌价(如图1.26),它表示100外币可以兑换人民币的数量。从图1.26可以看出,100欧元＝877.65元人民币,100日元＝8.3245元人民币,100美元＝638.78元人民币。在Sim Trade实验操作中,必须要用这里提供的汇率进行换算,不能到网上搜索实验当天的实际汇率。如果要将美元换算成欧元,可以先将美元换算成人民币,然后换算成欧元,这时需要先用美元乘以6.3878,再除以8.7765。

名称	汇率
AUD	654.74
CAD	644.15
CHF	728.06
EUR	877.65
GBP	1006.75
HKD	81.93
JPY	8.3245
RMB	100
SEK	95.19
SGD	513.55
USD	638.78

图 1.26 Sim Trade 今日汇率

5. 运费查询

单击"淘金网"上的"运费查询"按钮,进入运费查询页面(如图1.27)。本页可查询国内港口名称与国外港口运费信息。

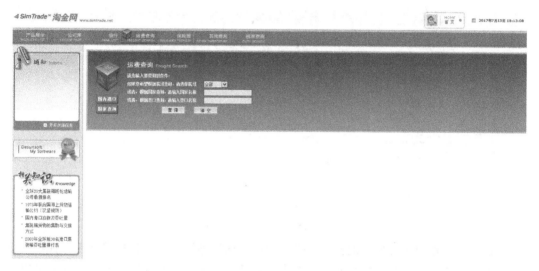

图1.27 "淘金网"运费查询

这里的运费是指货物从装运港运到目的港的海运费,与出口预算表、进口预算表中的"内陆运费"是两个不同的概念。在运费查询页面的左下方可以看到有关运输运费的知识,可以单击查看学习参考。

单击运费查询页面中的"国内港口"按钮(如图1.28),可以看到50个国内港口的"港埠代码""港口英文名称""港口中文名称"等资料。Sim Trade外贸实习平台假定出口商全部是在中国,学生在后面实验过程中,必须选择这50个国内港口之一作为装运港(Port of Shipment),所用的港口中英文名称必须与这里保持完全一致。

图1.28 "淘金网"国内港口查询

单击"国家查询"按钮，可以看到全球不同国家的"国别代码""英文名称""中文名称""币别"等相关信息（如图1.29）。

图1.29 "淘金网"国家查询

运费在进出口业务中所占的比重不容小觑，它直接影响到成交方式及最终的交易金额。Sim Trade外贸实习平台在计算海运费时没有体现出不同装运港的差异，但是不同的目的港运费价格不同。在交易磋商阶段必须了解相关运费，以便做好成本核算。在查询运费时，需要搞清楚该笔交易进口商所在国家和目的港（Port of Destination）。可以直接单击"查询"按钮，然后通过翻页找到进口商所在港口查询运费。也可以在图1.30中第一栏空白处选择不同的航线，或者是在第二栏空白处准确填入查询进口商所在国家的中文或英文名称，或者是在第三栏空白处填入需要查询的目的港港口的中文或英文名称来查询运费。

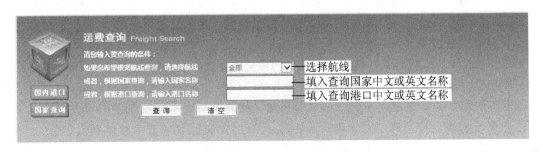

图1.30 "淘金网"运费查询

假设进口商在澳大利亚，目的港为悉尼。我们选择澳新航线进行查询，就可以看到如图1.31所示的目的港"港埠代码""所属航线""港口名称""国家与地区"等相关信息。

找到悉尼港，单击最右侧的"查看"按钮，就会出现如图1.32所示的港口信息和港口费用。

港埠代码	所属航线	港口名称		国家与地区		查看
		英文	中文	英文	中文	
AUADE	澳新	ADELAIDE	阿德莱德	Australia	澳大利亚	
AUBLB	澳新	BELL BAY	贝尔贝	Australia	澳大利亚	
AUBNE	澳新	BURNIE	伯尼	Australia	澳大利亚	
AUBRI	澳新	BRISBANE	布里斯班	Australia	澳大利亚	
AUFRE	澳新	FREMANTLE	弗里曼特尔	Australia	澳大利亚	
AUHBT	澳新	HOBART	霍巴特	Australia	澳大利亚	
AUMEL	澳新	MELBOURNE	墨尔本	Australia	澳大利亚	
AUPTH	澳新	PERTH	佩斯	Australia	澳大利亚	
AUSYD	澳新	SYDNEY	悉尼	Australia	澳大利亚	
VUPVI	澳新	PORT VILA CITY	维拉港	Vietnam	越南	

图 1.31 具体港口查看

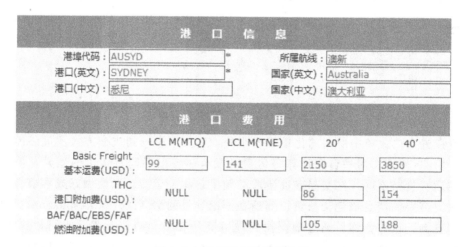

图 1.32 港口信息和港口费用

在 Sim Trade 外贸实习平台中，20'集装箱的有效容积为 25CBM（立方米），限重为 17.5TNE（吨），40'集装箱的有效容积为 55CBM，限重为 26TNE，其中 1TNE＝1 000KGS（公斤）。如果货物的总重量和总体积都较小，建议使用拼箱的方式来进行装运，以节省运费。拼箱货（less than container load，LCL），是指装不满一整箱的小票货物。拼箱是指承运人（或代理人）接受货主托运的数量不足整箱的小票货运后，根据货类性质和目的地进行分类整理，把运往同一目的地的货物，集中到一定数量拼装入箱。由于一个箱内有不同货主的货拼装在一起，所以叫拼箱。拼箱货在计算运费时有两个标准，分别按体积和按重量进行计算。按体积计算，$X_1 =$每立方米基本运费×总体积（CBM）；按重量计算，$X_2 =$每吨基本运费×总毛重（TNE）。拼箱货的运费取 X_1、X_2 中较大的一个。

如果货物的重量或体积接近或超过装载一个集装箱时，建议选用 20'或 40'集装箱进行装运。1 个 20'或 40'集装箱的运费是与之对应的基本运费加上港口附加费和燃油附加费。如果有 n 个 20'或 40'集装箱，则计算总运费时需要在 1 个 20'或 40'集装箱运费的基础上乘以 n。

Sim Trade 中，可以选择拼箱方式，也可以选择用 20'或 40'集装箱装运。但是一票货物，不可以一部分用 20'（或 40'）集装箱，另一部分用拼箱的方式进行装运；也不可以一部分用 40'集装箱，另一部分用 20'集装箱装运。必须要么全部用拼箱，要么全部用规格相同的集装箱。

6. 保险费

单击“淘金网”上的“保险费”按钮，进入保险费查询页面。出口商、进口商在做核算时，要来此页面查询保险费率，用以计算要支出的保险费用，以期争取对自己更有利的成交价格。在此页面左下方有保险关系、保险策略、保险手续、保险基本险、保险一切险、保险附加险、保险索赔与理赔等保险相关知识，可以单击查看（如图 1.33）。

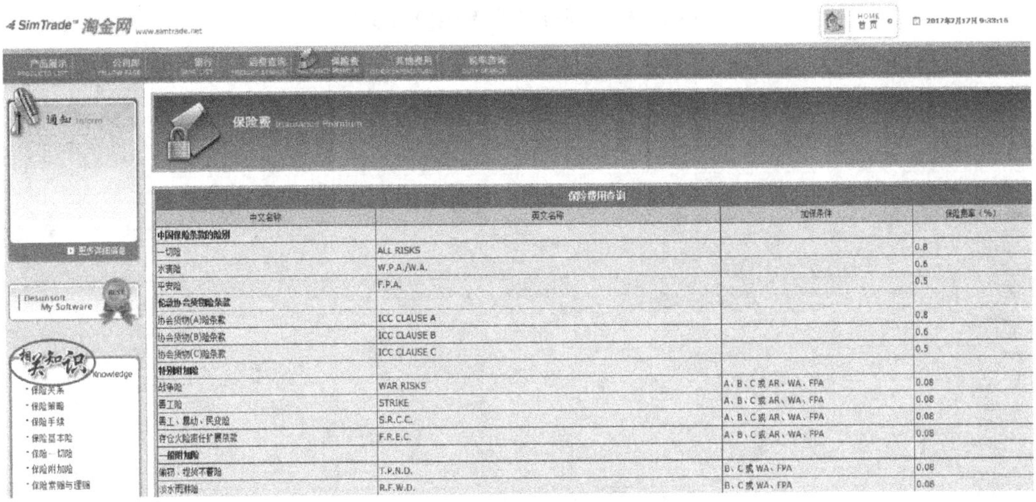

图 1.33　“淘金网”保险相关知识

在计算保险费费率时，需要根据所投保险险种进行加总计算，一般是基本险费率加上附加险费率。请注意，这里的保险费率后面有一个“%”，在计算时不要忘记（如图 1.34）。

保险费用查询

中文名称	英文名称	加保条件	保险费率（%）
中国保险条款的险别			
一切险	ALL RISKS		0.8
水渍险	W.P.A./W.A.		0.6
平安险	F.P.A.		0.5
伦敦协会货物险条款			
协会货物(A)险条款	ICC CLAUSE A		0.8
协会货物(B)险条款	ICC CLAUSE B		0.6
协会货物(C)险条款	ICC CLAUSE C		0.5
特别附加险			
战争险	WAR RISKS	A、B、C或 AR、WA、FPA	0.08
罢工险	STRIKE	A、B、C或 AR、WA、FPA	0.08
罢工、暴动、民变险	S.R.C.C.	A、B、C或 AR、WA、FPA	0.08
存仓火险责任扩展条款	F.R.E.C.	A、B、C或 AR、WA、FPA	0.08
一般附加险			
偷窃、提货不着险	T.P.N.D.	B、C或 WA、FPA	0.08
淡水雨淋险	R.F.W.D.	B、C或 WA、FPA	0.08
短量险	RISK OF SHORTAGE	B、C或 WA、FPA	0.08
混杂、沾污险	RISK OF INTERMIXTURE & CONTAMINATION	B、C或 WA、FPA	0.08
渗漏险	RISK OF LEAKAGE	B、C或 WA、FPA	0.08
碰损、破碎险	RISK OF CLASH & BREAKAGE	B、C或 WA、FPA	0.08
串味险	RISK OF ODOUR	B、C或 WA、FPA	0.08
受热、受潮险	DAMAGE CAUSED BY HEATING & SWEATING	B、C或 WA、FPA	0.08
钩损险	HOOKDAMAGE	B、C或 WA、FPA	0.08
包装破裂险	RISKS OF BREAKAGE	B、C或 WA、FPA	0.08
锈损险	RISK SOFRUST	B、C或 WA、FPA	0.08
转运险	TRANSHIPMENT RISKS	B、C或 WA、FPA	0.08
仓至仓条款	W TO W	B、C或 WA、FPA	0.08
不计免赔率	I.O.P.	B、C或 WA、FPA	0.08

图 1.34　“淘金网”保险费用查询

7. 其他费用

单击"淘金网"上的"其他费用"按钮，进入其他费用查询页面。这些费用是出口商、进口商、工厂进行预算支出及预估利润的计算依据（如图1.35、图1.36）。

图1.35　"淘金网"其他费用按钮

图1.36　"淘金网"其他费用明细

对Sim Trade外贸实习平台中的"其他费用"，需要作几点说明：第一，邮费不是指使用电子邮件的费用（电子邮件免费），而是指在T/T结算方式下，出口商通过邮寄方式把有关单据直接寄给进口商所支出的邮寄费用。邮费只在T/T方式下由出口商支付，L/C、D/P、D/A方式下出口商无须支付；无论何种结算方式下，工厂和进口商都没有邮费。第二，发布广告和信息是出口商、进口商和工厂必须要做的工作（系统自动评分的一个方面），但每发布一条广告或信息都需要支付一定的费用，因此必须根据实际需要发布广告、信息。第三，内陆运费根据商品总体积进行计算，因此必须对商品总体积进行准确计算。第四，工厂、出口商、进口商三个角色都有公司综合费用，工厂的公司综合费用要以工厂与出口商签订的内合同金额为基础进行计算，出口商、进口商的公司综合费用均要以出口商与进口商签订的外合同金额为基础进行计算。第五，这里对于进口商的费用按人民币进行计算，进口商在核算时需要根据"淘金网""今日汇率"换算成自己国家的本位货币。第六，出口商向出口地银行、进口商向进口地银行支付的费用与结算方式有关，有关信用证方面的费用只是在L/C方式下才有，托收手续费只在D/P或D/A方式下才有，电汇手续费只有在T/T方式下进口商才需向进口地银行支付。第七，有些费用有最低和（或）最高限额。

8. 税率查询

单击"淘金网"上的"税率查询"按钮,进入税率查询页面。在税率查询页面左下角,有进出口货物征税管理办法、出口退税报关手续等方面的知识链接,可以单击查看(如图1.37)。

图1.37 "淘金网"税率查询按钮

我们第一笔交易的交易商品为"01005甜玉米罐头",可以到"淘金网""产品展示"中查到其海关代码(海关编码)为"2005800000",将其复制粘贴到"税率查询"中的"海关编码"栏中,单击"查询"按钮,就可以看到如图1.38所示的01005甜玉米罐头的相关税率。

图1.38 "淘金网"税率查询

> **提示**:在查询税率时,建议只是将产品展示中的海关代码复制粘贴到"税率查询"中的"海关编码"栏中进行查询。不要将商品名称填写到"税率查询"中的"货物名称"栏中,否则就有可能查询不到。主要原因是产品展示中用的商品名称为通俗名称,而这里却需要输入商品的专业名称,如产品"01005甜玉米罐头"的专业名称为:非用醋制作的未冷冻甜玉米。

我国海关进出口税则表是应税商品和免税商品的系统分类表,无论是进口税还是出口税都用一个税则商品目录,并在进口税率栏同时列出优惠和普通两栏高低不同的税率,运用优惠税率的国家是与我国订立关税互惠协议的国家,运用普通税率的国家是与我国未订立关税互惠协议的国家。在 Sim Trade 中,进口关税统一按优惠税率征税,学生可以根据海关编码查询产品各项税率用以计算。

从图 1.38 可以看到,"01005 甜玉米罐头"适用的税率为:进口税 10%(统一按优惠税税率)、出口税 0%、增值税 17%、消费税 0%(无论从量还是从价都为 0%)、出口退税 5%,监管条件为"AB"。

单击监管条件下的"AB",可以查看商品的监管条件代码及含义。《货物通关单》的获得需要由检验机构经对商品检验合格后签发,因此监管条件为"AB",也就意味着,该项商品要进行进口检验和出口检验并获得相应证书(如图 1.39)。

监管条件代码及含义

代码	含义	代码	含义	代码	含义
A	入境货物通关单	a	请审核预核签章	1	进口许可证
B	出境货物通关单	b	***	2	进口许可证(轿车用)
C	入境货物通关单(民用商品验证)	c	***	3	***
D	出/入境货物通关单(毛坯钻石用)	d	***	4	出口许可证
E	***	e	***	5	定向出口商品许可证
F	濒危物种进出口允许证	f	***	6	旧机电产品禁止进口
G	被动出口配额证	g	***	7	自动进口许可证或重要工业品证明
H	***	h	***	8	禁止出口商品
I	精神药物进(出)口准许证	i	***	9	禁止进口商品
J	金产品出口证或人总行进口批件	j	***		
K	***	k	***		
L	***	l	***		
M	***	m	***		
N	机电产品进口许可证	n	***		
O	自动进口许可证(新旧机电产品)	o	***		
P	进口废物批准证书	p	***		
Q	进口药品通关单	q	***		
R	***	r	预归类标志		
S	进出口农药登记证明	s	适用ITA税率商品用途认定证明		
T	银行调运外币现钞进出境许可证	t	关税配额证明		
U	白银进口准许证	u	进口许可证(加工贸易,保税)		
V	***	v	***		
W	麻醉药品进出口许可证	w	***		
X	有毒化学品环境管理放行通知单	x	***		
Y	***	y	出口许可证(边境小额贸易)		
Z	进口音像制品批准单或节目提取单	z	***		

图 1.39 监管条件代码及含义

九、帮助

单击出口商主画面上方的第九个按钮 ,可打开帮助画面。帮助画面有实习目标、操作画面简介、出口商的工作(履约流程步骤参考、国内采购流程、出口预算表的填写)、业务助手(单据填写样本参考、了解产品的基本特点、发布信息与广告、邮件系统的使用、我的公文夹、常见问题)、在线学习、L/C+CIF 快速入门、T/T+FOB 快速入门等内容。如有问题,可以查看在线帮助。

十、退出

如需退出出口商角色,可以单击出口商主画面上方的第十个按钮,回到 Sim Trade 登录画面。

十一、其他角色简介

1. 进口商

回到 Sim Trade 登录画面后,用进口商身份登录。进口商的相关页面与出口商大体相同,这里我们主要介绍其中的一些差异。第一,用户资料页面差异(如图 1.40)。前面出口商用户资料需要分别用中英文填写,而进口商用户资料需要全部用英文填写;出口商注册资金为 100 万元人民币,进口商注册资金为 200 万元人民币,但需要换算成自己所在国家使用的货币,币种为注册资金里面的币别。第二,业务中心差异(如图 1.41)。前面出口商业务中心页面(图 1.16)中,在页面最右边为交易对象进口商,在页面的左边是与出口商有关联的相关单位;进口商业务中心页面中,在页面最右边为交易对象出口商,在页面的左边是与进口商有关联的相关单位。Sim Trade 外贸实习平台中,假定出口商的货物是从工厂那里购买来的,进口商的货物最终需要在进口国市场销售掉,因此出口商业务中心里有工厂无市场,进口商业务中心里有市场无工厂。

> **提示**:每位同学的进口商所在的国家是不一样的,由系统随机分配,因此学生在操作业务时需根据国别来选择港口,从而进行报价并查询相应的运费、保险费等各项费用。进口商个人资料中的注册资金币种为该进口商所在国家本位货币币种。

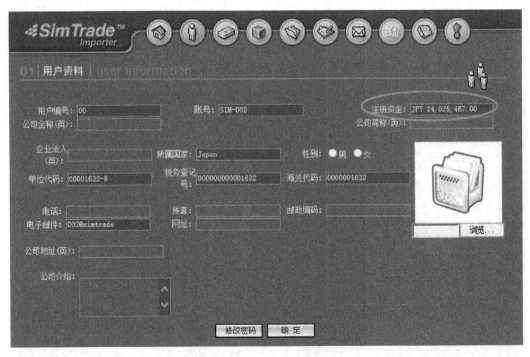

图 1.40 进口商用户资料页面

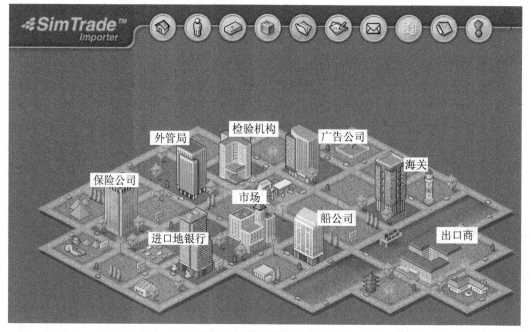

图1.41 进口商业务中心

2. 工厂

用工厂身份登录。其相关页面也与出口商大体相同。其差异主要表现在：第一，用户资料页面差异（如图1.42）。工厂用户资料需要全部用中文填写。第二，业务中心差异（如图1.43）。工厂相关业务全部在国内完成。第三，"淘金网"产品展示中商品基本资料的差异（如图1.44）。出口商、进口商都无法看到商品成本（指生产成本），而工厂角色是可以查看到的。

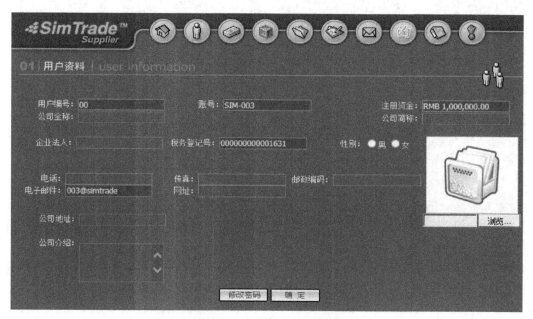

图1.42 工厂用户资料页面

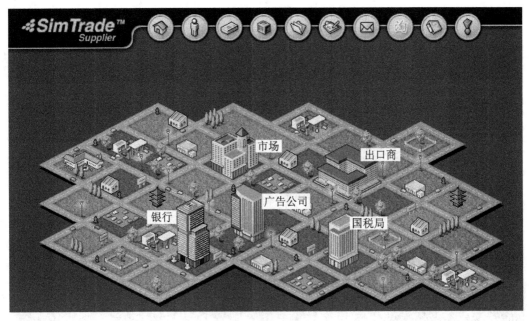

图 1.43　工厂业务中心

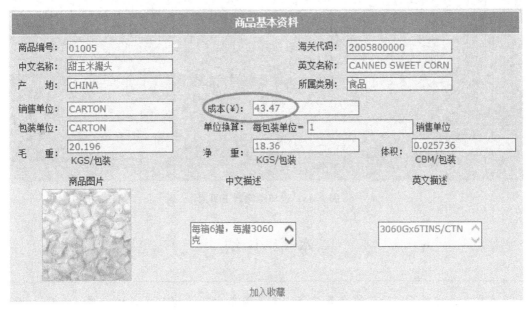

图 1.44　生产成本查看

3. 出口地银行和进口地银行

分别用出口地银行（如图1.45）和进口地银行（如图1.46）身份登录，可以看到上面的按钮和出口商、进口商、工厂有所差异，没有库存、业务中心、业务日志的按钮，多了贷款业务、信用证、结汇单据的按钮。出口地银行用户资料需要用中英文填写，进口地银行用户资料用英文填写即可。

32 | 国际贸易综合模拟实验教程

图 1.45　出口地银行主页面

图 1.46　进口地银行主页面

本 章 小 结

　　本章主要讲解了实验前的准备工作。首先简单介绍了出口商、进口商、工厂、出口地银行和进口地银行 5 个角色的主要工作，使学生形成对 Sim Trade 实习平台的初步认识。然后阐明了实习主要内容、实习要求，使学生对自己要做的工作及要求有一个大致的了解。接下来对实验计划的实习分组、时间安排等作了说明。最后对 Sim Trade 外贸实习平台尤其是出口商的操作画面进行了详细介绍，对其他各个角色操作画面与出口商操作画面的差异进行了说明。

复习思考题

1. Sim Trade 实习平台中，出口商、进口商、工厂、出口地银行和进口地银行 5 个角色的主要工作分别是什么？
2. Sim Trade 实习主要内容有哪些？
3. 出口商"财务资料"操作画面主要包括哪些内容？
4. 出口商"业务中心"操作画面相关业务工作机构有哪些？
5. 出口商"淘金网"页面下的主要内容有哪些？
6. 进口商、工厂操作画面与出口商操作画面分别存在哪些差异？

第二章 外贸履约流程概览与角色注册

【学习目标】

1. 掌握出口、进口贸易基本流程。
2. 掌握 Sim Trade 中 L/C 方式下履约流程,理解各具体步骤的简介。
3. 掌握 Sim Trade 中 D/P、D/A、T/T 与 L/C 的差别。
4. 了解国内采购流程。

【实验任务】

详细准确地完成出口商、进口商、工厂、出口地银行、进口地银行 5 个角色的注册工作。

进出口贸易较为复杂,掌握主要履约流程对于理解和掌握 Sim Trade 外贸实习平台的操作十分必要。并不是所有的进出口贸易业务流程都完全一致,但是其主要流程相差不大。本章首先介绍进出口贸易基本流程,然后结合 Sim Trade 介绍进出口流程和国内采购流程。

第一节 进出口贸易基本流程

一、出口合同的履行

经过贸易磋商(询盘、发盘、还盘、接受)后,进出口贸易买卖双方签订合同后就进入合同履约阶段。在国际贸易中,采用不同的价格术语和支付方式,卖方履行合同就会有不同的做法。在我国的出口业务中,广为使用的是以信用证支付方式和 CIF 价格术语成交的合同。在此方式下,出口合同的履行一般需经过备货、催证、审证、改证、租船订舱、商品检验、投保、报关、装船、制单、交单、结汇等环节的工作。在这些环节中,其中以证(催证、审证和改证)、货(备货、报验)、船(租船订舱、办理货运手续)、款(制单、结汇)四个环节最为重要。

1. 催证、审证和改证

这是在信用证方式付款条件下履行出口合同,及时和安全收汇的前提和关键环节。

(1)催证。

在按信用证付款条件成交时,买方应严格按照合同的规定按时开立信用证,这是卖方履约的前提。尤其是大宗交易或按买方要求而特制的商品交易，买方及时开证更为必要；否则，卖方无法安排生产和组织货源。但在实际业务中，买方往往会拖延开证。出现下列情况之一者，卖方需向买方催开信用证：进口方未按合同规定的时间开立信用证；合同装运期较长，此时货已备妥、船期已有保证，卖方想提前装运；原合同规定的开证期已到，市场发生变化对买方不利；发现买方资金短缺、资信不佳。卖方可以通过信函、电传等方式催促进口方开立信用证。必要时，也可请我驻外机构或中国银行协助代为催证。

（2）审证。

出口商收到通知行送来的信用证后，首先进行审查。在实际业务中，由于种种原因，买方开来的信用证常有与合同条款不符的情况，为了确保收汇安全、维护我方的利益，我们应对国外来证，按合同进行认真的审查和核对。这对于贯彻我国对外贸易方针政策，履行货物装运任务，按约交付货运单据，及时、安全地收取货款等都具有重要意义。

在实际业务中，银行和进出口企业共同承担审证任务。其中，银行着重审核开证行的政治背景、资信能力、付款责任和索汇路线等方面的内容，进出口企业则着重审核信用证的内容。出口企业收到经银行审核转来的信用证后，为了安全起见，也应尽量根据自身能力对信用证的内容进行全面审核或复核性审核。

（3）改证。

经审证后，发现有不符合或不能接受之处，即应请开证申请人通过开证行进行修改。

如果没有问题就接受信用证，便可以开始和供货工厂签订合同并安排生产备货。

2．备货、报验

备货、报验工作是指卖方根据出口合同的规定，按时、按质、按量地准备好应交的货物，并做好申请报验和领证工作。

（1）备货。

备货是进出口企业根据合同或信用证规定，向有关企业或部门采购或准备货物的过程。备货工作的主要内容包括：及时向生产、加工或供货部门安排货物的生产、加工、收购和催交，对应交的货物进行清点，核实品质、规格，进行必要的包装和刷制唛头等工作。

（2）报验、申请原产地证。

凡属国家规定或合同规定必须经中国进出口商品检验局检验出证的商品，在货物备妥后，应向商检机构申请检验，只有取得商检机构的合格检验证书后，海关才能放行。凡经检验不合格的货物，一律不得出口。

申请报验时，应填制"出口报验申请单"，向商检机构办理申请报验手续，该申请单的内容，一般包括品名、规格、数量或重量、包装、产地等项，在提交申请单时，应随附合同和信用证副本等有关文件，供商检机构检验和发证时做参考。

当货物经检验合格，可领取检验合格证书，以便海关放行。出口企业应在检验证规定的有效期内，将货物装运出口。要注意的是，如卖方在规定的有效期内不能将货物报运出口，应向商检机构申请延期，并由其进行复验，合格后才准予出口。

申请原产地证。产地证有普通的《原产地证书》（Certificate Of Origin）与《普惠制产地证明书》（Generalized System of Preferences Certificate of Origin "Form A"），所有各种类型的原产地证都可以向出入境检验检疫局申请。普通原产地证也可以向中国国际贸易促进委员会（以下简称贸促会 CCPIT）申请签发。现在是网上申请，网上审批。经相关机构审核通过后根据出口商的请求，签发相应的产地证书。

3. 租船订舱、投保、报关、装船出运

（1）租船订舱。

在 CIF 条件下，卖方在工厂备货即将完成时，在信用证要求的装船期前，出口商要提前寻找合适的货代并安排租船订舱，以提前做好装运准备。如果出口货物数量较大，需要整船载运的，出口企业则要办理租船手续；如果出口货物数量不大，不需整船装运的，出口企业则要安排洽订班轮或租订部分舱位运输。确定好船务公司后，出口商即应该根据相应的船期，配合信用证规定的装运期限进行订舱。外贸公司把租船订舱委托单、发票、装箱单、报关委托书（现在是无纸化网上办理）等发给货代公司用来办理出口租船订舱、报关及装运手续。货代联系相关船务公司办理租船订舱，在获得船务公司接受后发"配舱通知"（配载通知）给外贸公司。外贸公司将配载通知发给工厂，并安排工厂根据该通知将货物送到指定的集装箱场站（或者到工厂拖箱装货）。

（2）投保。

在 CIF 条件下，投保是卖方的责任。因此，凡是按 CIF 价格成交的出口合同，在货物装船前，卖方应根据合同和信用证规定的保险险别、保险金额和投保加成等，及时向保险公司办理投保手续。此时，通常应填写国外运输险投保单，列明投保人名称、货物名称、标记、运输路线、船名或装运工具、开航日期、航程、投保险别、保险金额、投保日期、赔款地点等。保险公司据此考虑接受承保并签发保险单。保险公司承保后，签发"货物运输保险单"（Cargo Transportation Insurance Policy）给出口商。必须注意，保险单的签发日期必须早于或等于提单日期，不能晚于提单日期。

（3）报关。

报关是指出口货物装船出运前，出口企业向海关申报的手续。按照我国《海关法》的规定：凡是进出国境的，必须经由设有海关的港口、车站、国际航空站进出，并由货物所有人向海关申报，经过海关放行后，货物才可提取或者装船出口。报关时，须填写"出口货物报关单"，连同其他必要的单证，如装货单、合同副本、信用证副本、发票、装箱单、商检证书等送交海关申报。海关查验货、证、单相符无误，并在装货单上盖章放行后，货物即可凭以装船。

（4）装船出运。

货物装船妥当后即可开船。船务公司须等到货物装上船并开船后才签发海运提单。出口商或者其委托的货代就可以到船公司领取海运提单。出口商在货物装船并开船后，必须立即向进口商发出装船通知"Shipping Advice"。装船通知的内容包括船名、航次、提单号、件数、毛净重、唛头等。

4. 制单结汇

货物装运后，出口企业应按信用证的规定，缮制各种单据，并在信用证规定的有效期内，送交银行办理议付结汇手续。缮制单据要正确、完整、及时、简明、整洁，单据与信用证要求一致（单证一致），单据与单据之间一致（单单一致），单据与货物一致（单货一致），单据与合同一致。各种单据的缮制是否正确完备，将直接关系到收汇能否安全迅速。

我国常见的结汇方式有以下三种。

（1）收妥结汇。又称先收后结，或收妥付款，指信用证议付行收到出口企业的出口单据后，经审查无误，将单据寄交国外付款行索取货款的结汇做法。待议付行收到付款行将货款拨入该行账户的贷记通知书（Credit Note）时，按当日外汇牌价，将货款折成人民币拨入出口企业的账户。

（2）押汇。押汇又称买单结汇，即指议付行在审单无误情况下，按信用证条款贴现受益人（出口企业）的汇票或者以一定的折扣买入信用证下的货运单据，从票面金额中扣除从议付日到估计收到票款之日的利息，将余款按议付日外汇牌价折成人民币，拨给出口企业。

（3）定期结汇。这是指议付行根据向国外付款行索偿所需时间，预先确定一个固定的结汇期限，并与出口企业约定该期限到期后，无论是否已经收到国外付款行的货款，都主动将票款金额折成人民币拨交出口企业。

5. 出口退税

为大力推进贸易便利化，国家外汇管理局、海关总署、国家税务总局决定，自2012年8月1日起在全国实施货物贸易外汇管理制度改革，取消出口收汇核销单，企业不再办理出口收汇核销手续。

出口商收汇后，按照和工厂签订的购销合同，安排工厂开具增值税发票。收到工厂的增值税发票后，出口商到国税局办理增值税发票认证（以后逐渐转为网上认证）。等增值税发票认证通过后，网上税务平台会返回认证通过信息，然后出口商在网上填妥退税申请的表单，确认无误后上传国税局。

国税局对上传的退税申请表单等通过后，外贸公司就可以下载打印这些表单，经外贸公司法人签字，加盖外贸公司公章，然后送给国税局退税备案。国税局待全部信息到齐无误后，就会将退税款打入出口商账户。

6. 索赔和理赔

在履行出口合同过程中，如因买方未按合同规定履行义务，致使卖方遭受损失，卖方可根据不同对象、不同原因以及损失大小，实事求是地向买方提出索赔。如因卖方未按合同规定履行义务，买方对卖方提出索赔，卖方应当认真处理。应当指出，在履行出口合同时，多系买方就商品的品质、数量、包装等问题向卖方索赔。如果确属卖方责任，则需本着实事求是的原则进行理赔。

图2.1为出口贸易流程图，较为详细地列出了不同结算方式（L/C、D/P、D/A、T/T）出口贸易流程及所需单据，对于做好国际贸易综合模拟实验和今后从事出口贸易工作具有重要的参考价值。

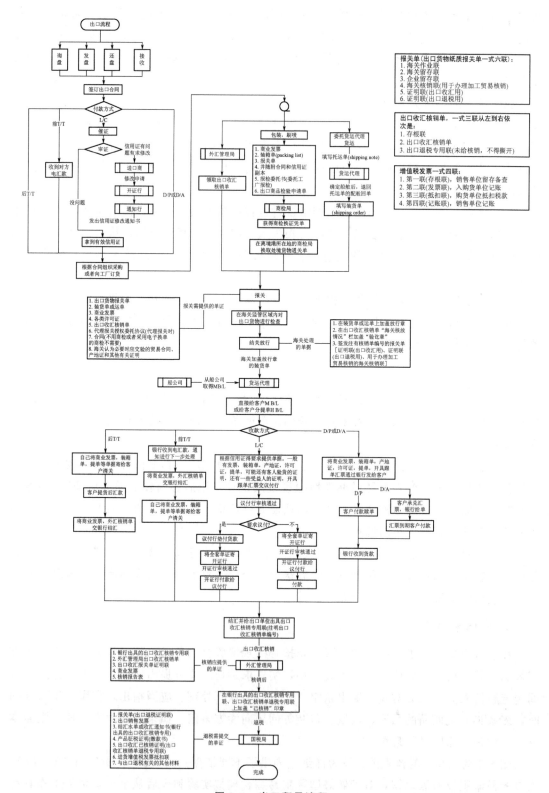

图 2.1　出口贸易流程

二、进口合同的履行

在我国的进口业务中，一般按 FOB 价格条件成交的情况较多，如果是采用即期信用证支付方式成交，买方履行合同的程序可以概括为证（申请、开立信用证）、船（租船订舱、保险）、款（审单付款）、货（报关、接货、检验）。这些环节的工作是由进出口公司、运输部门、商检部门、银行、保险公司及用货部门等各有关方面分工负责、紧密配合且共同完成的。

1. 开立信用证

（1）开立信用证的手续。

① 填写开证申请书。进口方在向银行申请开证时，需要填写开证申请书。开证申请书是银行开立信用证的依据，也是申请人和银行之间契约关系的法律证据。进口人在向银行申请开证时，要向银行递交进口合同副本及所需附件，如进口许可证、进口配额证、各种批文等。

② 缴付保证金、支付手续费。按照习惯做法，进口商向银行申请开立信用证，应向银行交付一定比例的保证金，保证金金额一般是信用证金额的百分之十几到百分之几十，具体比例视进口商的资信情况和交易状况而定。进口商在申请开证时，必须按规定支付一定金额的开证手续费。

③ 银行开立信用证。开证银行在收到进口商的开证申请，并审查开证申请书和开证声明，审查开证申请人资信情况及所提供的各种有效文件，向开证申请人收取开证保证金后，开立信用证并寄发国外。

（2）开立信用证应注意的问题。

① 信用证的内容，应与合同条款一致。如货物的名称、品质、数量、价格、装运日期、装运条件、保险险别等，均应以合同为依据，在信用证中明确加以记载。

② 信用证的开证时间，应按合同规定办理。如果买卖合同中规定有开证日期，进口商应在规定的期限内开立信用证；如果合同中只规定了装运期而未规定开证日期，进口商应在合理时间内开证，一般掌握在合同规定的装运期前 30～45 天申请开证，以便出口方收到信用证后在装运期内安排装运货物。迟开信用证，不仅要承担违约责任，还要推迟到货时间；早开信用证，虽然对方欢迎，但会增加己方的费用支出。

③ 对方收到信用证后，如提出修改信用证的请求，经己方同意后，即可向银行办理改证手续。最常见的修改内容有：展延装运期和信用证有效期、变更装运港口等。

2. 租船、订舱与催装

履行 FOB 交货条件下的进口合同，货物采用海洋运输，应由买方负责派船到对方口岸接运货物。通常情况下，卖方收到信用证后，应将预计装船日期通知买方，由买方向船务公司租船或订舱。进口公司对租船还是订舱的选择，应视进口货物的性质和数量而定。凡需整船装运的，则需洽租合适的船舶承运；小批量的或零星杂货，则大都采用洽订班轮舱位。租船订舱事宜可委托进出口贸易运输公司办理，也可直接向远洋运输公司或其他运输机构办理。租船订舱的时间应严格按照合同规定，并应在运输机构规定的时间内提交订舱单，以保证及时配船。进口企业在办妥租船订舱手续，接到运输机构的配船通知后，应按规定期限将船名及预计到港日期通知卖方,以便卖方准备装货。派船通知中一般包括船名、船籍、船舶吃水深度、装载重量、到达港口、预计到达日期以及其他需要说明的问题。这些信息对于出口方及时做好交付准备是很有帮助的。同时,进口方还要做好催装工作,特别是对数量、金额较大的重要商品,最好委托自己在出口地的代理督促卖方按合同规定履行交货义务,保证船货衔接。

货物装船后,卖方应及时向买方发出装船通知,以便买方及时办理保险和做好接货等工作。如果卖方未及时或未发出装船通知,同样要承担违约责任。

3．办理货运保险

按FOB成交的进口合同,办理货运保险的责任在于买方。买方在向保险公司办理进口运输货物保险时,有两种做法:一种是逐笔投保方式,即买方在接到国外出口商发来的装船通知后,直接向保险公司提出投保申请,填写"起运通知书",并送交保险公司。保险公司承保后,即在"起运通知书"上签字盖章,买方缴付保险费后,保险公司出具保险单,保险单随即生效。另一种是预约保险方式,即买方同保险公司签订一个总的预约保险合同,按照规定,其项下所有按FOB及CFR条件进口货物的保险,都由该保险公司承保。预约保险合同对各种货物应保险的险别做出具体规定,故投保手续比较简单。外贸公司或外运机构收到卖方装船通知后,只要将进口商品的名称、数量、金额、装运港、目的港、装货船名、提单号、开航日期等通知保险公司,就视为办妥保险手续,保险公司从货物在装运港装船时起,自动对货物承担保险责任。

4．审单和付汇

在进口业务中,如果采用信用证的支付方式,则在货物装运后,卖方便将汇票和货运单据交送出口地银行议付,议付行随即将汇票和货运单据转寄进口地开证银行(我国通常是中国银行),由开证银行和进口公司共同对货物单据进行审核。通常由开证银行对单据进行初审,进口公司进行复审。开证银行收到国外寄来的汇票和单据后,根据"单证一致"和"单单一致"的原则,对照信用证的条款,核对单据的种类、份数和内容,如相符,即由开证银行向国外付款,并通知进口商按当日外汇牌价付款赎单。开证银行或进口公司审核国外单据,如发现单证不符或单单不符,应由开证银行立即向国外银行提出,并根据具体情况而采取拒付、货到检验合格后付款、国外议付行改单后付款、国外银行出具书面担保后付款等不同的处理方法。

5．进口商品报关、纳税

(1) 报关。

进口报关是指进口人按国家海关法令规定,向海关申报进口货物验收的行为,也称进口通关。进口货物到货后,由进口公司或委托货运代理公司或报关行根据进口单据填具"进口货物报关单"向海关申报,并随附进口许可证和其他批准文件、提单、发票、装箱单、减税或免税证明文件。海关认为必要时,应交验买卖合同、产地证明和其他有关单证。

(2) 纳税。

海关按照《中华人民共和国海关进出口税则》的规定，对进口货物计征进口关税。货物在进口环节由海关征收（包括代征）的税费有：进口货物关税、产品税、增值税、消费税、工商统一税及地方附加税、盐税、进口调节税、海关监管手续费等。

6. 验收与拨交

(1) 验收货物。

进口货物运达港口卸货时，港务局要进行卸货核对。如果发现短缺应该及时填写"短缺报告"交由船方确认，并根据短缺的情况向船方提出保留索赔的书面声明。卸货时如发现有残损品，货物应该存放于海关指定的仓库，待保险公司会同商检部门做出处理意见后再进行处理。办理完上述手续后，买方方可提货。一旦发生索赔，有关的单证，如国外发票、装箱单、重量明细单、品质证明书、使用说明书、产品图纸等技术资料、理货残损单、溢短单、商务记录等，都可以作为重要的参考依据。

(2) 办理货物拨交手续。

进口货物经过检验后，可办理货物的拨交手续。如果订货或用货单位在卸货港所在地，则就近转交货物；如果订货或用货单位不在卸货地区，则委托货运代理提取货物，并将货物转运内地转交给订货或用货单位。至于进口关税和运往内地的费用等，则先由货运代理向进口公司结算，然后由进口公司向订货单位结算。

7. 进口索赔

在进口业务中，有时会发生卖方不按时交货，或所交货物的品质、数量、包装与合同规定不符的情况，也可能由于装运保管不当或自然灾害、意外事故等致使货物损坏或短缺，进口方可因此而向有关责任方提出索赔。根据造成损失原因的不同，进口索赔的对象主要有以下三种情况。

(1) 向卖方索赔。

在处理进口索赔案件中，属于卖方责任者居多。凡原装数量不足，货物的品质、规格与合同规定不符，包装不良致使货物受损，未按期交货或拒不交货等情况者，均可向卖方索赔。

(2) 向船方索赔。

如果原装数量少于提单所载数量；或是提单是清洁提单，而货物有残缺情况，且属于由船方过失所致；或是货物所受的损失根据租船合约有关条款应由船方负责等情况出现，均可向船方索赔。

(3) 向保险公司索赔。

如果因为自然灾害、意外事故或运输中其他事故的发生致使货物受损，并且属于承保险别范围以内的，可向保险公司索赔。

在进口业务中，办理对外索赔时一般应注意以下几点：一是对外索赔必须在合同规定的索赔有效期限内提出，过期无效。二是索赔的提出要有法律依据和事实依据。法律依据是指索赔方提出的救济方法必须符合法律原则；事实依据是指索赔所需足够的证明文件。

三是索赔金额，除受损商品的价值外，如商品检验费、装卸费、银行手续费、仓租、利息等的有关费用也可提出，应视具体情况确定。

图2.2为进口贸易流程图，列出了进口贸易主要流程，供做进口贸易参考。

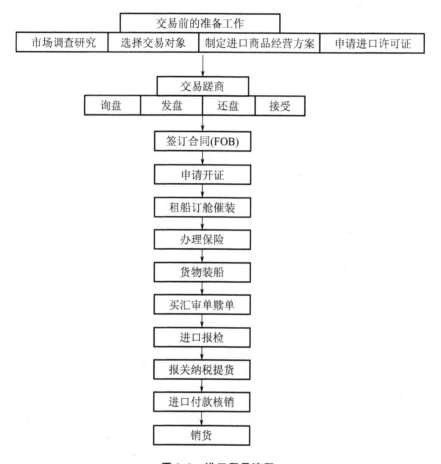

图 2.2　进口贸易流程

第二节　Sim Trade 外贸履约流程

从签订外销合同，到租船订舱、检验、产地证、保险、送货、报关、装船出口，直至押汇（或托收）、交单、结汇、核销、退税，是每笔进出口业务必经的过程。Sim Trade 外贸实习平台模拟了进出口业务中最常用的结算方式（L/C、T/T、D/P 或 D/A）和贸易术语（FOB、CFR、CIF）。

一、L/C 方式下履约流程

下面以 CIF＋L/C 方式为例，分别列出 Sim Trade 环境里，出口地银行、出口商、进口商、进口地银行的进出口合同履约过程（如图2.3），便于学生理解和实践。

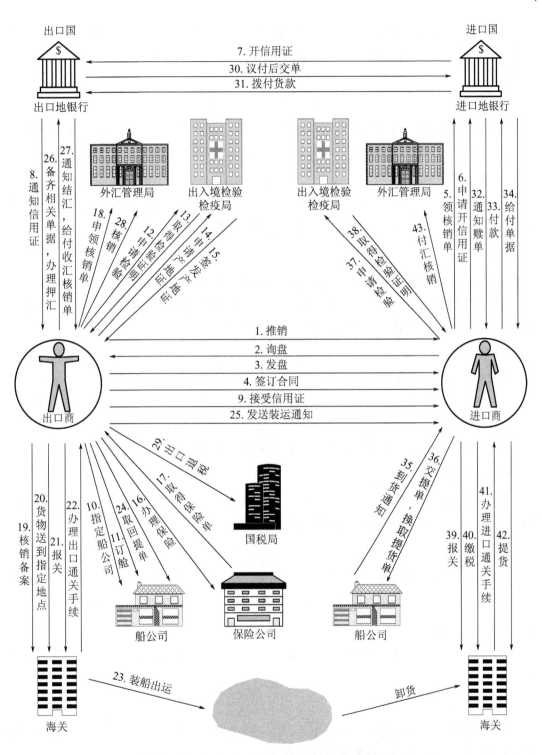

图 2.3　Sim Trade 中 L/C 方式下进出口合同履约流程

1. 推销

进出口商要将产品打进国际市场，必须先开拓市场，寻找合适的交易对象。可以通过寄送业务推广函电（Sale Letter）或在计算机网络、国外杂志、报纸上刊登产品广告来推销自己，同时也可通过参加商展、实地到国外考察等途径来寻找交易对象、增进贸易机会。

2. 询盘

询盘又称为询价。进口商收到出口商的业务推广函电或看到广告后，根据自己的需要，对有意进一步洽商的出口商予以询盘（Inquiry），以期达成交易。

3. 发盘

发盘又称为报价。出口商按买主来函要求，先向供货的工厂询盘，然后计算出口报价回函给进口商。这期间可能需要函电多次往返接洽，最后得到关于价格条款的一致意见。

4. 签订合同

国外买主与出口商经一番讨价还价后，就各项交易条件达成一致，正式签订外销合同（Contract 或 Agreement）。在 Sim Trade 中，外销合同可以由出口商起草，也可以由进口商起草，注意起草与确认合同时双方都需填写预算表。

5. 领核销单

为保证企业严格按照正常贸易活动的外汇需要来使用外汇，杜绝各种形式的套汇、逃汇、骗汇等违法犯罪行为，我国规定企业对外付汇要通过国家审核，实行进口付汇核销制度。采用信用证结算方式时，进口商须在开证前到外汇指定银行领取《贸易进口付汇核销单（代申报单）》，凭以办理进口付汇手续；其他结算方式下则在付款前申领此单。

6. 申请开信用证

进口商填妥付汇核销单后，再开具《不可撤销信用证开证申请书》（Irrevocable Documentary Credit Application），向其有往来的外汇银行申请开立信用证。

7. 开信用证

开证银行接受申请并根据申请书开立信用证（Letter of Credit；L/C），经返还进口商确认后，将信用证寄给出口地银行（在出口国称为通知行），请其代为转送给出口商。

8. 通知信用证

出口地银行填妥《信用证通知书》（Notification of Documentary Credit），将信用证通知出口商。

9. 接受信用证

出口商收到通知银行送来的信用证后，经审核无误，接受信用证，即可开始备货、装船等事宜。如信用证有误，可要求进口商修改。

10. 指定船公司

在 CIF 或 CFR 术语下，出口商一边备货，一边还要寻找合适的船公司，以提前做好装运准备；在 FOB 术语下，此步骤则应由进口商完成。

11. 订舱

确定好船公司后,出口商即应根据相应的船期,配合装运期限进行订舱,经船公司接受后发给"配舱通知",凭以填制其他单据,办理出口报关及装运手续。

12. 申请检验

出口商根据信用证的规定填写《出境货物报检单》(Application for Certificate of Export Inspection),并备齐商业发票、装箱单等相关文件向出入境检验检疫局申请出口检验。

13. 取得检验证明

检验机构经对商品检验合格后,签发《出境货物通关单》;并根据出口商的要求,签发相应的商检证书,如品质证书、健康证书等。

14. 申请产地证

出口商填妥相应的产地证明书向相关单位申请签发,其中《原产地证明书》(Certificate of Origin)与《普惠制产地证明书》(Generalized System of Preferences Certificate of Origin "Form A")应向出入境检验检疫局申请,而《输欧盟纺织品产地证》则应向商务部授权的纺织品出口证书发证机构(图上未标出)申请。

15. 签发产地证

相关机构经过审核,根据出口商的申请,签发相应的产地证书。

16. 办理保险

在 CIF 术语下,保险由出口商办理,出口商须根据信用证的规定填写《货物运输保险投保单》(Cargo Transportation Insurance Application),并附商业发票向保险公司投保。需要注意的是,交易条件如果是 CIF,保险才由出口商办理;若是 FOB 或 CFR,则应由进口商办理保险。

17. 取得保险单

保险公司承保后,签发《货物运输保险单》(Cargo Transportation Insurance Policy)给出口商。

18. 申领核销单

我国法律规定,境内出口单位向境外出口货物,均应当办理出口收汇核销手续。出口商在报关前,须到外汇管理局申领《出口收汇核销单》。

19. 核销备案

填妥核销单后,出口商即可凭以向海关申请核销备案。

20. 货物送到指定地点

出口商办完以上各项手续后,将货物送抵指定的码头或地点,以便报关出口。

21. 报关

送出货物后，出口商填妥《出口货物报关单》，并备齐相关文件（出口收汇核销单、商业发票、装箱单、出境货物通关单等），向海关投单报关。

22. 办理出口通关手续

海关审核单据无误后即办理出口通关手续，签发加盖验讫章的核销单与报关单（出口退税联）返还给出口商，以便其办理核销与退税。

23. 装船出运

通关手续完成后，货物即装上船，开船。

24. 取回提单（B/L）

船公司须等到货物已装上船（B/L 上有记载 On Board Date），并启航后才签发提单。因此货物出运后，出口商就可到船公司领取《海运提单》（Bill of Lading，B/L）。

25. 发送装运通知

出口商将货物运出后，应向买主寄发《装运通知》（Shipping Advice）。尤其是在 FOB、CFR 术语下，保险由买方自行负责时，出口商须尽快发送装运通知以便买方凭此办理保险事宜。

26. 备齐相关单据，办理押汇

货物装运出口后，出口商按 L/C 上规定，备妥相关文件（商业发票、装箱单、海运提单、货物运输保险单、商检证书、产地证、信用证等），并签发以进口商为付款人的汇票（Bill of Exchange），向出口地银行要求押汇（Negotiation）。以出口单据作为质押，向银行取得融资。

27. 通知结汇，给付收汇核销单

押汇单据经押汇银行验审与信用证的规定相符，即拨付押汇款，通知出口商可以结汇，同时收取一定押汇费用。此外，银行还将出具加盖"出口收汇核销专用联章"的《出口收汇核销专用联》给出口商。

28. 核销

出口商凭出口收汇核销专用联及其他相关文件（出口收汇核销单送审登记表、报关单、出口收汇核销单、商业发票等）向外管局办理核销，办理完成后，外管局发还出口收汇核销单（第三联）。

29. 出口退税

核销完成后，出口商再凭出口收汇核销单（第三联）、报关单（出口退税联）与商业发票前往国税局办理出口退税。

30. 议付后交单

押汇银行议付后，将押汇单据发送到国外开证银行，要求偿付押汇款。

31. 拨付货款

开证银行审单与信用证条款核对无误后，拨付押汇款（承兑）给出口地银行。

32. 通知赎单

开证银行向进口商要求缴清货款。由于当初进口商在向开证银行申请开立信用证时，大部分的信用证金额尚未付清，而出口商已经在出口地押汇（抵押融资），所以开证银行通知进口商缴清余款，将押汇单据赎回。

33. 付款

进口商向开证行缴清货款，同时需将之前领取的贸易进口付汇核销单交给银行审核。

34. 给付单据

进口商付款后，自开证银行取回所有单据（出口商凭以押汇的文件）。

35. 到货通知

此时，货物已运抵进口国的目的港，船公司通知进口商来换取提货单。

36. 交提单，换取提货单

进口商向船公司缴交提单（B/L）换取提货单（Delivery Order，D/O）。尤其当进口商是在 FOB 术语下买入货物时，进口商只有向船公司缴清运费及杂费，并将 B/L 向船公司换取 D/O，才能向海关提出要求报关，表明进口商已获得船公司同意可以提领货物。

37. 申请检验

进口商填写《入境货物报检单》（Application for Certificate of Import Inspection），并备齐提货单、商业发票、装箱单等文件向出入境检验检疫局申请进口检验。

38. 取得检验证明

检验机构经对商品检验合格后，签发《入境货物通关单》给进口商。

39. 报关

进口商备齐进口货物报关单、提货单、商业发票、装箱单、入境货物通关单、合同等文件，向海关投单报关。

40. 缴税

进口商向海关缴清各项税款，应纳税款包括进口关税、增值税与消费税等。

41. 办理进口通关手续

海关审单通过，办理进口通关手续。

42. 提货

海关放行后，进口商即可至码头或货物存放地提领货物。

43. 付汇核销

最后，进口商还要凭进口付汇到货核销表、进口货物报关单及进口付汇核销单到外汇管理局办理付汇核销。

二、其他方式下的履约流程

L/C、D/P、D/A、T/T 是国际贸易中常用的四种结算方式，也是 Sim Trade 中所采用的结算方式选择，前面已经具体描述过 L/C 方式下的履约流程，以下将就其他三种结算方式与 L/C 在流程方面的区别加以说明。

1. D/P 与 L/C 的区别

（1）在 D/P 方式下，进口商不需向银行申请开发信用证，有关信用证部分的流程都可省去。

（2）出口商在办完报关等手续后，不再采用"押汇"方式向银行交付单据，而是采用"托收"方式，出口地银行也不需垫付款项。

（3）进口地银行同样不需垫付款项，可直接通知进口商前来付款赎单。

（4）进口商付款后，银行才能通知出口商结汇。

2. D/A 与 L/C 的区别

（1）在 D/A 方式下，进口商不需向银行申请开发信用证，有关信用证部分的流程都可省去。

（2）出口商在办完报关等手续后，不再采用"押汇"方式向银行交付单据，而是采用"托收"方式，出口地银行也不需垫付款项。

（3）进口地银行同样不需垫付款项，可直接通知进口商前来赎单；进口商赎单时不需付款，可先承兑，在汇票到期日前付款即可。

（4）进口商付款后，银行才能通知出口商结汇。

3. T/T 与 L/C 的区别

（1）在 T/T 方式下，进口商不需向银行申请开立信用证，有关信用证部分的流程都可省去。

（2）出口商在办完报关等手续后，不再采用"押汇"方式向银行交付单据，而是在"单据列表"页面中直接将单据发送进口商。

（3）进口商收到单据可直接办理相关手续，待销货收回资金后再付款给进口商。

（4）进口商付款后，银行才能通知出口商结汇。

提示：在 Sim Trade 中，T/T 方式下，仍需到银行选择"付款"业务支付款项，而不能使用"汇款"，汇款业务仅仅用于各用户之间的资金借贷往来，与合同流程无关。

第三节　国内采购流程

出口商与进口商签订合同后，就应开始准备货物。Sim Trade 外贸实习平台中，假定出口商自己不生产商品，需要向工厂买进出口给进口商的商品。图 2.4 对采购的具体流程加以说明，便于使用者理解和实践。

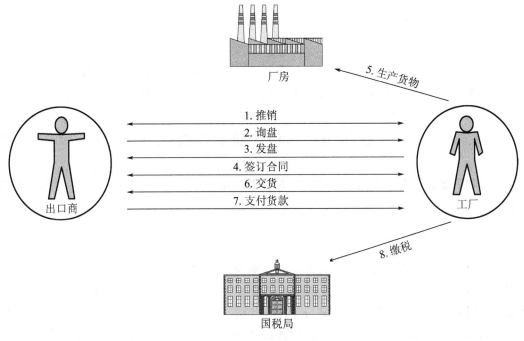

图 2.4　国内采购流程

1. 推销

产品制造商和出口贸易商都需要积极开发市场，寻找贸易对象，可寄送业务推广函（Sale Letter）或在计算机网络、杂志、报纸上刊登产品广告来推销自己，同时可通过参加商展等途径寻找交易对象，增进贸易机会。

2. 询盘

出口商收到工厂的业务推广函或看到广告后，根据自己的需要，对有意进一步洽商的工厂予以询盘，以期达成交易。

3. 发盘

工厂按买主来函要求，计算报价回函给出口商。这期间可能需要函电多次往返接洽，最后得到关于价格条款的一致意见。

4. 签订合同

交易双方经一番讨价还价方式后，正式签订国内买卖合同（Contract 或 Agreement）。在 Sim Trade 中，买卖合同可以由出口商起草，也可以由工厂起草。

5. 生产货物

签约后，工厂即着手生产货物。

6. 交货

生产完成后，工厂依合同放货给出口商。

7. 支付货款

工厂放货的同时，出口商支付货款，交易完成。

8. 缴税

合同完成后，工厂还需到国税局就该笔合同的收益缴付税款，增值税率与综合费用费率可在"淘金网"的"其他费用"中查到，以合同金额乘之即得税款。

第四节　角色注册具体操作

学生在开始正式实习之前，必须要对5个角色分别进行注册，否则不能进行其他业务操作。

一、出口商角色注册

登录Sim Trade主页面，输入用户名（一般为学号，如xyz），在"选择用户类型"下拉框中选择"出口商"，单击"登录系统"按钮，进入出口商业务主页面。单击"资料"按钮，可以查看出口商注册资金、账号、单位代码、税务登记号、海关代码、邮件地址等资料。这些资料由系统生成，学生自己无法进行修改。学生需要对其他各项进行填写，可以参考以下资料进行填写。

公司全称（中文）：宏昌国际股份有限公司

公司全称（英文）：GRAND WESTERN CORP.

公司简称（中文）：宏昌

公司简称（英文）：GRAND

企业法人（中文）：刘铭华

企业法人（英文）：Minghua Liu

电话：86-25-23501213

传真：86-25-23500638

邮政编码：210005

网址：http：//www.desunsoft.net

公司地址（中文）：南京市北京西路嘉发大厦2501室

公司地址（英文）：Room2501, Jiafa Mansion, Beijing West road, Nanjing 210005, P. R. China

公司介绍：我们是一家信誉卓著的公司，长期以来致力于提高产品质量，欢迎来函与我公司洽谈业务！

以上资料仅供参考。学生在注册过程中，必须结合自己的个人情况对上述资料进行必要的修改，以体现出自己公司的个性。由于我们后面要买卖各种不同种类的商品，因此建议在注册和介绍公司时，公司经营范围不宜过于具体。

注意事项：

1. Sim Trade 外贸实习平台登录后，15 分钟内无操作登录状态就会失效（如图 2.5）。单纯填写注册信息，系统会默认为没有进行操作。一般初学者较难在 15 分钟内注册完毕，为了不使填好的信息丢失，建议先在 word 文档中起草好相关信息，然后复制粘贴到 Sim Trade 注册页面中。

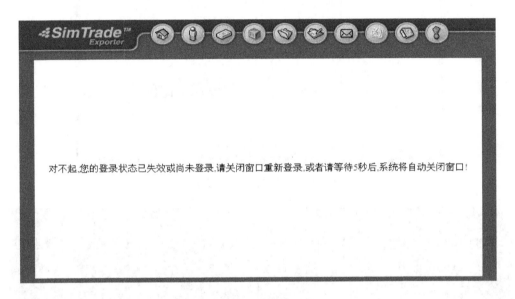

图 2.5　登录状态失效

2. 输入公司名称时，注意不要使用 \ / ＜ ＞ ' @ ! % ^ & * [ ] 等符号。出口商公司名称、企业法人、公司地址等中文、英文信息都要填写。填写内容的开头不要留有空格。

3. 公司资料中，电话、传真、邮政编码、网址这些都是公司用于联络的资料，请逐项填写，以方便贸易伙伴之间的联络。

4. 公司介绍可以填写公司的经营宗旨、生产规模、产品状况等，尽量生动形象一些，以吸引一部分交易对象对公司的注意，增加业务机会。

5. 学生可以在网上下载或自行设计一张能够代表公司形象的图片（最好使用 GIF 或 JPG 格式的图片，尺寸建议在 120×120 像素左右），然后回到出口商资料页面单击"浏览"按钮上传，作为公司的 LOGO。

信息填写完毕检查无误后，单击"确定"。这样就完成了出口商角色注册工作（如图 2.6）。

图 2.7 是已经注册好的出口商资料页面，供大家参考。

注册好的出口商资料将会显示在"淘金网"的"公司库"页面中。出口商注册完毕后，单击画面上方最后一个按钮，退出登录。

图 2.6 角色信息修改成功提示

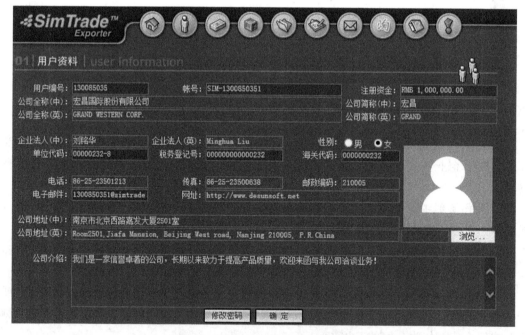

图 2.7 注册完成的出口商资料页面

二、进口商角色注册

回到 Sim Trade 主页面后,用进口商身份登录系统,进入进口商业务主页面。点上方的"资料"按钮,可查看公司注册资金、账号、单位代码、邮件地址等资料。

其他各项需要逐一填写，可以参考以下资料。

公司全称：Carters Trading Company，LLC

公司简称：Carters

企业法人：Carter

电话：0016137893503

传真：0016137895107

网址：http：//www.carter.com

公司地址：P.O.Box8935，New Terminal，Lata.Vista，Ottawa，Canada

公司介绍：We are importers in all items enjoying good reputation！

还可通过浏览方式自由添加公司图片，以代表进口商公司形象。

在进口商角色注册过程中，也必须对上述资料进行必要的修改，以体现出公司个性。也要上传图片作为公司LOGO。除需要注意在注册出口商角色时相似的问题外，注册进口商角色时，还要注意两点：一是公司名称、企业法人、地址等信息均要用英文填写，不能用中文填写；二是填写公司地址时，一定要根据出口商所属国家来填写，注意所属国家货币币别。

填写完毕后，单击"确定"按钮，进口商角色注册即告完成（如图2.8）。同样，注册好的进口商资料也会显示在"淘金网"的"公司库"页面中。进口商注册完毕后，单击画面上方最后一个按钮，退出登录。

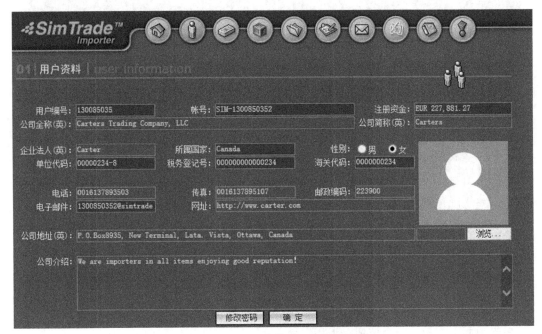

图2.8　注册完成的进口商资料页面

三、工厂注册

接下来以工厂角色登录。在Sim Trade主页面输入账号，选择"工厂"登录，进入工厂业务主页面。

单击"资料"按钮，可查看公司账号、邮件地址等资料。其他各项需要逐一填写，可以参考以下资料。

公司全称：冠驰股份有限公司

公司简称：冠驰

企业法人：张弛

电话：86-25-29072727

传真：86-25-29072626

邮政编码：210016

网址：http://www.guch.com

公司地址：南京市中正路651号3楼

公司介绍：我公司为信誉卓著的厂商，产品深受客户喜爱，欢迎与我公司洽谈业务，我们会竭力提供您所需！

在工厂角色注册过程中，也必须对上述资料进行必要的修改，以体现出公司个性。也要上传图片作为公司LOGO。工厂角色注册过程中，需要使用中文进行填写。

填写完毕后，单击"确定"按钮，工厂角色注册即告完成（如图2.9）。注册好的工厂资料也会显示在"淘金网"的"公司库"页面中。

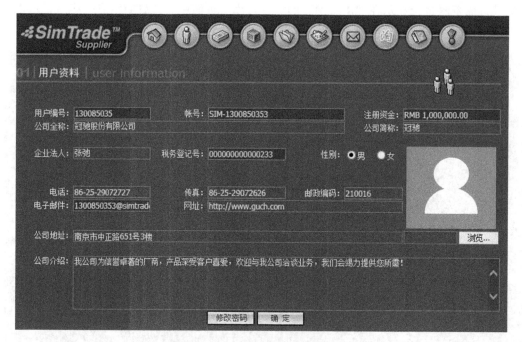

图2.9 注册完成的工厂资料页面

单击画面上方最后一个按钮，退出登录。

四、出口地银行角色注册

接下来以出口地银行角色登录，进入出口地银行业务主页面。

单击"资料"按钮，参考以下资料并逐项填写。

银行全称（中文）：南京商业银行

银行全称（英文）：Nanjing Commercial Bank

银行简称（中文）：商业银行

银行简称（英文）：Commercial Bank

电话：86－25－27293344

传真：86－25－27203335

邮政编码：210014

网址：http：//www.firstbank.com

银行地址（中文）：南京市逸仙路 32 巷 19 号

银行地址（英文）：No. 19 Lane 32 I Sen Rd，Nanjing 210014，P. R. China

银行介绍：常年办理国际国内资金借贷与投资等业务，拥有良好信誉与业务能力，欢迎前来洽谈业务！

在出口地银行角色注册过程中，也必须对上述资料进行必要的修改，以体现出公司个性。出口地银行角色注册过程中，银行全称、地址等信息需要分别用中英文填写。

填写完毕后，单击"确定"按钮，出口地银行角色注册即告完成（如图 2.10）。注册好的出口地银行资料将会显示在"淘金网"的"银行"页面中。

退出出口地银行页面，回到 Sim Trade 登录主页面。

图 2.10　注册完成的出口地银行资料页面

五、进口地银行角色注册

用进口地银行角色登录,进入进口地银行业务主页面。

单击"资料"按钮,参考以下资料并逐项填写。

银行全称:the chartered bank

银行简称:chartered

电话:0096614659220

传真:0096614659123

网址:http://www.chartered.com

银行地址:p.o.box99552,riyadh 22766,ksa

银行介绍:we major in international loan and investment!

在进口地银行角色注册过程中,也必须对上述资料进行必要的修改,以体现出公司个性。进口地银行角色注册需要用英文填写。

填写完毕后,单击"确定"按钮,进口地银行角色注册即告完成(如图2.11)。注册好的进口地银行资料将会显示在"淘金网"的"银行"页面中。

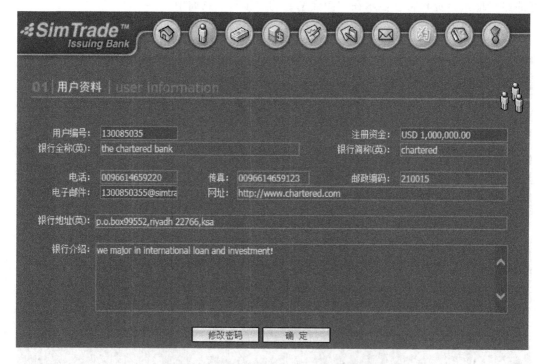

图 2.11 注册完成的进口地银行资料页面

这样每位同学的5个角色就全部注册好了。接下来,我们就可以开始着手第一笔交易了。当然,在后面的交易过程中,如果需要对注册资料进行修改,也可以待完成一笔完整的交易后,再回到各个角色的"资料"页面修改相关内容。

本 章 小 结

本章主要讲解外贸流程和角色注册。首先阐述了CIF＋L/C条件下出口合同履行的备货、催证、审证、改证、租船订舱、商品检验、投保、报关、装船、制单、交单、结汇等环节。然后介绍了FOB＋L/C条件下进口合同履行的证（申请、开立信用证）、船（租船订舱、保险）、款（审单付款）、货（报关、接货、检验）等程序。接下来对Sim Trade外贸实习平台中的进出口流程和国内采购流程做了讲解。最后对如何完成出口商、进口商、工厂、出口地银行、进口地银行5个角色的注册工作进行了详细介绍。

复习思考题

1. CIF＋L/C条件下出口合同履行需要做哪些环节的工作？
2. FOB＋L/C条件下进口合同履行需要做哪些环节的工作？
3. Sim Trade中D/P、D/A、T/T在履约流程方面分别与L/C存在哪些区别？
4. Sim Trade中国内采购流程需要哪些步骤？

第三章 广告信息发布和交易磋商

【学习目标】

1. 掌握广告宣传与市场调查的方法。
2. 掌握交易磋商的含义、内容、形式及磋商前的准备工作,把握询盘、发盘、还盘、接受四个环节的实践过程。

【实验任务】

1. 出口商、进口商、工厂发布广告信息,出口地银行、进口地银行查看信息。
2. 出口商与进口商开展国际买卖合同的磋商,出口商与工厂开展国内买卖合同的磋商。

完成了5个角色的注册工作后,我们就要着手准备开始进行第一笔交易了。对于初次进行 Sim Trade 实验操作的同学而言,第一笔交易会面临着各种各样的问题和困难。这笔交易完成后,再做后面的交易将会显得相对容易很多。本章到第十章介绍第一笔交易的全过程,涉及交易磋商、合同签订、各个交易环节具体操作、单据填写、注意事项等内容。在实习过程中,学生有任何问题都可以咨询指导老师或参考在线帮助。

本着循序渐进的原则,第一笔交易我们要求学生自己和自己进行交易,也就是同一名学生要分别扮演出口商、进口商、工厂、出口地银行、进口地银行5个角色,是自己的出口商与自己的工厂、自己的进口商进行交易,交易过程中由自己的出口地银行、进口地银行来参与银行工作。买卖的商品为 01005 甜玉米罐头,数量为 800CARTON,交易方式为 L/C+CIF。为了减少不必要的麻烦和困难,第一笔交易要严格按照本书来进行操作,单据填写也可以参考附录部分的单据样本。这笔交易的重点是熟悉 Sim Trade 外贸实习平台和了解操作流程,商品报价和预算暂时可以不作过高要求(在后面的交易中逐渐提高要求),但是单据的正确率要求尽量达到100%。

在开始正式操作之前,需要对计算机进行以下两个方面的处理。

(1) 打开 IE 浏览器后,在"工具"菜单,单击"Internet 选项",单击"高级"选项卡,滚动到"浏览"组,去除"为网页上的按钮和控件启用视觉样式"前面的勾选,然后单击"确定"按钮(如图 3.1)。如果不做这个处理,Sim Trade 中的单据可能没有"保存"按钮,无法保存单据。

(2) 同样在 IE"工具"菜单中单击"Internet 选项",然后单击"隐私"选项卡的"弹出窗口阻止程序",去除"启用弹出窗口阻止程序"功能的勾选,然后单击确定(如图 3.2)。如果不做这个处理,单据可能无法弹出。如果进行了这个处理单据还是无法弹出,请检查计算机系统里有没有安装其他 IE 辅助工具，比如雅虎、百度等上网助手。如果有，请将其广告拦截功能关闭或者直接把那些工具卸载掉。由于机房计算机一般具有系统还原功能，因此大家每次开机后务必要进行这样两项操作。当然，如果是使用自己的计算机，一般操作一次就可以了。

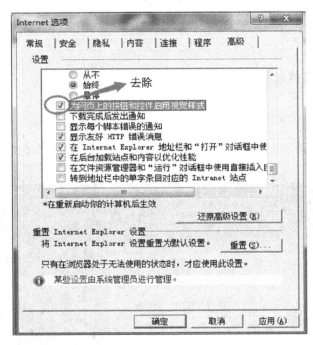

图 3.1　关闭"为网页上的按钮和控件启用视觉样式"

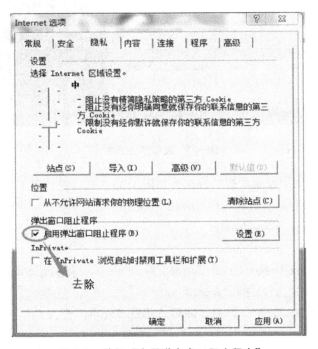

图 3.2　关闭"启用弹出窗口阻止程序"

第一节　广告信息发布具体操作

广告信息的发布能够提高企业和产品的知名度，同时对于 Sim Trade 操作者来说，这也是系统自动评分的项目之一。因此，适量地多发一些广告信息，不但能够增加交易机会，也能够提高系统评分。

一、进口商广告信息发布

1. 进口商发布公司广告

以进口商身份登录，在"业务中心"里单击标志为"广告公司"的建筑物（如图 3.3）。

图 3.3　发布广告信息

在弹出页面中单击"发布广告"按钮（如图 3.4），逐项进行以下填写。

输入标题：We are importers of Canned Foodstuffs!

输入关键字：Canned Foodstuffs

选择发布类型为："公司广告"

输入内容：We are importers of Canned Foodstuffs enjoying good reputation, please contact with us! email：xyz2@simtrade

填写完毕后，单击"确定"按钮，即可成功发布公司广告。

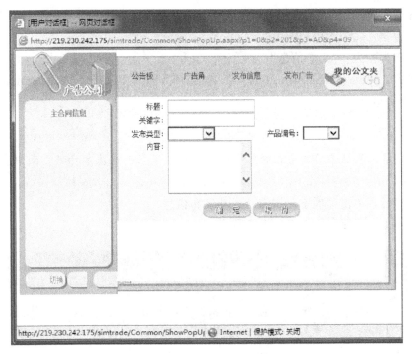

图 3.4 发布广告

提示：此处在留电子邮箱地址时，不能和书上一致，要填写自己的电子邮箱地址（可在公司基本资料页面中查到）。要注意各个角色的邮箱是不一样的，它们由系统根据学员的账户自动设置。具体邮箱地址要参见各个角色公司的详细资料，也可以打开邮件系统进行查看。邮箱地址填写不正确会导致邮件收发出现问题。一般规律是出口商邮箱为学号+1@simtrade，进口商邮箱为学号+2@simtrade，供应商（工厂）邮箱为学号+3@simtrade。如果发现发布的广告信息内容有误，可以再发一次（需要支付费用），也可以继续往下做。广告信息及后面的邮件内容即使有误也并不影响外贸流程，但还是需要认真对待。

2. 进口商寻找商机

（1）单击"淘金网"按钮，进入查询页面，在首页上可查看通知以及各类市场信息与供求信息。

（2）单击上排的"产品展示"按钮，可看到所有产品信息，从中选择一种或多种商品进行交易（第一笔交易选择商品 01005 甜玉米罐头）。

（3）单击"公司库"，可看到所有公司信息，从中选择合适的公司作为交易对象（第一笔交易选择的交易对象是自己的出口商）。

3. 进口商发布信息

选定商品后回到业务画面，单击"发布广告"左边的"发布信息"按钮（如图 3.5），逐项进行以下填写。

输入标题：We are looking to buy CANNED SWEET CORN

输入关键字：CANNED SWEET CORN

选择发布类型为："需求信息"

输入内容：We are looking to buy CANNED SWEET CORN，please contact with us！email：xyz2@simtrade.

提示：请注意准确填写自己的电子邮件地址，可在公司基本资料页面中查到。

填写完毕后，单击"确定"按钮，成功发布信息。

单击画面上方最后一个按钮，退出登录。

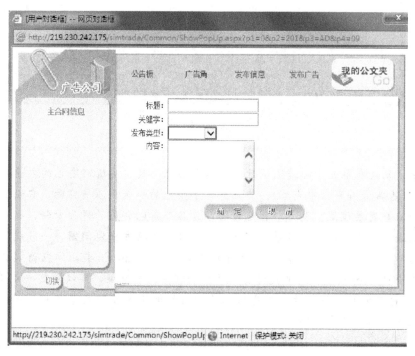

图 3.5　发布信息

二、出口商广告信息发布

以出口商身份登录。

1. 发布公司广告

（1）单击"业务中心"按钮，再点标志为"广告公司"的建筑物，在弹出的页面中单击"发布广告"按钮，逐项进行以下填写。

输入标题：我公司经营罐头食品

输入关键字：罐头

选择发布类型为："公司广告"

输入内容：我公司长期经营罐头食品，信誉卓著，欢迎来函来电洽谈！email：xyz1@simtrade（请注意准确填写自己的电子邮箱地址）

（2）填写完毕后，单击"确定"，成功发布公司广告。

2. 寻找商机

单击"淘金网"按钮，进入查询页面，在首页上查看通知以及各类市场信息与供求信息，其中在进口商发布信息中可找到 Carters Trading Company，LLC 发布的求购甜玉米罐头（CANNED SWEET CORN）的信息（前面进口商已发布了该信息）。

3. 查看交易对象

（1）单击"公司库"按钮，可看到所有公司的资料。

（2）输入关键词"Carters"，选择类别为"进口商"，单击"搜索"按钮，找到对应的公司。

（3）单击"详细情况"按钮，查看 Carters Trading Company，LLC 公司的具体信息。

4. 查看交易商品

（1）单击"产品展示"按钮，可看到所有产品的资料。

（2）输入关键词"甜玉米罐头"，单击"搜索"按钮，找到对应的产品。

（3）单击"详细情况"按钮，查看商品具体资料。

5. 发布国内采购信息

（1）退出"淘金网"页面，回到业务画面。

（2）在"业务中心"里单击"广告公司"按钮。

（3）单击"发布信息"按钮，逐项进行以下填写。

输入标题：急购大量甜玉米罐头

输入关键字：甜玉米罐头

选择发布类型："需求信息"

输入内容：我公司因客户需要，急购大量甜玉米罐头，有意者请与我公司联系！email：xyz1@simtrade（请注意准确填写自己的电子邮箱地址）

（4）填写完毕后，单击"确定"按钮，成功发布信息。

6. 退出登录

单击画面上方最后一个按钮，退出登录。

三、工厂广告信息发布

以工厂身份登录，进入工厂主页面。

1. 寻找商机

单击"淘金网"按钮，进入查询页面，在首页上可查看通知以及各类市场信息与供求信息，其中在出口商发布信息中可找到宏昌国际股份有限公司发布的求购甜玉米罐头信息。

2. 查看交易对象

（1）单击"公司库"按钮。

(2) 输入关键词"宏昌",选择类别为"出口商",单击"搜索"按钮,找到对应的公司。

(3) 单击"详细情况"按钮,查看公司具体资料。

3. 查看交易商品

(1) 单击"产品展示"按钮。

(2) 输入关键词"甜玉米罐头",单击"搜索"按钮,找到对应的产品。

(3) 再单击"详细情况"按钮,查看商品具体资料。

4. 查看生产成本

(1) 退出"淘金网",回到工厂业务主页面。

(2) 单击"业务中心"里标志为"市场"的建筑物。

(3) 再单击"查看市场"按钮,可看到 01005 甜玉米罐头的生产价格。

5. 发布信息

(1) 单击标志为"广告公司"的建筑物。

(2) 再单击"发布信息"按钮,逐项进行以下填写。

输入标题:大量罐头食品出售

输入关键字:罐头

选择发布类型:"供应信息"

输入内容:我公司现有大量罐头食品存货,欲低价出售,欢迎来函来电洽谈!email:xyz3@simtrade(请注意准确填写自己的电子邮箱地址)

(3) 填写完毕后,单击"确定"按钮,成功发布信息。

6. 发布产品广告与公司广告

(1) 单击"发布信息"右边的"发布广告"按钮,逐项进行以下填写。

输入标题:供应甜玉米罐头,优质低价!

输入关键字:甜玉米罐头

选择发布类型为:"产品广告"(在产品编号下拉框中选择 01005)

输入内容:我公司现供应甜玉米罐头,优质低价,欢迎前来参观订购!email:xyz3@simtrade(请注意准确填写自己的电子邮箱地址)

(2) 填写完毕后,单击"确定"按钮,成功发布产品广告。

(3) 接下来再发布公司广告,逐项进行以下填写。

输入标题:常年供应各类商品,优质低价!

输入关键字:各类商品

选择发布类型为:"公司广告"

输入内容:我公司常年供应各类商品,包括罐头食品、服装、钟表、玩具等,优质低价,欢迎前来参观订购!email:xyz3@simtrade(请注意准确填写自己的电子邮箱地址)

(4) 填写完毕后,单击"确定"按钮,成功发布公司广告。

7. 退出登录

单击画面上方最后一个按钮,退出登录。

四、出口地银行查看信息

以出口地银行身份登录，进入出口地银行主页面。

1. 查询信息

单击"淘金网"按钮，进入查询页面，分别单击上排按钮查看各类信息。

2. 退出登录

退出"淘金网"页面，回到业务画面，单击上方最后一个按钮，退出登录。

五、进口地银行查看信息

以进口地银行角色登录，进入进口地银行主页面。

1. 查询信息

单击"淘金网"按钮，进入查询页面，分别单击上排按钮查看各类信息。

2. 退出登录

退出"淘金网"页面，回到业务画面，单击上方最后一个按钮，退出登录。

第二节 交易磋商预备知识

一、交易磋商概述

所谓交易磋商，通常也称为谈判，是指交易双方当事人（出口商和进口商）就贸易合同的各项条件进行协商，以期达成一致意见的过程。它是签订合同不可缺少的前期基础性工作，而签订合同则是交易磋商的主要目的和圆满结果。交易磋商工作的好坏，直接关系将来买卖双方之间的权利、义务和经济利益，是买卖合同签订的基础和做好交易的关键所在。因此，必须认真做好这项工作。

交易磋商内容涉及拟签订买卖合同的各项条款，包括品名、品质、数量、包装、价格、装运、支付、保险以及商品检验、索赔、仲裁和不可抗力等。从理论上讲，交易磋商只有就以上条款逐一达成一致意见，才能最终完全达成协议；然而，在实际业务中，为了缩短洽谈磋商时间和节约费用开支，并非每次洽谈磋商都需要把这些条款，尤其是检验、索赔、不可抗力和仲裁等次要条款——列出，逐条商讨。但是，为了提高合同质量，防止和减少争议的发生，以及便于解决可能发生的争议，买卖双方在交易磋商时对各项条款都不应该忽视。

交易磋商在形式上可分为口头和书面两种。

1. 口头磋商

口头磋商的主要形式是在谈判桌上面对面谈判，如参加各种交易会、洽谈会，以及贸易小组出访、邀请客户来华洽谈交易等。此外，双方通过国际长途电话进行的交易磋商也是口头磋商的一种重要形式。口头磋商方式的好处是双方谈判人员直接交流，便于了解对方的诚意和态度，随着接触的加深，双方由"生人"变为"熟人"，产生一种所谓"互惠要求"；也可在磋商过程中，根据进展情况及时调整策略，达到预期目的。口头磋商比较适合谈判内容复杂、涉及问题较多的业务，如大型成套设备交易的谈判。

2. 书面磋商

国际贸易中，买卖双方通常采用书面方式磋商交易。书面磋商是指磋商双方不直接见面，而是通过信件、电报、电传、互联网等通信方式来洽谈交易。目前，多数企业使用传真和电子邮件磋商交易。Sim Trade 外贸实习过程中，交易磋商需要通过 Sim Trade 自带的电子邮件系统来进行。

采用书面方式磋商时，写作往来函件一般需遵循以下三个原则。

（1）简明扼要。商务函电讲究实效，应以简单明了的语言直接说明主要观点。

（2）清晰正确。商务函电的目的是达成合同（交易），函件内容不可以模棱两可，所表达的意思必须清晰准确。

（3）用语礼貌。在商务函电的写作过程中尤其是在向对方索赔或申诉时，采用正式而礼貌的用语是必要的，这将有助于与客户建立长远的业务联系。

二、交易磋商前的准备

凡事预则立，不预则废，国际贸易中交易磋商是一项艰难复杂而又十分重要的工作，事前要做好充分的准备工作，主要包括以下几项。

1. 选配洽谈人员

从事交易磋商的人员要有忠于职守、廉洁奉公的思想素质，有认真负责的工作态度，有集体主义精神和团队作战意识；交易磋商人员不仅要熟练掌握国际贸易合同条款内容、订立方法，而且还要熟练掌握交易磋商谈判的策略技巧，以及国际贸易方面的政策、法规和惯例；交易磋商人员的知识结构需要互补，谈判班子应熟悉商务、技术、法律、财务等方面的知识，并应当熟练掌握外语；交易磋商人员应该年富力强、善于应战、善于应变，具有敏锐的洞察力和高度的预见能力。

2. 广泛收集谈判信息，确定目标市场

洽谈前需要收集的信息包括：市场分布状况、消费需求形式、市场竞争状况、产品销售渠道等市场信息；贸易客商类型、资信状况、谈判实力、对己方的信任程度等谈判对手信息；产品的基本状况、生命周期、竞争能力、售后服务、产品性能鉴定等科技信息；有关国家地区的政治状况、法律法规、关税政策、外汇管制政策、进出口配额等政策法规信息；有关国家地区汇率浮动现状及趋势、银行运营状况及对进出口各环节的规定与费用等金融信息。

在广泛收集谈判信息的基础上，可进行国际市场细分。首先决定在世界市场上应选择哪个国家或地区作为拟进入的市场，然后将其细分成若干子市场，选择其中之一或几个子市场为目标市场。在选择国外目标市场时，既要考虑企业实际利益，也要考虑贯彻国家对外贸易方针政策、国别地区政策以及整个国家的贸易平衡；同时还应该分清主次，在安排好主销市场的同时也要考虑辅销市场，在注重市场当前实际情况的同时也要考虑其将来发展趋势和潜力。

3. 选择交易对象

在正式交易磋商之前，应通过各种途径对客户的资信状况、经营范围、经营能力、商业信誉等方面的情况进行调查和分析。在选择交易对象时不能谁先接触就只和谁谈，或谁开出的条件最优惠就只和谁谈，应该建立、健全客户档案，对不同类型的客户进行分类排队，做到心中有数，区别对待。在选择交易对象时，做到知己知彼，从经营的总体利益出发，以己方较小的代价获取较大的收益作为标准，慎重选择交易对象。

4. 制定磋商方案

磋商方案是磋商人员在磋商前，预先对磋商需要达到的目标以及为达到该目标所采取的策略、步骤和做法等具体内容所做的安排，是对外洽谈人员行动指针和方向。交易磋商方案一般要求简明扼要，以便己方磋商人员能牢记其主要内容和基本原则；有些关键内容也需具体，以便己方磋商人员正确把握；磋商方案要具有一定的可行性，以便己方磋商人员能切实遵循；磋商方案还要具有一定的灵活性，以便己方人员在磋商过程中灵活运用。

三、交易磋商的程序

交易磋商的过程可分成询盘、发盘、还盘和接受四个环节（如图3.6），其中发盘和接受是必不可少的，是达成交易所必需的法律步骤。

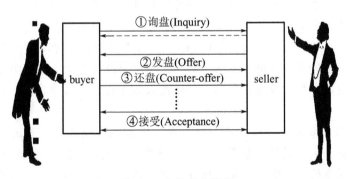

图 3.6　交易磋商程序

1. 询盘

询盘（Inquiry）是指买方为了购买或卖方为了销售货物而向对方提出有关交易条件的询问。询盘可由买方或卖方做出，但一般情况下，由买方询盘多一些。询盘内容可详可略，可以只询问价格，也可以询问某种商品的品质、规格、数量、包装、运输等其他交易条件，或者可要求对方向自己发盘。询盘对询盘人和被询盘人都没有法律约束力，不是交易的必经步骤。但是询盘往往是一笔交易的起点，在国际贸易中，常被交易一方用来试探对方对交易的诚意或试探国际市场价格。所以，被询盘人应对接到的询盘给予重视，认真对其进行分析，针对不同的询盘目的或背景，做出不同的处理和答复。

询盘中，当事人一般需注意以下问题。

（1）询盘不一定要有"询盘"（Inquiry）字样，凡含有询问、探询交易条件或价格方面的意思表示均可做询盘处理。

（2）业务中询盘虽无法律约束力，但当事人仍须尽量避免只是询价而不购买或不售货，以免失掉信誉。

（3）询盘时，询盘人不应只考虑如何询问商品的价格，也应注意询问其他交易条件，这样可以获得比较全面的交易信息或条件。

（4）要尊重对方询价，无论是否出售或购买都应该及时处理与答复。

（5）询盘虽然可以同时向一个或几个交易对象做出，但不应在同时期集中做出，以免暴露己方销售或购买意图。

2. 发盘

发盘（Offer）也叫发价，是指交易的一方（发盘人）向另一方（受盘人）提出各项交易条件，并愿意按这些条件达成交易的一种表示。发盘既可由卖方提出（Selling Offer），也可由买方提出（Buying Offer），故有卖方发盘和买方发盘之分，通常后者也称为递盘（Bid）。实际业务中，发盘通常是一方收到对方的询盘之后做出的，但也可不经询盘直接向对方发盘。发盘的特点是，发盘一经对方在有效期内无条件接受，发盘人将受其约束，并承担按发盘条件与对方订立合同的法律责任。在有效期内，发盘人不能随意撤销或修改发盘内容。

（1）构成一项有效发盘的条件。

① 向一个或一个以上特定的人提出。向特定人提出，即向有名有姓的公司或个人提出，它可以是一个，也可以是一个以上，只有他或他们才能作为受盘人对该发盘的有关交易条件表示接受而订立合同。不指定受盘人的发盘，一般仅视为发盘邀请。

② 表明发盘人订约意旨。一方当事人是否向对方表明在发盘被接受时承受约束的意旨，是判别一项发盘的基本标准。发盘人必须表明严肃的订约意思，即发盘应该表明发盘人在得到对方接受时，将按发盘条件承担与受盘人订立合同的法律责任，而不得反悔或更改发盘条件。

③ 内容必须十分确定。发盘内容明确，要求发盘内容应该是完整的、明确的和终局的。完整的，即如品名、品质、数量、包装、价格、交货、支付等主要的交易条件完备；发盘的全部内容是明确的，即主要交易条件不能模棱两可、含糊不清；终局的，即发盘人无其他保留或限制条件，只能按发盘条件与受盘人订立合同。但在实际业务中，一项发盘往往表面上显得并不完整，主要是因为双方事先订有的相关协议中包含了某些主要交易条件，或业务双方彼此熟悉，形成某些习惯做法，发盘内容可以简化，这并不影响发盘的完整性。

④ 送达受盘人。只有将发盘的主要内容通知到受盘人本人，或其营业地或其通信地址，或其惯常居住地时，发盘才能生效。

（2）发盘有效期。

发盘有效期是指可供受盘人对发盘做出接受的期限。对于发盘有效期，国际贸易中发盘人可以明确规定有效期限，也可采用合理期限。口头发盘，如果双方对接受期限并无约定，应视为受盘人立即接受有效，否则无效。

采用函电成交时，发盘人一般都明确规定发盘的有效期，其规定方法有以下内容。

① 规定最迟接受的期限。如果规定：限某月某日复，则表示某月某日 24 时以前将表示接受的通知投邮或向电报局交发即可；如果规定：限某月某日复到此地，则表示受盘人

的接受通知不得迟于某月某日送达发盘人。

② 规定一段接受期限。如规定发盘有效期为 10 天，或发盘限 12 天内复。根据《联合国国际货物销售合同公约》（以下简称《公约》）规定，这一期限应该从电报交发时刻或信上载明的发信日期起算。如果信上未载明发信日期，则从邮戳的日期起算。采用电话、电传发盘时，则从发盘送达受盘人时起算。如果由于时限的最后一天在发盘人营业地是正式假日或非营业日，则应顺延至下一个营业日。

（3）发盘的撤回与撤销。

公约规定发盘在"到达受盘人时生效"。

发盘的撤回。发盘的撤回是指发盘人在做出发盘之后，在其尚未到达受盘人之前，即在发盘尚未生效之前，将其收回，使之不发生效力。由于发盘没有生效，因此发盘原则上可以撤回。《公约》第 15 条第 2 款规定：一项发盘，如果撤回的通知在发盘到达受盘人之前或同时到达受盘人，即使一项不可撤销的，也可撤回。因此，在实际业务中，如果发现做出的发盘有误，即可采取措施以更快的通信联络方式将其撤回（发盘尚未到达受盘人）。

发盘的撤销。发盘的撤销指发盘人在其发盘已经到达受盘人之后，即在发盘已经生效的情况下，将其取消，废除发盘的效力。《公约》第 16 条第 1 款规定：在合同成立之前，发盘可以撤销，但撤销通知必须于受盘人做出接受之前送达受盘人。发盘撤销与撤回的不同之处在于：撤销的是在法律上已经生效的发盘，即取消发盘人在法律上应该承担的责任，比较复杂；但撤回是在发盘送达受盘人之前，发盘并未生效。

不是所有的发盘都可以撤销的，《公约》规定，下列情况不能撤销：第一，发盘规定有效期或以其他方式表明是不可撤销的，如发盘注明"发盘将于 8 月 1 日 12 时前有效"，则在此有效期内，该发盘不能撤销；再如，发盘注明"不可撤销"（Firm irrevocable）字样，在合理时间内也不能撤销。第二，受盘人有理由信赖这项发盘是不可撤销的，并已本着这种信赖采取了行动。

《公约》的这些规定主要是为了维护受盘人的利益、保障交易的安全。我国是《公约》的缔约国，我国企业在同营业地处于其他缔约国的企业进行交易，一般均适用《公约》。因此，我们必须对《公约》的上述规定予以特别的重视和了解。

（4）发盘效力的终止。

任何一项发盘，其效力都可在出现下列条件之一时终止。

① 发盘超过有效期或合理时间，即发盘在规定的有效期或合理时间内未被接受，发盘效力即告终止。

② 发盘因发盘人依法撤销而失效。

③ 被受盘人拒绝或还盘。在拒绝或还盘通知送达发盘人时，发盘效力即告终止。

④ 发盘人发盘之后，不可抗力因素的发生，按出现不可抗力可免除责任的一般原则，发盘效力即告终止。

⑤ 发盘人或受盘人在发盘被接受前丧失行为能力，则该发盘效力也可终止。

交易中，不论哪种原因导致发盘终止，此后发盘人均不再受其发盘的约束。

3. 还盘

还盘（Counter-Offer），又叫还价，是受盘人对发盘内容不同意或不完全同意而提出修改或变更的表示。还盘既是受盘人对发盘的拒绝,也是受盘人以发盘人的地位做出的新发盘。原发盘因对方还盘而失效,原发盘人不再受其约束,新受盘人有权针对还盘内容进行考虑,接受、拒绝或者再还盘。

贸易谈判中,一方在发盘中提出的条件与对方能够接受的条件不完全吻合的情况经常发生,特别是在大宗交易中,很少有一方一发盘即被对方无条件全部接受的情况。因此,虽然从法律上讲,还盘并非交易磋商的必经环节,但在实际业务中,还盘的情况还是很多的。有时一项交易须经过还盘、再还盘等多次讨价还价,才能达成。

还盘中需要注意的以下问题。

① 还盘可以使用"还盘"字样,也可不使用,一般仅将不同意的交易条件通知对方,就意味着还盘了。

② 还盘可以针对价格,也可以针对交易商品的其他交易条件。

③ 还盘时,一般只针对原发盘需要修改的部分,已同意的内容在新发盘中可以省略。

④ 接到还盘后要与原发盘进行核对,找出还盘中提出的新内容,结合市场变化情况和我方销售意图区别对待。

4. 接受

接受(Acceptance),是受盘人在发盘的有效期内,无条件地同意发盘中提出的各项交易条件,愿意按这些条件和对方达成交易的一种表示。接受在法律上称为"承诺",一经送达发盘人,合同即告成立。双方均应履行合同所规定的义务并拥有相应的权利。

(1) 接受须具备的条件。

① 接受必须由受盘人做出。发盘是向特定的人做出的,因此,只有发盘中指定的受盘人才能对发盘做出接受。任何第三方做出的接受,不能视为有效的接受,只能作为一项新的发盘。

② 接受必须在发盘有效期内传达到发盘人。当发盘规定了有效期,受盘人必须在规定的有效期将接受通知送达发盘人,接受才能有效。如发盘没有规定有效期,则受盘人应在合理时间内将接受通知送达发盘人。此外,接受的传送方式也应符合发盘的要求。发盘人在发盘时,有具体规定接受传递方式的,也有未做规定的。如发盘没有规定传递方式,则受盘人可按发盘所采用的,或比其更快的传递方式将接受通知送达发盘人。

③ 接受必须表示出来。受盘人必须以某种方式向发盘人表示接受。按《公约》的规定,受盘人表示接受的方式有:一是用"声明"(Statement)做出,即以口头或书面形式向发盘人表示;二是用"做出行为"(Conduct)表示,即做出某种行为来表示,如卖方发运货物或买方支付价款(如开立信用证或汇付货款等)。但是,沉默(Silence)或不行为(Inactivity)本身并不等于接受。如受盘人收到发盘后,不采取任何行动对发盘做出反应,不能认为是对发盘表示接受。

④ 接受的内容必须与发盘的内容一致。接受必须是受盘人无条件地、全部同意发盘中的条件。因此,根据《公约》的规定,如对发盘表示接受但载有添加、限制或其他更改的答复,即为拒绝该项发盘,并构成还盘。如交易条件简单,接受中无须复述全部条件。如双方多次互相还盘,条件变化较大,还盘中仅涉及需变更的交易条件,则在接受时宜复述全部条件,以免疏漏和误解。

(2) 有关法律与运用。

① 有条件的接受。原则上讲，接受应是无条件的。有条件的接受，不能视为有效的接受，而是一项反要约。但在实际业务中，受盘人对于发盘的交易条件，既有无条件接受的，又有有条件接受的，即在表示接受的同时又提出一些变更或不同条件。根据《公约》第 19 条规定，对有条件的接受需要区分实质性变更（Material Alteration）和非实质性变更（Nonmaterial Alteration）两种情况。

实质性变更，指对货物的价格、付款、货物的质量与数量、交货的时间与地点、当事人的赔偿责任范围、解决争议的方法等，载有添加、限制或其他更改，应视为对发价的拒绝并构成反要约。

非实质性变更，指对发价表示接受但载有添加或不同条件的答复，但所载的添加或不同条件在实质上并不变更该项发价的条件，如要求增加提供一些单据，要求分两批装运等。对此，如果发盘人不及时以口头或书面方式提出异议，仍构成有效接受，合同仍可成立。

因此，发盘人在收到受盘人发来的有条件接受后，须断定其添加或修改的性质。如果这种添加或修改属于实质性变更，则应将其按还盘处理，即使发盘人没有提出异议，合同也不成立；但如果这种添加或修改属于非实质性变更，若发盘人不及时提出反对，则对方的接受有效，双方合同成立。

② 逾期接受。按照各国的法律和《公约》规定，逾期接受不能认为是有效的接受，而只是一项新的发盘。但为了有利于双方合同的成立，《公约》对逾期的接受也采取了一系列灵活的处理方法，在下列两种情况下的逾期接受仍具有接受的效力：一是，只要发盘人毫不迟延地以口头或书面将其认为该逾期的接受仍属有效意思通知受盘人。二是，如果载有逾期接受的信件或其他书面文件表明，依照它寄发时的情况，只要邮递正常，它本来应能够及时送达发盘人（但事实却由于传递的延误而迟到），则此项逾期的接受应认为具有接受的效力，除非发盘人毫不迟延地用口头或书面形式通知受盘人，表示他的发价已因接受逾期而失效。

因此，发盘人收到受盘人送来的逾期接受时，应首先查明造成接受逾期的原因，如果这种逾期是受盘人自身过失造成的，则这种逾期接受无效，不能导致合同成立；但如果这种逾期不是受盘人自身过失而是邮递原因造成的，则该逾期接受是否有效取决于发盘人的态度，如果发盘人向受盘人表明其发盘失效，则受盘人的接受无效，合同不成立；但如发盘人没有向受盘人表明其发盘已经失效，则受盘人的接受仍然有效，合同成立。

③ 接受的撤回。《公约》第 22 条规定：如果撤回的通知于接受原应生效之前或同时送达发盘人，接受得予撤回。根据这一规定，如果交易磋商的一方做出错误接受表示，他可以在该接受送达对方之前，采取措施阻止接受生效。

第三节　交易磋商具体操作

交易磋商必须通过 Sim Trade 内置的邮件系统来进行，在磋商过程中，出口商与工厂的业务往来函电用中文进行，但是出口商与进口商之间的往来业务函电必须使用英文。

一、出口商、进口商之间的交易磋商

具体实习步骤如下。

1. 出口商与进口商建立业务关系

以出口商身份登录,进入出口商业务主页面(注:建立业务关系的邮件可由出口商主动发送,也可由进口商发送)。

(1) 单击"邮件"按钮,进入邮件系统(如图3.7)。

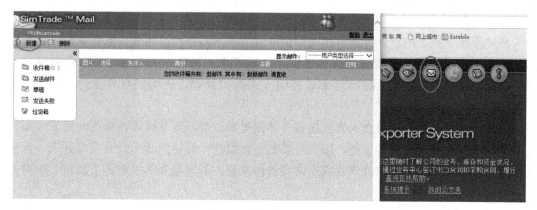

图3.7 出口商新建邮件

(2) 单击"新建"按钮(如图3.7),填写邮件内容(如图3.8)。

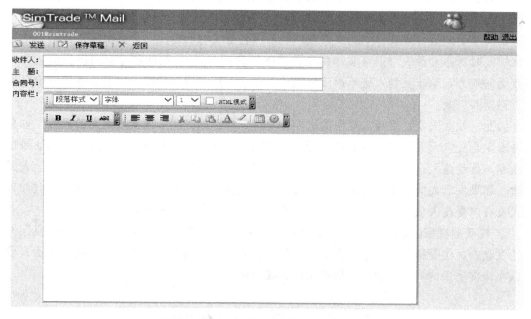

图3.8 出口商填写邮件

收件人:对应进口商的邮件地址(如 xyz2@simtrade,第一笔交易为自己学号+2@simtrade)

主题：Introduce
合同号：（此时未建立合同，不需填合同号）
内容栏：（请参考以下内容填写，并对公司名称、法人等信息根据实际情况做适当修改）

Dear Mr Carter：

We known your name and address from the website of www. simtrade. net and note with pleasure the items of your demand just fall within the scope of our business line. First of all, we avail ourselves of this opportunity to introduce our company in order to be acquainted with you.

Our firm is an exporter of various Canned Foodstuffs. We highly hope to establish business relations with your esteemed company on the basis of mutual benefit in an earlier date. We are sending a catalogue and a pricelist under separate cover for your reference. We will submit our best price to you upon receipt of your concrete inquiry.

We are looking forward to receiving your earlier reply.

Yours faithfully,

Minghua Liu

Grand Western Foods Corp.

（3）填写完毕后，单击"发送"按钮。系统提示"已成功发送邮件"（如图3.9）。

图 3.9　成功发送邮件提示

（4）关闭邮件窗口，退出出口商身份。

2. 进口商收取邮件并询盘

以自己进口商身份登录后，收取出口商希望建立业务关系的邮件，并向对方询盘。

（1）单击"邮件"按钮（也可在网页右下角弹起的"邮件提示"窗口，单击"进入我的邮箱"按钮），进入邮件系统。

(2) 单击新邮件名称，查看邮件内容。

(3) 单击"回复"按钮，填写内容如下。

收件人：回复状态自动填写

主题：回复状态自动填写，可将其改为"Inquiry"

合同号：（此时未建立合同，不需填合同号）

内容栏：（请参考以下内容填写，并根据实际情况做适当修改）

Dear Mr Minghua Liu：

Thanks for your E‐Mail.

With reference to your letter of July 28，2017，we are glad to learn that you wish to enter into trade relations with us.

At present，we are in the market for CANNED SWEET CORN，and shall be glad to receive your best quotations for this item，with indications of packing，for date of shipment，CIF TORONTO.

Your early replay will be appreciated.

Yours sincerely

Carter

Carters Trading Company，LLC

提示：① 在 Sim Trade 中，进口商所属的国家与币别是随机分配的，因此，学生在使用时，需首先在公司基本资料中找到自己所属国家，然后到"淘金网"的"运费查询"中查询该国家所对应的港口，从中选择一个作为自己的交易港口，并在邮件中告知出口商。② 在邮件填写过程中，涉及的日期、公司名称、法人信息等要结合实际情况进行修改。CIF 后面接的是目的港，因此 CIF 后面的"TORONTO"要改为自己进口商所在国家的港口（可在淘金网运费查询页面进行查询）。

(4) 填写完毕后，单击"发送"按钮。发送成功后，关闭邮件窗口并退出进口商身份。

3. 出口商向进口商发盘

(1) 单击"邮件"按钮，进入邮件系统；单击"收件箱"按钮查看进口商询盘邮件。

(2) 出口商核算成本。打开在线帮助中的"出口预算表的填写"页面；进入"淘金网"，分别单击并进入"保险费""运费查询""其他费用"等页面，根据在线帮助中的说明逐一计算各项成本；核算出各项成本与利润后，确定报价。（根据循序渐进原则，为了使第一笔交易相对容易一些，这里我们直接假定：出口商向工厂采购的价格为人民币 65 元/CARTON，出口商卖给进口商的价格为 14 美元/CARTON。在第十二章中，我们将分析介绍工厂如何向出口商报价、出口商如何向进口商报价等问题。）

(3) 向进口商发盘。打开进口商询盘邮件，单击"回复"按钮，填写以下邮件内容。

收件人：回复状态自动填写

主题：回复状态自动填写，可将其改为"Quotation"

合同号：（此时未建立合同，不需填合同号）

内容栏：（请参考以下内容填写，并根据实际情况做适当修改）

Dear Mr Carter:

We have received your letter of July 29, 2017, asking us to offer the CANNED SWEET CORN for shipment to TORONTO PORT and highly appreciate that you are interested in our products.

　　Comply with your kindly request, we are pleased to offer our best price as follows:

　　① Commodity: CANNED SWEET CORN

　　② Packing: EXPORTER CARTON

　　③ Specification: 3060Gx6TINS/CTN

　　④ Quantity: 800 CARTONS

　　⑤ Price: USD14/CARTON CIF TORONTO

　　⑥ Payment: L/C

　　⑦ Shipment: in August, 2017

　　⑧ Brand: At your option

Our offer remains effective until August 30, 2017.

Yours faithfully,

Minghua Liu

Grand Western Foods Corp.

填写完毕后，单击"发送"按钮。

4. 进口商接受发盘

进口商登录后，收取出口商发盘的邮件。双方经多次还盘，最后进口商表示接受对方发盘。填写以下邮件内容。

收件人：回复状态自动填写

主题：回复状态自动填写

合同号：（此时未建立合同，不需填合同号）

内容栏：（请参考以下内容填写，并根据实际情况做适当修改）

Dear Mr Minghua Liu:

We have received your E-Mail of July 29, 2017

　　After the consideration, we have pleasure in confirming the following offer and accepting it:

　　① Commodity: CANNED SWEET CORN

　　② Packing: EXPORTER CARTON

　　③ Specification: 3060Gx6TINS/CTN

　　④ Quantity: 800 CARTONS

　　⑤ Price: USD14/CARTON

　　⑥ Payment: L/C

⑦ Shipment: in August, 2017

Please send us a contract and thank you for your cooperation.

Yours sincerely,

Carter

Carters Trading Company, LLC

填写完毕后，单击"发送"按钮。

5. 出口商收取进口商接受发盘的邮件

二、出口商、工厂之间的交易磋商

具体实习步骤如下。

1. 出口商与工厂建立业务关系并询价

以出口商的身份登录，进入出口商业务主页面，与工厂建立业务关系（也可由工厂主动与出口商建立业务关系）并询价。

（1）出口商单击"邮件"按钮，进入邮件系统。

（2）单击"新建"按钮，填写以下邮件内容。

收件人：自己工厂的邮件地址（自己学号+3@simtrade）

主题：建立业务关系并询价

合同号：（此时未建立合同，不需填合同号）

内容栏：（请参考以下内容填写，并根据实际情况做适当修改）

张弛先生：

您好！我们是宏昌国际股份有限公司，我公司有着悠久的经营历史，在国内外享有良好声誉。我们在 www.simtrade.net 里找到了贵公司的资料，得知你们生产甜玉米罐头，我们对此很感兴趣，想和你们建立起长期的合作关系。贵厂能否给我们报价（含税），报价单中请注明交货地点、要求的付款方式及最小订量。因出口货物一般数量较大，请报最优惠价。

盼复！

刘铭华

宏昌国际股份有限公司

（3）填写完毕后，单击"发送"按钮。

2. 工厂核算成本并向出口商报价

（1）收取邮件，阅读内容。

（2）查看商品的生产成本（工厂身份在"淘金网"产品展示中查询）。

（3）打开在线帮助中的"工厂的业务费用"，照其中的说明计算各项支出，根据各项费用与利润确定报价（第一笔交易我们直接假定：出口商向工厂采购的价格为人民币65元/CARTON）。

（4）工厂向出口商报价。单击"回复"按钮，填写以下内容。

收件人：回复状态自动填写

主题：回复状态自动填写，可将其改为"甜玉米罐头报价"

合同号：（此时未建立合同，不需填合同号）

内容栏：（请参考以下内容填写，并根据实际情况做适当修改）

刘铭华先生：

您好！来函已收到，非常感谢您对我公司产品的关注与信赖，现报价如下。

产品名称：甜玉米罐头 CANNED SWEET CORN

货品编号：01005

海关编码：2005800000

规格描述：每箱6罐，每罐3060克

销售单位：CARTON

包装单位：CARTON

交货地点：工厂交货

付款方式：需方凭供方提供的增值税发票及相应的税收（出口货物专用）缴款书在供方工厂交货后七个工作日内付款。如果供方未将有关票证备齐，需方扣除17%税款支付给供方，等有关票证齐全后结清余款。

最小订货量：800 CARTON

单价：RMB 65/CARTON

以上资料供您参考并确认，盼复！

张弛
冠弛股份有限公司

填写完毕后，单击"发送"按钮。

3. 出口商回复工厂报价的邮件

（1）收取邮件，阅读内容。

（2）单击"回复"按钮，填写以下内容。

收件人：回复状态自动填写

主题：回复状态自动填写

合同号：（此时未建立合同，不需填合同号）

内容栏：（请参考以下内容填写，并根据实际情况做适当修改）

张弛先生：

您好，感谢您的回复！

经过考虑，我们认为您的报价可以接受，我们将订购800CARTONS甜玉米罐头，合同将尽快寄出。

刘铭华
宏昌国际股份有限公司

（3）填写完毕后，单击"发送"按钮。

本 章 小 结

本章主要介绍第一笔交易的广告信息发布和交易磋商。首先讲解了第一笔交易的基本要求和对计算机所做的必要处理。然后分别介绍了进口商、出口商、工厂如何发布广告信息及出口地银行、进口地银行如何查看信息。接下来对交易磋商的含义、形式,磋商前的准备和磋商的程序等预备知识进行了简单讲解。最后对出口商与进口商、出口商与工厂交易磋商的具体步骤进行了详细的阐述。

复习思考题

1. 进口商如何发布广告?如何寻找商机?如何发布信息?
2. 出口商如何发布广告?如何寻找商机?如何发布国内采购信息?
3. 工厂如何发布信息?如何发布产品广告与公司广告?
4. 交易磋商的主要环节有哪些?应分别注意哪些问题?
5. 出口商与进口商之间如何进行交易磋商?
6. 出口商与工厂之间如何进行交易磋商?

第四章 外贸合同签订与进出口预算

【学习目标】

1. 熟悉 L/C+CIF 履约流程，理解各环节先后顺序的内在逻辑。
2. 掌握外贸合同条款的具体规定与表达，能够准确起草外贸合同。
3. 掌握进出口价格核算，准确填写出口预算表和进口预算表。

【实验任务】

1. 起草一笔结汇方式为 L/C、价格术语为 CIF 的外销合同并发送给对方签字确认。
2. 填写出口预算表、进口预算表。

第一节 L/C+CIF 履约流程参考

交易磋商完成后，就要起草外贸合同（外销合同可以由出口商或进口商起草，国内购销合同可以由出口商或工厂起草，然后送对方签字确认，本表中仅以出口商起草的情况为例）。然后开始履行合同，在实际操作中，需要按照一定的步骤一步步进行。表 4-1 为 L/C+CIF 履约流程参考，按先后顺序列出了工厂、出口商、出口地银行、进口地银行和进口商需要做的各项工作。为了减少不必要的麻烦，学生刚开始在进行实验操作的过程中，最好能够严格按照表 4-1 的顺序进行。

表 4-1 L/C+CIF 履约流程参考表

No.	工 厂	出口商	出口地银行	进口地银行	进口商
1		起草外销合同			
2		添加并填写出口预算表			
3		合同送进口商			
4					添加并填写进口预算表
5					签字并确认外销合同
6					到银行领取并填写"进口付汇核销单"
7					添加并填写开证申请书
8					发送开证申请
9				根据申请书填写信用证	

续表

No.	工　厂	出口商	出口地银行	进口地银行	进口商
10				送进口商确认	
11					对照合同查看信用证
12					同意信用证
13				通知出口地银行	
14			审核信用证		
15			填写信用证通知书		
16			通知出口商		
17		对照合同审核信用证			
18		接受信用证			
19		起草国内购销合同			
20		合同送工厂			
21	签字并确认购销合同				
22	组织生产				
23	放货给出口商				
24	到国税局缴税				
25		添加并填写"货物出运委托书"			
26		指定船公司			
27		洽订舱位			
28		添加并填写"报检单、商业发票、装箱单"			
29		出口报检			
30		添加并填写产地证明书			
31		到相关机构申请产地证			
32		添加并填写"投保单"			
33		到保险公司投保			
34		到外管局申领并填写"核销单"			
35		到海关办理核销单的口岸备案			
36		添加并填写"报关单"			
37		送货到海关			
38		出口报关,货物自动出运			

续表

No.	工厂	出口商	出口地银行	进口地银行	进口商
39		到船公司取提单			
40		添加并填写装船通知"SHIPPING ADVICE"			
41		发送装船通知			
42		添加并填写"汇票"			
43		向出口地银行交单押汇			
44			审单		
45			发送进口地银行		
46		到银行办理结汇		审单	
47		添加并填写"出口收汇核销单送审登记表"		通知进口商取单	
48		到外管局办理核销			到银行付款
49		到国税局办理出口退税			取回单据
50					到船公司换提货单
51					添加并填写"报检单"
52					进口报检
53					添加并填写"报关单"
54					进口报关
55					缴税
56					提货
57					添加并填写"进口付汇到货核销表"
58					到外管局办理进口付汇核销
59					到消费市场销货

第二节 外贸合同签订预备知识

一、外贸合同的订立

外贸合同系指营业地处于不同国家的当事人之间由卖方向买方交付货物并转移货物所有权、买方向卖方支付货款的合同。外贸合同，是当事人各自履行约定义务的依据，也是一旦发生违约行为时，进行补救、处理争议的依据。

1. 合同形式和成立时间

在国际贸易中，订立合同的形式有三种：一是书面形式，这是最主要的形式；二是口头形式；三是以行为表示。

书面合同的作用表现在三个方面：第一，书面合同是合同成立的证据；第二，对于交易双方若声明以正式书面合同签订为准时，书面合同是生效的条件；第三，书面合同是双方当事人履行合同的依据。

根据《公约》有关规定，当交易一方对另一方的发盘或还盘表示接受时，合同随即成立。在实际业务中，双方当事人也可规定，合同成立的时间以订约时合同上写明的时间为准，或以收到对方确认合同的时间为准。另外，有些国家法律法规规定，某些合同必须由政府主管部门批准才能成立。对于此类合同，仅由买卖双方签字还不能生效，必须经过政府有关主管部门批准后，才能成为有效合同。

2. 合同有效成立的条件

（1）当事人必须具有签订合同的行为能力。

签订买卖合同的当事人主要为自然人或法人。按各国法律的一般规定，自然人签订合同的行为能力，是指精神正常的成年人才能订立合同，未成年人对达成的合同可以不负法律责任；精神病患者和醉汉，在发病期间和神志不清时达成的合同，也可免去合同的法律责任。若是法人，则行为人应是企业的全权代表；非企业负责人代表企业达成合同时，一般应有授权证明书、委托书或类似的文件。法人代表在规定的法人经营范围内签订合同，越权的合同不能发生法律效力。在中国只有经政府允许和批准有外贸经营权的企业，才能从事对外贸易活动，才能就其有权经营的商品对外达成销售合同。世界上有许多国家也有类似规定。

（2）合同必须有对价或约因。

外贸合同是商务合同，是有偿的交换，这是由其的性质所决定的。对价（Consideration）是指当事人为了取得合同利益所付出的代价，约因（Cause）是指当事人签订合同所追求的直接目标。"对价"或"约因"，一般就是说双方行为有偿，双方都拥有权利又都承担义务。一方不履行合同规定的义务时，有向对方进行赔偿损失的责任。按照一般的法律规定，合同只有在有对价或约因时，才是法律上有效的合同，无对价或无约因的合同，是得不到法律保护的。

（3）应是当事人双方在自愿基础上的意思一致。

各国法律都认为，合同当事人的意思必须是真实的意思，这样的合同才能称为一份有效约束力的合同，否则这种合同无效或可以撤销。签订外贸合同是当事人双方的法律行为，不是单方面的行为。所以，必须是双方当事人表示意思一致，这种合同才能成立。这种一致必须建立在双方自愿的基础上，如果当事人一方用诈骗、威胁或暴力等行为使另一方被迫达成合同，该合同则在法律上是无效的。

（4）合同的标的和内容必须合法。

所谓"标的合法"，即货物和货款等必须合法，就是说，货物应是政府允许出口或进口的商品，货款和外汇的收付必须符合国家的有关规定。对于"合同内容必须合法"，许多国家往往从广义上解释，其中包括不得违反法律、不得违反公共秩序或公共政策，以及不得违反善良风俗或道德三个方面。

3. 书面合同的签订

(1) 书面合同的类型。

在国际贸易中，书面合同的形式很多，一般常用的有正式合同、确认书、协议、备忘录、意向书等。这些合同形式，既无统一格式，也无统一内容。

① 正式合同（Contract）。它是带有"合同"字样的法律契约，包括销售合同和购货合同。

② 确认书（Confirmation）。它较正式合同简单，也称为简式合同，是买卖双方在通过交易磋商达成交易后，寄给对方加以确认的列明达成交易条件的书面证明。它包括销售确认书和购货确认书。

③ 协议（Agreement）。协议在法律上是合同的同义词，只要协议对买卖双方的权利和义务作出明确、具体和肯定的规定，一经双方签署确认，即与合同一样对买卖双方具有约束力。

④ 备忘录（Memorandum）。备忘录也是书面合同的形式之一，它是指买卖双方磋商过程中，对某些事项达成一定程度的理解、谅解及一致意见，将这种理解、谅解、一致意见以备忘录的形式记录下来。备忘录不具有法律约束力。

⑤ 意向书（Expression）。意向书是指买卖双方当事人在磋商尚未达成最后协议之前，为达成某种交易的目的，而作出的一种意愿表示，并把设想、意愿、逐步商订的条件以书面形式记录下来，作为今后谈判的参考与依据。它也不具有法律效力。

在我国对外贸易业务中，主要采用的书面合同是正式合同和确认书两种，通常为一式两份，由双方合法代表分别签字后各执一份。

(2) 书面合同的内容。

书面合同的内容一般由以下三部分组成。

① 约首部分。这是指合同的序言部分，其中包括合同的名称、合同编号、订约双方当事人的名称和地址、电报挂号、电传号码等，以及双方订立合同的意愿和执行合同的保证。该序言对双方均具约束力。

② 基本条款。这是合同的中心部分，具体列明各项交易的条件或条款，如品名、品质规格、数量、单价、包装、交货时间与地点、运输与保险条件、支付方式以及检验、索赔、不可抗力和仲裁条款等，规定双方当事人的权利和义务。

③ 约尾部分。一般包括合同的份数，使用的文字及其效力，订约的时间和地点及生效的时间，双方当事人签字等内容。

二、Sim Trade 销货合同（Sales Confirmation）的填写

使用不同的合同形式，虽然其繁简程度会有较大差异，但具有同等法律效力，对买卖双方均有约束力。大宗商品或成交额较大的交易，多采用正式合同；而金额不大，批数较多的小土特产品或轻工产品，或者已订立代理、包销等长期协议的交易多采用确认书。

无论采取哪种形式，合同抬头应醒目注明 SALES CONTRACT 或 SALES CONFIRMATION（对销售合同或确认书而言）等字样。一般来说，出口合同的格式都是由我方（出口公司）事先印制好的，因此有时在 SALES CONFIRMATION 之前加上出口公司名称或是公司的

标志等（我外贸公司进口时也习惯由我方印制进口合同）。交易成立后，寄交买方签署（countersign），作为交易成立的书面凭据。

在 Sim Trade 中，买卖双方都可以起草合同。其差异在于：卖方（出口商）起草的合同为"SALES CONFIRMATION"（如图 4.1），买方（进口商）起草的合同为"PURCHASE ORDER"（如图 4.2）。填写时只需将名称、地址等内容作相应变化即可。下面以卖方（出口商）起草合同为准对"SALES CONFIRMATION"的填写进行说明。图 4.1 为由卖方（出口商）起草的空白销售合同，需要填写的地方均用序号进行标注。

图 4.1 由卖方（出口商）起草的空白销售合同

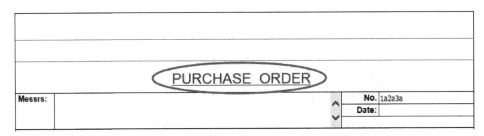

图 4.2　由买方（进口商）起草的空白购买合同表头

图 4.1 中 1、2 分别为合同上方第一、二行空白栏，为出口商公司抬头，须分别填写出口商的英文名称及地址。

如：GRAND WESTERN CORP

Room2501，Jiafa Mansion，Beijing West road，Nanjing 210005，P. R. China

（如合同由买方起草时，上方空白栏则填入进口商公司名称及地址）

图 4.1 中 3（Messrs）　需详细填列交易对象（进口商）的名称及地址。在 Sim Trade 中，进口商的详细资料请在"淘金网"的公司库里查询。

如：Love trading company

　　p. o. box8935，new terminal，lata. vista，ottawa，Canada

（如合同由买方起草时，此处空白栏则填入出口商公司名称及地址）。

图 4.1 中 4（No.）为销货合同编号，由卖方自行编设，以便于存储归档管理。在 Sim Trade 中，该编号已由卖方在起草合同时填入，单据中不能再更改。

图 4.1 中 5（Date）　填写销货合同制作日期。如：2017 年 2 月 18 日，可以有以下几种日期格式。

① 2017 - 02 - 18 或 02 - 18 - 2017；

② 2017/02/18 或 02/18/2017；

③ 170218（信用证电文上的日期格式）；

④ February 18，2017 或 Feb 18，2017。

图 4.1 中 6 需要填入贸易术语（CIF、CFR、FOB 中选一个）。若是选用 FOB，则 7 需要填入装运港（Sim Trade 中任一中国国内港口即可，如"NANJING"）；若是选用 CIF 或 CFR，则 7 需要填入目的港（Sim Trade 中进口商国家任一港口即可）。第一笔交易要求选用 CIF。

单击合同中"添加"按钮，弹出"商品明细表——网页对话框"（如图 4.3），可以对图 4.1 中 8、9、10、11、12、13 进行填写。

图 4.1 中 8（Product No.）填写货号，销货合同上应记明各种货物编号，以求联系沟通方便。在 Sim Trade 中，货号必须选择"淘金网"的"产品展示"里已有的商品编号。

图 4.1 中 9（Description）　品名条款。此栏应详细填明各项商品的英文名称及规格，这是买卖双方进行交易的基础和前提。对商品的具体描述说明是合同的主要条款之一，如果卖方交付的货物不符合合同规定的品名或说明，买方有权拒收货物、撤销合同并提出损害赔偿。在 Sim Trade 中，商品的详细资料请在"产品展示"里查找，可参考英文名称与描述部分。如：CANNED SWEET CORN

　　　　3060G×6TINS/CTN

图 4.3　商品明细填写

图 4.1 中 10（Quantity）数量条款。本栏用于填写交易的货物数量，这是买卖双方交接货物及处理数量争议时的依据。不明确卖方应交付多少货物，不仅无法确定买方应该支付多少金额的货款，而且不同的量有时也会影响到价格及其他的交易条件。为便于装运并节省运费，通常以一个 20' 或 40' 集装箱的可装数量作为最低交易数量。在 Sim Trade 中，整箱货物交易数量的计算方法请参考"预算表的填写"里的基本计算部分。

图 4.1 中 11（Unit）货物数量的计量单位，应以适合该货物计量的单位为准。在 Sim Trade 中，货物的计量单位在商品详细资料里已经注明，需要注意的是，此栏应填写销售单位而非包装单位。不同类别的产品，销售单位和包装单位不同，例如：食品类的销售单位和包装单位都是 CARTON；钟表类的销售单位是 PC，包装单位为 CARTON。

图 4.1 中 12（Unit Price）价格条款。这是买卖合同中必不可缺的重要组成部分，不仅直接关系到买卖双方的利益，而且与合同中的其他条款也有密切联系。在国际贸易中，通常由出口商根据成本通过往来函电报价给进口商，双方经过协商后确定此交易价格。货物的价格，通常指货物的单价（Unit Price），是针对一个销售单位的货物而言的。计价货币与单价金额，需依双方约定填写。

图 4.1 中 13（Amount）列明币种及各项商品总金额(总金额＝单价×数量)。

图 4.1 中 14、15、16、17、18（Total）货物总计，分别填入所有货物累计的总数量和总金额（包括相应的计量单位与币种）。此栏应与每一项商品相对应。

图 4.1 中 19（Say Total）以文字（大写）写出该笔交易的总金额，必须与货物总价数字表示的金额一致。如：U. S. DOLLARS EIGHTY NINE THOUSAND SIX HUNDRED ONLY。

图 4.1 中 20（Payment）支付条款。它规定了货款及其从属费用的支付工具、支付方式等内容，与价格条款一样往往成为买卖双方在交易磋商时的焦点。支付方式有许多种，Sim Trade 中选用了其中四种最常用的方式：L/C（信用证）、D/P（付款交单）、D/A（承兑交单）及 T/T（电汇）。请首先选择其中一种，再将支付条款的具体要求写在后面。如：By a prime bankers irrevocable sight letter of credit in sellers favor for 100% of invoice value（全部凭银行所开发不可撤销即期信用状付款，以卖方为受益人）。

图 4.1 中 21（Packing）包装条款。一般包括包装材料、包装方式和每件包装中所含物品的数量或重量等内容，是合同的必要组成部分。在 Sim Trade 中，可参考商品详细资料里的包装说明。如：3060G×6Tins per carton. Each of the carton should be indicated with Product No., Name of the Table, G. W., and C/NO。

图 4.1 中 22（Port of Shipment）填写启运港名称，为中国港口之一。在 Sim Trade 中，内陆港口的名称可在"淘金网"中运费查询页面中的"国内港口"里查找。

图 4.1 中 23（Port of Destination）填写目的港名称，通常由买方在双方签订合约之前的往来磋商函电中告知卖方。

图 4.1 中 24（Shipment）装运条款。其中包括装运时间、装运港或装运地、目的港或目的地，以及分批装运和转运等内容，有的还规定卖方应予交付的单据和有关装运通知的条款。如：All of the goods will be shipped from Shanghai to Toronto before July 20, 2017 subject to L/C reaching the SELLER by the early of June, 2017. Partial shipments and transhipment are not allowed（所有货物 2017 年 7 月 20 日前装运，从上海港运往多伦多港，但以信用证 6 月初以前送达卖方为条件。不许分批装运，不许转运）。

图 4.1 中 25（Shipping Mark）运输标志，也称装运唛头，可以是图案、文字或号码。如没有唛头应填"No Mark"或"N/M"。

如：CANNED SWEET CORN（货品名称）
　　CANADA（进口商所在国家）
　　C/NO. 1-800（包装箱顺序号和总件数）
　　MADE IN CHINA（货物原产地）

图 4.1 中 26（Quality）质量条款。这是对商品的质量、等级、规格等的具体规定，是买卖双方交接货物时的品质依据，同时也是商检部门在进行检验、仲裁机构或法院在解决品质纠纷时的依据。如：As per samples No. MBS/006 and CBS/002 submitted by seller on April 12, 2017（如同卖方于 2017 年 4 月 12 日所提供，编号 MBS/006 及 CBS/002 的样品）。

图 4.1 中 27（Insurance）写明保险条款。在 FOB、CFR 条件下，由买方投保，此栏可写"Insurance effected by buyer"。在 CIF 条件下，由卖方投保，应具体载明投保的险别、保险金额、保单类别、适用条款、索赔地点及币种等事项。在 Sim Trade 中，保险条款请在"淘金网"的"保险费"页面查询。如：The SELLER shall arrange marine insurance covering ALL Risks bearing Institute Cargo Clauses（ALL Risks）plus institute War Clause (Cargo) for 110% of CIF value and provide of claim, if any, payable in Canada with U. S. currency.（卖方应投保协会货物条款（全险）并加保协会战争险条款（货物），保险金额按 CIF 金额的 110%计算，索赔时在加拿大以美金支付。）

图 4.1 中 28（Remarks）备注。外贸公司多使用格式化的合同，难免有需要改动和补充之处，有特殊规定或其他条款可在此栏说明。如：Unless otherwise specified in this Sales Confirmation, all matters not mentioned here are subject to the agreement of the general terms and conditions of business No. CD-101 concluded between both parties.

图 4.1 中 29、30（Manager Signature）（SELLERS）出口商公司负责人签名。29 空白处填写公司英文名称，30 空白处则填写公司法人英文名称。

图 4.1 中 31、32（Manager Signature）（BUYERS）进口商公司负责人签名。31 空白处填写公司英文名称，32 空白处则填写公司法人英文名称。Sim Trade 中，出口商填写好合同并将合同发给进口商后，进口商才能在此处签名（出口商身份此处无法填写）。

本书附录中的附表 1 为填写好的合同样本，供同学们起草合同时参考。

第三节　出口预算表和进口预算表填写

准确核算成本、利润，对于买卖双方来讲十分重要。在 Sim Trade 中，买卖双方的盈利水平也是系统自动评分的项目之一。因此，出口商、进口商都有必要做好相关预算。

一、预算表填写前的基本计算

对商品的毛重、净重、体积及买卖商品数量等进行准确计算是正确填写预算表的基础和前提。

1．毛重、净重、体积计算

首先到"淘金网"的"产品展示"中记下产品每箱的重量、体积，其次查询产品的销售单位与包装单位是否相同。

在计算重量时，对销售单位与包装单位相同的产品（如食品类产品），可直接用交易数量×每箱的毛（净）重；对销售单位与包装单位不同的产品（如玩具类、服装类产品），须先根据单位换算计算出单件的毛（净）重，再根据交易数量计算总毛（净）重。

在计算体积时，对销售单位与包装单位相同的产品（如食品类产品），可直接用交易数量×每箱的体积；对销售单位与包装单位不同的产品（如玩具类、服装类产品），须先根据"产品展示"的单位换算计算出包装箱数，再计算总体积。

提示：包装箱数有小数点时，必须进位取整箱。

例 4-1：食品类产品 01001 项，销售单位是 CARTON（箱），包装单位也是 CARTON（箱），每箱毛重 11.2KGS，每箱净重 10.2KGS，每箱体积 0.014 739CBM。如果交易数量为 2 000CARTON，试分别计算毛、净重、体积。

解：毛重＝2 000×11.2＝22 400KGS
　　净重＝2 000×10.2＝20 400KGS
　　体积＝2 000×0.014 739＝29.478CBM

提示：因该类产品销售单位与包装单位相同，故计算时可不考虑单位换算的内容。

例 4 - 2：玩具类产品 08001 项，销售单位是 UNIT（辆），包装单位是 CARTON（箱），单位换算显示是每箱装 6 辆，每箱毛重 23KGS，每箱净重 21KGS，每箱体积 0.08052CBM。如果交易数量为 1 000 辆，试分别计算毛、净重、体积。

解：毛重的计算

$$单件的毛重 = 23 \div 6 = 3.833\text{KGS}$$
$$总毛重 = 3.833\ 3 \times 1\ 000 = 3\ 833.3\text{KGS}$$

净重的计算

$$单件的净重 = 21 \div 6 = 3.5\text{KGS}$$
$$总净重 = 3.5 \times 1\ 000 = 3\ 500\text{KGS}$$

体积的计算

$$包装箱数 = 1\ 000 \div 6 = 166.6，取整 167 箱$$
$$总体积 = 167 \times 0.080\ 52 = 13.447\text{CBM}$$

2. 买卖商品数量核算

在国际货物运输中，通常使用 20′集装箱和 40′集装箱。在 Sim Trade 外贸实习平台中，20′集装箱的有效容积为 25CBM，限重 17.5TNE；40′集装箱的有效容积为 55CBM，限重 26TNE。其中 1TNE＝1 000KGS。国际货物贸易买卖双方在做买卖商品数量核算时，建议按照集装箱可容纳的最大包装数量来计算买卖商品数量，以节省单位商品的海运费。

在"淘金网"的"产品展示"中查看产品详细情况，根据产品的体积、包装单位、销售单位、单位换算来计算买卖商品数量。

例 4 - 3：商品 01005（甜玉米罐头），销售单位与包装单位都是 CARTON（箱），每箱体积为 0.025736CBM，毛重为 20.196KGS，试分别计算该商品用 20′、40′集装箱运输出口时的最大可装箱数及核算数量。

解：每 20′集装箱

按体积算可装箱数＝25÷0.025 736＝971.402(箱)

按重量算可装箱数＝17.5÷20.196×1 000＝866.51(箱)

取两者中较小的值，因此最大可装箱数取整 866 箱。

由于销售单位与包装单位相同，该商品的报价数量为 866 箱（也可以取整，如 860 箱、800 箱，但不能超过 866 箱，一般尽量充分使用集装箱）。

每 40′集装箱

按体积算可装箱数＝55÷0.025 736＝2 137.084(箱)

按重量算可装箱数＝26÷20.196×1 000＝1 287.38(箱)

取两者中较小的值，因此最大可装箱数取整 1 287 箱。

由于销售单位与包装单位相同，该商品的报价数量为 1 287 箱（也可以取整，如 1 280 箱、1 200 箱、1 000 箱，但不能超过 1 287 箱，一般尽量充分使用集装箱）。

例 4 - 4：商品 08003（儿童踏板车），销售单位 UNIT（辆），包装单位 CARTON（箱），单位换算为每箱装 6 辆，每箱体积为 0.057 6CBM，毛重为 21KGS，试分别计算该商品用 20'、40' 集装箱运输时的最大可装箱数及相应报价数量。

解：每 20' 集装箱

按体积算可装箱数为 25÷0.057 6＝434.028（箱）

按重量算可装箱数为 17.5÷21×1 000＝833.33（箱）

取两者中较小的值，因此最大可装箱数取整 434 箱，相应销售数量＝434×6＝2 604 辆（也可以在不超过 2 604 的前提下取整千、整百，但最好是 6 的倍数）。

每 40' 集装箱

按体积算可装箱数为 55÷0.057 6＝954.861（箱）

按重量算可装箱数为 26÷21×1 000＝1 238.095（箱）

取两者中较小的值，因此最大可装箱数取整 954 箱，相应销售数量＝954×6＝5 724 辆（也可以在不超过 5 724 的前提下取整千、整百，但最好是 6 的倍数）。

当然对于一些体积小、价值高的商品（如眼镜、口红等），不建议装满 1 个 20' 或 40' 集装箱，如果按照尽量装满一个集装箱的原则核算交易商品的数量，最后算出来的商品交易额可能会远远大于每个角色的注册资金，导致交易无法进行下去。因此，对于这类商品，尽量选择拼箱方式装运。

二、出口预算表的填写

出口商起草合同时须就该笔合同中可能发生的费用做出预算，以确保能够从该笔合同中获利；当合同完成后，再比照预算表中实际发生的金额，查看计算错误的部分。因此，在 Sim Trade 中，出口商在将已起草好的合同送进口商之前，应填制出口预算表，否则不能送出合同。在 Sim Trade 中，当出口商起草合同完毕，发送给对方时，必须先填写出口预算表，预估各项费用；交易完成后，实际发生的金额将列于右侧栏中（实际发生金额由系统根据学生实际操作进行计算，该步骤尚未完成时实际发生金额显示为"0"），供学生核对自己计算的正确与否。学生在填写出口预算表（以及后面的进口预算表）时不能边填写边检查修改，必须要到整个交易完成后才能将"预算金额"和"实际发生金额"进行对比才能发现是否正确，而此时已经无法对预算金额进行修改。这一点和其他单据不同。出口预算表（以及进口预算表）填写后一旦将合同发送给对方或自己确认合同，就不能再做修改，因此在填写预算表过程中，最好能够准确计算，争取一次完全填写正确。

图 4.4 为出口预算表空白样书，学生需要根据实际情况在"预算金额"一列对应的空白处进行填写。

提示：出口预算表填入的数字全部为本位币（系统假定出口商全部在中国，因此出口预算表要换算成人民币进行填写），且都保留两位小数。汇率请参考"淘金网"中的"银行"页面。如没有该项费用发生，请填"0"。

下面就如何填写出口预算表进行介绍。

出口预算表

合同号：	11aa22bb	
预算表编号：	STEBG002751	（注：本预算表填入的位数全部为本位币）

项目	预算金额	实际发生金额
合同金额		0.00
采购成本		0.00
FOB总价		0.00
内陆运费		0.00
报检费		0.00
报关费		0.00
海运费		0.00
保险费		0.00
核销费		0.00
银行费用		0.00
其他费用		0.00
退税收入		0.00
利润		0.00

图 4.4　出口预算表空白样书

1. 合同金额

合同金额即双方议定的合同金额，注意需换算成本位币（人民币）。

例 4-5：商品 01005 "甜玉米罐头"，合同金额定为 USD16 000，查到当前美元（USD）的汇率为 6.387 8（学生实验时，需要到"淘金网"银行中查询今日汇率，可能与这个数字不一样，以"淘金网"为准），试换算为本位币。

解：合同金额＝16 000×6.387 8＝RMB 102 204.8

2. 采购成本

通过邮件和工厂联络，询问采购价格，用以进行成本核算。

例 4-6：商品 01005 "甜玉米罐头"，工厂报价为每只 RMB64，求采购 800 的成本。

解：采购成本＝64×800＝RMB 51 200

3. FOB 总价

FOB 总价即交易双方在签订合同时所订的货物 FOB 价总金额。此处出口商在出口报价时就应综合考虑，首先计算出采购成本，然后加上各项费用支出（可大致估算），并给出一定的利润空间，在此基础上进行报价。如不是 FOB 价，则要进行换算。

由 CFR 价换算成 FOB 价：FOB 价＝CFR 价－海运费

由 CIF 价换算成 FOB 价：FOB 价＝CIF 价－海运费－保险费

海运费及保险费的算法请参照下面的说明。

提示：金额须换算成本位币，汇率可在"淘金网"的"银行"页面中查到。

假设该笔合同 FOB 总价为 USD11 200，在"银行"页面中，查到当前美元（USD）的汇率为 6.387 8。则该栏应填入的金额为：11 200×6.387 8＝71 543.36(RMB)

4. 内陆运费

在"淘金网"的"其他费用"中，查到内陆运费率为 RMB60/立方米（注：立方米即 CBM）。

可得：内陆运费＝出口货物的总体积×60

总体积算法请参考"基本计算"。

5. 报检费

在"淘金网"的"其他费用"中，查到报检费率为 RMB200/次。

可得：报检费＝RMB200

6. 报关费

在"淘金网"的"其他费用"中，查到报关费为 RMB200/次。

可得：报关费＝RMB200

7. 海运费

出口交易中，采用 CFR、CIF 贸易术语成交的条件下，出口商需核算海运费。如为 FOB 方式，则此栏填"0"。

在出口交易中，集装箱类型的选用，货物的装箱方法对于出口商减少运费开支起着很大的作用。集装箱的尺码、重量，货物在集装箱内的配装、排放以及堆栈都有一定的讲究，需要在实践中摸索。

（1）运费计算的基础。

运费单位（Freight Unit），是指船公司用以计算运费的基本单位。由于货物种类繁多、打包情况不同、装运方式有别，计算运费标准亦不一样。

① 整箱装：以集装箱为运费的单位，在 Sim Trade 中有 20′集装箱与 40′集装箱两种。

② 拼箱装：由船方以能收取较高运价为准，运价表上常注记 M/W 或 R/T，表示船公司将就货品的重量吨或体积吨二者中择其运费较高者计算。

拼箱装时计算运费的单位为：

重量吨（Weight Ton）：按货物总毛重，以一吨（1 TNE＝1 000KGM）为一个运费吨；

体积吨（Measurement Ton）：按货物总体积，以一立方米（1 Cubic Meter, 1MTQ 或 1CBM 或 1CUM）为一个运费吨。

在核算海运费时，出口商首先要根据报价数量算出产品体积，再到"淘金网"的"运费查询"页面，找到对应该批货物目的港的运价。如果报价数量正好够装整箱（20′集装箱或 40′集装箱），则直接取其运价为基本运费；如果不够装整箱，则用产品总体积（或总重量，取运费较多者）×拼箱的价格来算出海运费。

（2）运费分类计算方法。

① 整箱装：整箱运费分三部分，总运费等于三部分费用的和。

基本运费＝单位基本运费×整箱数

港口附加费＝单位港口附加费×整箱数

燃油附加费＝单位燃油附加费×整箱数

② 拼箱装：拼箱运费只有基本运费，分按体积与重量计算两种方式。

按体积计算，$X_1=$ 单位基本运费（MTQ）×总体积

按重量计算，$X_2=$ 单位基本运费（TNE）×总毛重

取 X_1、X_2 中较大的一个。

例 4-7：商品 08003（儿童踏板车）要出口到加拿大，目的港是多伦多港口。试分别计算交易数量为 1 000 辆和 2 604 辆的海运费。

解：第 1 步，计算产品体积与重量。

在"淘金网"的"产品展示"中，查到商品 08003 的体积是每箱 0.057 6CBM，每箱毛重 21KGS，每箱装 6 辆。根据查到的产品资料，先计算产品体积。

报价数量为 1 000 辆

总包装箱数＝1 000÷6＝166.6，取整 167 箱，总体积＝167×0.057 6＝9.6CBM

总毛重＝1 000÷6×21＝3 500KGS＝3.5TNE

报价数量为 2 604 辆

总包装箱数＝2 604÷6＝434 箱，总体积＝434×0.057 6＝24.998CBM

总毛重＝2 604÷6×21＝9 114KGS＝9.114TNE

第 2 步，查运价。

在"淘金网"中"运费查询"里，查到运至加拿大多伦多港的基本运费为：每 20' 集装箱 USD3 290，每 40' 集装箱 USD4 410，拼箱每体积吨（MTQ）USD151，每重量吨（TNE）USD216；港口附加费为：每 20' 集装箱 USD132，每 40' 集装箱 USD176；燃油附加费为：每 20' 集装箱 USD160，每 40' 集装箱 USD215。

此外，在"淘金网"中"银行"页面中，可查到美元的汇率为 6.387 8。

根据第 1 步计算出的结果来看，比照集装箱规格（已在运费计算基础上写明，20' 集装箱的有效容积为 25CBM，限重 17.5TNE，40' 集装箱的有效容积为 55CBM，限重 26TNE，其中 1TNE＝1 000KGS），1 000 辆的运费宜采用拼箱，2 604 辆的海运费宜采用 20' 集装箱。

① 报价数量为 1 000 辆，按体积计算基本运费＝9.6×151＝1 449.6（USD）

按重量计算基本运费＝3.5×216＝756（USD）

两者比较，体积运费较大，船公司按较大者收取，则基本运费为 USD1 449.6

总运费＝1 449.6×6.387 8＝9 259.75（RMB）

② 报价数量为 2 604 件，由于体积和重量均未超过一个 20' 集装箱的体积与限重，所以装一个 20' 集装箱即可

总运费＝1×(3 290＋132＋160)×6.387 8

＝3 582×6.387 8

≈22 881.1（RMB）

8. 保险费

出口交易中，在以 CIF 条件成交的情况下，出口商需要承担保险费。为了核算保险费，出口商需要先到"淘金网"中"保险费"页面查询保险费率。如果为 CFR 或 FOB 方式，此栏填"0"。保险金额和保险费的计算公式分别如下：

保险金额＝CIF 货价×(1＋保险加成率)

保险费＝保险金额×保险费率

提示:"保险金额"与"保险费"是两个不同的概念。

在进出口贸易中,根据有关的国际惯例,保险加成率通常为10%,出口商也可根据进口商的要求与保险公司约定不同的保险加成率。

例4-8:商品03001的CIF总价为USD8 937.6,进口商要求按成交价格的110%投保协会货物保险条款(A)(保险费率0.8%)和战争险(保险费率0.08%),试计算出口商应付给保险公司的保险费用。

解:保险金额=8 937.6×110%=9 831.36(USD)

保险费=9 831.36×(0.8%+0.08%)=86.52(USD)

查美元的汇率为6.387 8,换算成人民币=86.52×6.387 8=552.67(RMB)。

9. 核销费

在"淘金网"的"其他费用"中,查到核销费为RMB10/次。

可得:核销费=RMB 10

10. 银行费用

结算方式不同,银行费用也不尽相同(其中T/T方式出口地银行不收取费用),通常为总金额×银行费率,在"淘金网"的"其他费用"中可以查到相关费率。

例4-9:合同总金额为USD28 846.4时,分别计算在L/C、D/P、D/A方式下的银行费用。(假设L/C方式时修改过一次信用证)

解:第1步,查询费率。

在"淘金网"的"其他费用"页面中查得L/C通知费RMB200/次、修改通知费RMB100/次、议付费率0.13%(最低200RMB)、D/A费率0.1%(最低100RMB,最高2 000RMB)、D/P费率0.1%(最低100RMB,最高2 000RMB)。

第2步,查询汇率。

在"银行"页面中,查到美元的汇率为6.387 8。

第3步,计算银行费用。

L/C银行费用=28 846.4×0.13%×6.387 8+200+100=239.54+300=539.54(RMB)

D/P银行费用=28 846.4×0.1%×6.387 8=184.27(RMB)

D/A银行费用=28 846.4×0.1%×6.387 8=184.27(RMB)

11. 其他费用

本栏主要包括的费用有:公司综合费用、检验证书费、邮费及产地证明书费,其中检验证书费为出口商在填写出境报检单时,所申请的检验证书,如健康证书、植物检疫证书等,每张收费RMB200;邮费则是在T/T方式下出口商向进口商邮寄单据时按次收取,每次USD28。

以上各项费用都可以在"淘金网"的"其他费用"页面中查到,根据本次合同的实际状况累加填入本栏中。

例4-10:T/T方式下合同总金额为USD8 846.4时,请计算本栏应填入的金额(假设本次合同中申请了一张健康证书、一张原产地证明书,并寄送一次货运单据给进口商)。

解：第 1 步，查询费率。

在"淘金网"的"其他费用"页中查得出口商公司综合费率 5%、证明书费 RMB200/份、邮费 USD28/次。

第 2 步，查询汇率。

在"银行"页面中，查到美元的汇率为 6.387 8。

第 3 步，计算其他费用。

$$\begin{aligned} 其他费用 &= 8\ 846.4 \times 5\% \times 6.387\ 8 + 200 + 200 + 28 \times 6.387\ 8 \\ &= 2\ 825.45 + 400 + 178.86 \\ &= 3\ 404.31 (RMB) \end{aligned}$$

12. 退税收入

在"淘金网"的"税率"页面中，输入商品海关编码进行查询（例如输入商品 10001 的海关编码 3304100000，查到出口退税率为 17%，消费税从价计，为 30%）。如果一笔合同涉及多项商品，则须分别计算再累加。

可得：商品出口退税收入＝应退增值税＋应退消费税＝采购成本÷（1＋增值税率）×出口退税率＋采购成本÷（1＋增值税率）×消费税税率

13. 利润

将以上各项收入与支出合起来运算，即可算出利润。

计算公式为：利润＝合同金额＋退税收入－采购成本－内陆运费－报检费－报关费－海运费－保险费－核销费－银行费用－其他费用

三、进口预算表的填写

图 4.5 为进口预算表空白样书。注意进口预算表填入的数字全部为本位币（请查看进口商用户资料中注册资金币别），且都保留两位小数。如需换算，汇率请参考"淘金网"中的"银行"页面，如没有该项费用发生，请填"0"。

进口预算表

合同号：111aaa222
预算表编号：STIBG002708

（注：本预算表填入的位数全部为本位币）

项目	预算金额	实际发生金额
合同金额		0.00
CIF总价		0.00
内陆运费		0.00
报检费		0.00
报关费		0.00
关税		0.00
增值税		0.00
消费税		0.00
海运费		0.00
保险费		0.00
银行费用		0.00
其他费用		0.00

图 4.5　进口预算表空白样书

假设用 CIF 贸易术语，合同以美元计价总金额为 USD36 900，而进口商的本位币为日元（JPY），在"淘金网"的"银行"页面中查到美元的汇率为 6.826 1，日元的汇率为 0.073 049。

1. 合同金额

合同金额即双方议定的合同金额，注意需换算成进口商的本位币。则该栏应填入的金额为

$$36\ 900 \times 6.826\ 1 \div 0.073\ 049 = 3\ 448\ 138.78(\text{JPY})$$

提示：如不是以本位币订立的合同，则要进行换算。

2. CIF 总价

由于合同采用 CIF，故此处 CIF 总价和合同金额一致。

如合同不是 CIF 报价，此处 CIF 总价则要进行换算。由 FOB 换算成 CIF 价：CIF 价 = FOB 价 + 海运费 + 保险费；由 CFR 换算成 CIF 价：CIF 价 = CFR 价 + 保险费（其中海运费及保险费的算法请参照下面的说明）。

3. 内陆费用

在"淘金网"的"其他费用"中，查到内陆运费为 RMB60/立方米（CBM）；

假设进口商的本位币为美元，在"银行"页面中，查到当前美元的汇率为 6.826 1。

可得：内陆运费 = 出口货物的总体积 × 60 ÷ 6.826 1

总体积算法请参考"基本计算"。

4. 报检费

在"淘金网"的"其他费用"中，查到报检费为 RMB200/次，当前美元的汇率为 6.826 1。

可得：报检费 = 200 ÷ 6.826 1 = 29.3(USD)

5. 报关费

在"淘金网"的"其他费用"中，查到报关费为 RMB200/次，当前美元的汇率为 6.826 1。

可得：报关费 = 200 ÷ 6.826 1 = 29.3(USD)

6. 关税

进入"淘金网"的"税率"页面，输入商品海关编码进行查询（例如输入商品 01001 的海关编码 2003101100，查到进口优惠税率为 25%）。Sim Trade 中的国家基本上都适用优惠税率，因此可直接按优惠税率计算，如果没有则填"0"。如果一笔合同涉及多项商品，则须分别计算再累加。

可得：商品进口税 = 该项商品 CIF 总价 × 进口优惠税率（注意要用 CIF 总价，不要直接用合同金额，非 CIF 术语下的合同金额与 CIF 总价并不相同）。

7. 增值税

进入"淘金网"的"税率"页面，输入商品海关编码进行查询（例如输入商品01001的海关编码2003101100，查到增值税率为17%）。如果一笔合同涉及多项商品，则需分别计算再累加。

可得：商品增值税＝（该项商品CIF总价＋进口关税税额＋消费税税额）×增值税率（注意要用CIF总价，不要直接用合同金额，其中消费税税额计算方法参照下面的说明）。

8. 消费税

进入"淘金网"的"税率"页面，输入商品海关编码进行查询（例如输入商品10001的海关编码3304100000，查到消费税从价计算，为价格的30%）。如果一笔合同涉及多项商品，则需分别计算再累加。如果没有消费税，则填入"0"。

可得：从价商品消费税＝（该项商品CIF总价＋进口关税税额）×消费税税率÷（1－消费税税率）（注意要用CIF总价，不要直接用合同金额）；

从量商品消费税＝应征消费税的商品数量×消费税单位税额。

9. 海运费

进口交易中，采用FOB贸易术语成交的条件下，进口商需核算海运费。如为CIF或CFR方式，则此栏填"0"。

在进出口交易中，集装箱类型的选用，货物的装箱方法对于进口商减少运费开支起着很大的作用。集装箱的尺码、重量，货物在集装箱内的配装、排放以及堆栈都有一定的讲究，需要在实践中摸索。

10. 保险费

进口交易中，在以FOB、CFR条件成交的情况下，进口商需要到"淘金网"中"保险费"页面中查询保险费率，用以核算保险费。如系CIF方式，此栏填"0"。公式如下：

保险费＝保险金额×保险费率

其中，保险金额＝CIF货价×（1＋保险加成率）

在进出口贸易中，根据有关的国际贸易惯例，保险加成率通常为10%。当然，出口人也可以根据进口人的要求与保险公司约定不同的保险加成率。

由于保险金额的计算是以CIF（或CIP）货价为基础的，因此，对外报价时如果需要将CFR（或CPT）价格变为CIF（CIP）价格，或是在CFR（或CPT）合同项下买方要求卖方代为投保时，均不应以CFR价格为基础直接加保险费来计算，而应先将CFR（或CPT）价格换算为CIF（或CIP）价格再求出相应的保险金额和保险费。

在保险加成率为10%的情况下，保险金额具体计算方法如下。

(1) 按CIF进口时：保险金额＝CIF货价×1.1

(2) 按CFR进口时：保险金额＝CFR货价×1.1÷（1－1.1×r），其中r为保险费率，请在"淘金网"的"保险费"页面中查找，将所投险别的保险费率相加即可。

(3) 按FOB进口时：保险金额＝（FOB货价＋海运费）×1.1÷（1－1.1×r），其中FOB货价就是合同金额，海运费请在"装船通知"（由出口商根据"配舱通知"填写并发给进口商）查找。如果出口商填写错误，请其查看"配舱通知"并告知海运费。

注意：

（1）因一切险（或 A 险）已包括了所有一般附加险的责任范围，所以在投保一切险（或 A 险）时，保险公司对一般附加险的各险别不会再另收费。投保人在计算保险金额时，一般附加险的保险费率可不计入。

（2）基本险只能选择一种投保，特殊附加险则在基本险的基础上加保，如果同时加保特殊附加险中的战争险和罢工险，费率只按其中一项计算，不累加（同时投保战争险和罢工险，费率仍是 0.08%，而不是 0.16%）。

例 4-11：商品 03001 的 CFR 价格为 8 846.4 美元，要按成交价格的 110% 投保协会货物保险条款（A）（保险费率 0.8%）和战争险（保险费率 0.08%），试计算进口商应付给保险公司的保险费用（假设进口商的本位币为美元）。

解：保险费 = 保险金额 × 保险费率
　　　　　= 8 846.4 × 1.1 × (0.8% + 0.08%) ÷ [1 − 1.1 × (0.8% + 0.08%)]
　　　　　= 85.633 2 ÷ 0.990 32
　　　　　= 86.47（美元）

例 4-12：商品 03001 的 FOB 价格为 7 296 美元，海运费 1 550 美元，要按成交价格的 110% 投保协会货物保险条款（A）（保险费率 0.8%）和战争险（保险费率 0.08%），试计算进口商应付给保险公司的保险费用（假设进口商的本位币为美元）。

解：保险费 = 保险金额 × 保险费率
　　　　　= (7 296 + 1 550) × 1.1 × (0.8% + 0.08%) ÷ [1 − 1.1 × (0.8% + 0.08%)]
　　　　　= 85.629 3 ÷ 0.990 32
　　　　　= 86.47（美元）

提示：如果进口商的本位币不是美元，则需再查本位币汇率将计算结果换算成本位币，换算方法参照前面合同金额的汇率换算。

11. 银行费用

不同的结汇方式，银行收取的费用也不同。

例 4-13：进出口商合同总金额为 USD28 846.4 时，分别计算进口商在 L/C、D/P、D/A、T/T 方式下的银行费用（假设 L/C 方式时修改过一次信用证）。

解：第 1 步，查询费率。

在"淘金网"的"其他费用"页面中查得开证手续费率 0.15%（最低 200 元），修改手续费率 200RMB/次，付款手续费率 0.13%（最低 200 元）、D/A 费率 0.1%（最低 100 元，最高 2 000 元）、D/P 费率 0.1%（最低 100 元，最高 2 000 元）、T/T 费率 0.08%。

第 2 步，计算银行费用（假设进口商的本位币为美元）。

L/C 方式下：

开证手续费 = 28 846.4 × 0.15% = 43.27（美元）

修改手续费 = 200 ÷ 6.826 1 = 29.3（美元）

付款手续费 = 28 846.4 × 0.13% = 37.50（美元）

所以，L/C 银行费用＝开证手续费＋修改手续费＋付款手续费＝110.07（美元）
D/A 银行费用＝28 846.4×0.1％＝28.85（美元）
D/P 银行费用＝28 846.4×0.1％＝28.85（美元）
T/T 银行费用＝28 846.4×0.08％＝23.08（美元）

需注意，如果进口商的本位币不是美元，则需再查本位币汇率将计算结果换算成本位币。

12. 其他费用

本栏即进口商公司综合费用，在"淘金网"的"其他费用"中，查到进口综合费用为合同金额的 5％，可得：进口综合费用＝合同金额×5％。

第四节 外贸合同签订具体操作

外贸合同既可由出口商起草，也可由进口商起草。这里假定由出口商起草外贸合同并发给进口商签字确认。买卖商品为 01005 甜玉米罐头，交易数量 800CARTON，交易价格 14 美元/CARTON，结汇方式为 L/C，价格术语为 CIF。

一、起草外销合同

1. 以出口商身份登录，单击"业务中心"里标志为"进口商"的建筑物。
2. 在弹出页面中单击"起草合同"（如图 4.6）。（务必记住在实验室操作需要事先对计算机进行"两个处理"，详见第三章）。

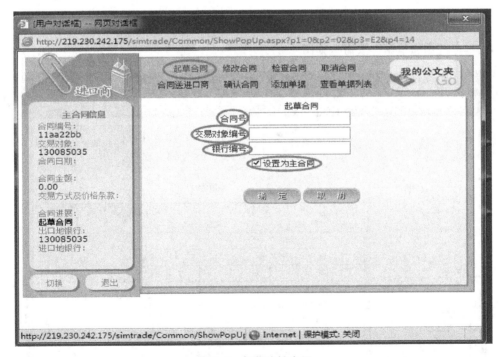

图 4.6 起草外销合同

3. 输入合同号（建议是有规律的字母数字组合，如：姓名首字母加数字 01。每次起草合同时都要输入新的合同号，只需要变化数字即可。这里我们随便输入一个合同编号

"11aa22bb")。输入交易对象编号(一般为进口商学号),再输入办理相关业务的出口地银行编号(一般为出口地银行学号),并勾选"设置为主合同",单击"确定"按钮(如图 4.6)。

弹出合同表单进行填写(填写说明参见第三节,也可在实验过程中单击表头名称蓝色字体处查看,表单样本请参考附录中的附表 1)。

4. 填写完成后单击"保存"按钮。

5. 回到业务画面中,单击"检查合同"按钮,确认合同填写无误。

提示:合同在填写过程中,有关出口商、进口商、商品等信息最好能够从个人资料、商品展示等中复制粘贴过来,不建议逐一打字输入(容易出错);如需对合同进行修改,请单击"修改合同"(如图 4.7)后在弹出的合同中修改,否则将无法输入;不要在一台计算机上同时用两个或更多身份(角色)登录,否则有可能导致填写页面混乱!

图 4.7 修改合同

二、制作出口预算表

1. 单击"添加单据"按钮(如图 4.8)。

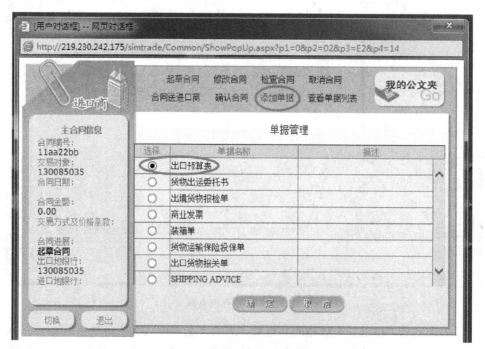

图 4.8 添加出口预算表

2. 选中"出口预算表"前的单选钮，单击"确定"按钮。

3. 然后在"查看单据列表"中单击出口预算表对应的单据编号（以后添加与填写单据都用此方法，合同除外），在弹出的表单中进行填写（如图 4.9）（计算方法请参照第三节或 Sim Trade 实习平台中在线帮助"出口预算表的填写"，表单样本请参考附录中的附表 2）。

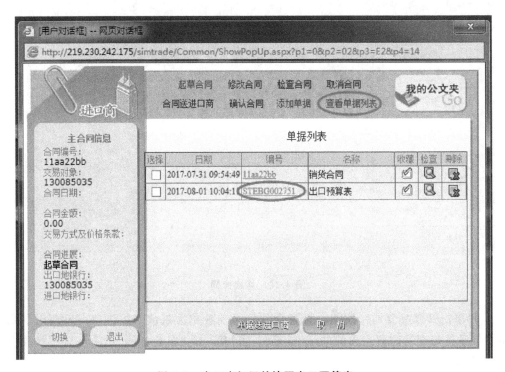

图 4.9　出口商打开并填写出口预算表

提示：出口预算表和进口预算表此时均无法进行检查修改，请务必认真预算。

三、发送合同

完成出口预算表填写后回到业务画面，单击"合同送进口商"按钮。

四、进口商收取邮件

进口商登录后，收取出口商要求确认合同的邮件。

五、制作进口预算表

1. 退出邮件系统，单击"业务中心"里标志为"出口商"的建筑物。

2. 在弹出画面的左边首先单击"切换"按钮（如图 4.10），将需要确认的合同设置为主合同。

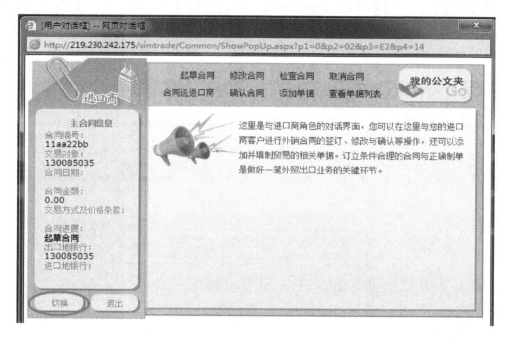

图 4.10　切换合同

3. 再单击"修改合同"按钮，打开合同页面查看相关条款（如进口商发现出口商起草的合同条款与交易磋商达成的共识不一致，可以单击"取消合同"，由出口商修改后重新发送给进口商检查）。

4. 然后单击"添加单据"按钮，选中"进口预算表"前的单选钮，单击"确定"按钮。

5. 再在"查看单据列表"中单击进口预算表对应的单据编号（以后填写单据都用此方法，合同除外），弹出表单进行填写（计算方法请参照第三节或 Sim Trade 实习平台中在线帮助"进口预算表的填写"，表单样本请参考附录中的附表 3）。

6. 填写完成后单击"保存"按钮。

六、确认合同

1. 回到业务画面中，单击"修改合同"按钮。

2. 在弹出合同的左下方签字，分别在两行空白栏中填入进口商公司名称和企业法人（如："Carters Trading Company, LLC"与"Carter"），单击"保存"按钮。

3. 回到业务画面，单击"确认合同"按钮（如图 4.11）。

4. 输入合同编号（本例中为 111aaa222），再输入进口地银行编号（此处最好找自己的进口地银行或老师设定的自助银行，以免到需办理相关业务如信用证时，因找不到银行而耽误业务进程），单击"确定"按钮，即可成功确认合同（如图 4.11）。

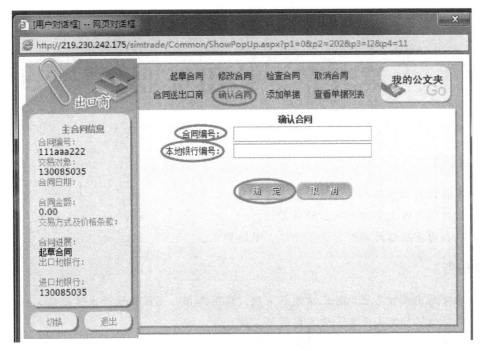

图 4.11　进口商确认合同

本 章 小 结

  本章主要讲解外贸合同签订与进出口预算。首先列出了 L/C+CIF 履约流程参考，学生可以据此先后顺序分别完成工厂、出口商、出口地银行、进口地银行和进口商 5 个角色需要做的各项工作。然后介绍了外贸合同签订预备知识，对外贸合同的概念、形式和成立时间、有效成立的条件、书面合同的签订以及 Sim Trade 销货合同（Sales Confirmation）的填写等作了介绍。接下来详细讲解了出口预算表和进口预算表的填写。最后介绍了起草外销合同、制作出（进）口预算表等具体操作。

复习思考题

1. 合同有效成立的条件有哪些？
2. Sim Trade 实验过程中，交易商品的毛重、净重、体积如何计算？
3. Sim Trade 实验过程中，出口商品的海运费如何计算？
4. Sim Trade 实验过程中，出口商品的保险费如何计算？
5. Sim Trade 实验过程中，出口商品退税收入如何计算？
6. 进口预算表中，交易商品的关税和消费税分别如何计算？
7. 外贸合同签订具体操作步骤是怎样的？

第五章 信用证业务

【学习目标】

1. 掌握信用证当事人、流程和特点。
2. 掌握信用证业务相关单据的填写。
3. 熟悉与掌握信用证的申请、开证、审证要点。

【实验任务】

1. 进口商完成贸易进口付汇核销单申领、填写工作，完成申请开立信用证工作。
2. 进口地银行完成开立、转发信用证工作。
3. 出口地银行完成将信用证通知出口商工作。
4. 出口商完成接受信用证工作。

第一节 信用证预备知识

一、信用证当事人

信用证是银行以自身名义开立的一种信用文件。它是银行（开证行）根据买方（申请人）的要求和指示向卖方（受益人）开立的，在一定期限内，凭符合信用证条款规定的单据，即期或在一个确定的将来日期兑付一定金额的书面承诺。

信用证主要有以下当事人。

1. 开证申请人（Applicant）

开证申请人又称 Opener，是向银行提出申请开立信用证的人，一般是进口商，就是外贸合同的买方。

2. 开证行（Issuing Bank）

开证行是应申请人的要求为其开立信用证的银行，Sim Trade 中开证行为进口地银行。当信用证规定的单据全部提交给指定银行或开证行，并符合信用证的条款，便构成开证行确定的付款义务。

3. 受益人（Beneficiary）

受益人是依照信用证的要求提交规定单据，取得信用证项下款项的人，即有权享受信用证权益的人，一般为出口商，也就是买卖合同的卖方。

4. 通知行（Advising Bank 或 Notifying Bank）

通知行是受开证行委托，将信用证通知受益人的银行。通知行一般是出口人所在地的银行，而且通常是开证行的代理行。Sim Trade 中通知行为出口地银行。

5. 保兑行（Confirming Bank）

保兑行是接受开证行授权，对其所开信用证加具保兑，使自己承担与开证行相同责任的银行，开证行通常授权通知行保兑，也可授权任何第三家银行保兑。Sim Trade 中没有保兑行。

6. 议付行（Negotiating Bank）

开证行指定的议付银行，或者自由议付信用证项下，被受益人选择交单并要求议付的银行都是议付行。议付行审单无误，即垫付汇票/单据的应付款项（扣减垫付利息）给受益人。Sim Trade 中议付行为出口地银行。

此外，在特定情况下，信用证还可能出现一些其他的当事人，如：付款行（Paying Bank）、承兑行（Accepting Bank）、偿付行（Reimbursing Bank）、转让行（Transferring Bank）、寄单行（Remitting Bank）、第二受益人（Second Beneficiary）、索偿行（Claiming Bank）等。

在 Sim Trade 外贸实习平台中，开证行为进口地银行，通知行和议付行的工作均由出口地银行承担。因此，在实习过程中，信用证业务主要当事人有 4 个：出口商、进口商、出口地银行、进口地银行。

二、信用证的内容和流程

1. 信用证的内容

目前，信用证多用 SWIFT 格式，其基本内容大致包括以下几点。

（1）信用证本身的说明：如编号、开证日期、到期日和到期地点、交单期限等。

（2）信用证种类：如即期付款，延期交单，承兑还是议付，以及可否撤销，可否转让，是否经另一家银行保兑等。

（3）信用证的当事人：如开证人、开证行、受益人、通知行等。有的信用证还有指定的付款行、偿付行、议付行等。

（4）汇票条款：包括汇票种类、出票人、受票人、付款期限、出票条款及出票日期。

（5）货物条款：包括货物名称、规格、数量、包装、价格等。

（6）货币和金额：包括币别和总额（分别用大写文字和阿拉伯数字表示）。有的信用证还规定总金额可有一定比率的上下浮动幅度。

（7）装运和保险条款：如装运港或启运地、卸货港或目的地、装运日期、可否分批装运、可否转运等。以 CIF 或 CIP 贸易条件构成交易项下的保险要求，所需投保的金额和险别等。

（8）单据条款：通常要求提交商业发票、运输单据和保险单据。还有装箱单、重量单、产地证、各种检验证书等。

（9）特殊条款或附加条件：根据具体交易的需要而定。如：要求通知行加保兑、限期由某银行议付、限装某船,或不能装某船、不准在某港停靠或不准采取某条航线、需具备某条件后信用证才能开始生效等。

（10）开证行的责任条款：根据《跟单信用证统一惯例》开立的文句以及开证行签章等。

2. 信用证业务流程

Sim Trade 实习平台中，信用证业务流程如图 5.1 所示：

图 5.1 Sim Trade 信用证业务流程

（1）进口商：向进口地银行申请开证。
（2）进口地银行：审核开证申请书，开信用证交进口商确认。
（3）进口商：确认信用证。
（4）进口地银行：通知出口地银行。
（5）出口地银行：对照合同审核信用证，填写通知书，通知出口商信用证已到。
（6）出口商：审证并接受信用证。若信用证有问题，可发邮件给进口商要求其修改。

以上业务程序是环环相扣的，学生在实习过程中，需要严格按照有关流程进行操作。

三、信用证的特点

（1）开证行以自己的信用作付款保证，只要单证相符，开证行负主要的付款责任。

（2）只凭信用证，不凭贸易合同。信用证以贸易合同为基础，但又是独立于贸易合同外的一种约定，各当事人应以信用证条款为根据，不受凭以开立信用证的买卖合同或其他合同约束。符合合同而不符合信用证条款的，仍会遭受银行拒付。

（3）只凭单据，不管货物。信用证业务的标的是单据。银行处理时，只看单据不问货物。它只要求受益人所提交的单据在表面上与信用证条款相符，以决定是否履行付款责任。所以为安全及时收汇，受益人必须严格做到"两个一致"即"单证一致"与"单单一致"。

第二节 信用证业务单据填写

一、贸易进口付汇核销单

"贸易进口付汇核销单（代申报单）"（以下简称进口核销单，如图 5.2），是指由国家外汇管理局监制、保管和发放，进口单位和银行填写，银行凭以为进口单位办理贸易进口项下的进口售付汇和核销的凭证。每份进口核销单只能凭以办理一笔售付汇手续。根据《国际收支统计申报办法实施细则》，进口核销单既用于贸易项下进口售付汇核销，又用于国际收支申报统计。

贸易进口付汇核销单(代申报单)

印单局代码:		核销单编号: STICA002640	
单位代码	单位名称		所在地外汇局名称
付汇银行名称	收汇人国别		交易编码
收款人是否在保税区:是 □ 否 □	交易附言		
对外付汇币种	对外付汇总额		
其中:购汇金额	现汇金额		其他方式金额
人民币账号	外汇账号		
付汇性质			
□正常付汇			
□不在名录　□90天以上信用证　□90天以上托收　□异地付汇			
□90天以上到货　□转口贸易			
备案表编号			
预计到货日期	进口批件号		合同/发票号
结算方式			

			承兑日期	付汇日期	期限
信用证	90天以内 □	90天以上 □	/ /	/ /	天
托收	90天以内 □	90天以上 □	/ /	/ /	天

汇款	预付货款 □	货到付汇(凭报关单付汇) □		付汇日期 / /
	报关单号	报关日期	报关单币种	金额
	报关单号	报关日期	报关单币种	金额
	报关单号	报关日期	报关单币种	金额
	报关单号	报关日期	报关单币种	金额
	报关单号	报关日期	报关单币种	金额
	(若报关单填写不完,可另附纸。)			

其他 □	付汇日期 / /
以下由付汇银行填写	
申报号码:	
业务编号:	审核日期: / / (付汇银行签章)

图 5.2　贸易进口付汇核销单空白样书

在 Sim Trade 外贸实习平台中,如果为 L/C 支付方式,需要在申请开立信用证之前填写进口核销单;如果为其他支付方式,只要在支付货款之前填写该单据即可。在填写进口核销单时,应注意各项内容与售付汇情况须保持一致。

图 5.2 为贸易进口付汇核销单空白样书,对该单据的填写介绍如下。

1. 印单局代码

印单局代码为印制本核销单的六位外汇局代码(在 Sim Trade 中可不填)。

2. 核销单编号

由各印制本核销单的外汇局自行编制(在 Sim Trade 中由系统自动生成)。

3. 单位代码

根据国家技术监督局颁发的组织机构代码填写。在 Sim Trade 中,单位代码请在公司基本资料中查找。

4. 所在地外汇局名称

所在地外汇局名称是指付汇单位所在地外汇局名称(在 Sim Trade 中可不填)。

5. 付汇银行名称

通常为进口地银行。

6. 收汇人国别

收汇人国别是指该笔对外付款的实际收款人常驻国家，即出口国家，如"China"。

7. 交易编码

应根据本笔对外付汇交易的性质对应国家外汇管理局国际收支交易编码表填写。交易编码如下：0101 一般贸易；0102 国家间、国际组织无偿援助和赠送的物资；0103 华侨、港澳台同胞、外籍华人捐赠物资；0104 补偿贸易；0105 来料加工装配贸易；0106 进料加工装配贸易；0107 寄售代销贸易；0108 边境小额贸易；0109 来料加工装配进口的设备；0111 租赁贸易；0112 免税外汇商品；0113 出料加工贸易；0114 易货贸易；0115 外商投资企业进口供加工内销的料、件；0116 其他；0201 预付货款。在 Sim Trade 中，货物全部为一般贸易，填写 0101。

8. 交易附言

交易附言是付款人对该笔对外付款用途的说明，可以不填。

9. 对外付汇币种、报关单币种

应按币种的英文缩写填写，如：USD（参考淘金网银行页面"今日汇率"中的币种缩写）。

10. 对外付汇总额、购汇金额、现汇金额、其他方式金额、汇款申报关单金额

请用阿拉伯数字填写。

11. 人民币账号、外汇账号

需要根据以下规定填报：如果所付款项是从银行购得的外汇，则在"人民币账号"栏填写其用于购汇人民币账户的账号；如果所付款项是从现汇账户中支出的，则在"外汇账号"栏填写该现汇账户的账号。

12. 付汇性质

选择适当的付汇性质并打√。其中，"正常付汇"系指除不在名录、90 天以上信用证、90 天以上托收、异地付汇、90 天以上到货、转口贸易、境外工程使用物资、真实性审查以外无须办理进口付汇备案业务的付款业务；"90 天以上信用证"及"90 天以上托收"均系指付汇日期距承兑日期在 90 天以上的对外付汇业务；除"正常付汇"之外的各付汇性质在标注√时，均须对应填写备案表编号。在 Sim Trade 中，一般勾选"正常付汇"。

13. 结算方式

选择适当的结算方式并打√。其中：90 天以内信用证、90 天以内托收的付汇日期距该笔付汇的承兑日期均小于或等于 90 天；90 天以上信用证、90 天以上托收的付汇日期距该笔付汇的承兑日期均大于 90 天；结算方式为"货到付汇"时，应同时填写对应"报关单号""报关日期""报关单币种""金额"。

14. 申报号码

申报号码共 22 位。第 1 位至第 6 位为地区标识码、第 7 位至第 10 位为银行标识码、第 11 位和第 12 位为金融机构顺序号、第 13 位至第 18 位为该笔贸易进口付汇的付汇日期或该笔对外付汇的申报日期，最后 4 位为银行营业部门的当日业务流水码。

其他各栏均按栏目提示对应填写。

二、不可撤销信用证开证申请书

开证申请书主要依据贸易合同中的有关条款填制，申请人（进口商）填制后附合同副本一并提交银行，供银行参考、核对。但是信用证一经开立则独立于合同，因而在填写开证申请时应审慎查核合同的主要条款，并将其列入申请书中。

一般情况下，开证申请书都由开证银行事先印就，以便申请人直接填制。开证申请书通常为一式两联，申请人（进口商）除填写正面内容外，还须签具背面的"开证申请人承诺书"。

图 5.3 为不可撤销信用证申请书空白样书，对该单据的填写介绍如下。

1. TO _____

为"致 _____ 行"。填写开证行（进口地银行）名称。

2. DATE

申请开证日期。如：170428。

3. Issue by airmail

以信开的形式开立信用证。选择此种方式，开证行以航邮方式将信用证寄给通知行。

With brief advice by teletransmission

以简电开的形式开立信用证。选择此种方式，开证行将信用证主要内容通过电讯方式预先通知受益人，银行承担必须使其生效的责任，但简电本身并非信用证的有效文本，不能凭以议付或付款，银行随后寄出的"证实书"才是正式的信用证。

Issue by express delivery

以信开的形式开立信用证。选择此种方式，开证行以快递方式（如：DHL）将信用证寄给通知行。

Issue by teletransmission (which shall be the operative instrument)

以全电开的形式开立信用证。选择此种方式，开证行将信用证的全部内容加注密押后发出，该电讯文本为有效的信用证正本。如今大多用"全电开证"的方式开立信用证。

4. Credit No.

信用证号码，由银行填写。

5. Date and place of expiry

信用证有效期及地点，地点填受益人所在国家。如：170815 IN THE BENEFICIARY'S COUNTRY。

IRREVOCABLE DOCUMENTARY CREDIT APPLICATION

TO: DATE:

- [ ] Issue by airmail   [ ] With brief advice by teletransmission
- [ ] Issue by express delivery
- [ ] Issue by teletransmission (which shall be the operative instrument)

Credit NO. STLCA000621

Date and place of expiry

Applicant

Beneficiary (Full name and address)

Advising Bank

Amount
[   ][   ]

Parital shipments   Transhipment
[ ] allowed [ ] not allowed   [ ] allowed [ ] not allowed

Credit available with
By
[ ] sight payment   [ ] acceptance   [ ] negotiation
[ ] deferred payment at

Loading on board/dispatch/taking in charge at/from

against the documents detailed herein
[ ] and beneficiary's draft(s) for _____ % of invoice value
at _____ sight
drawn on

not later than
For transportation to:
[ ] FOB   [ ] CFR   [ ] CIF
[ ] or other terms

Documents required: (marked with X)
1.( ) Signed commercial invoice in _____ copies indicating L/C No. _____ and Contract No.
2.( ) Full set of clean on board Bills of Lading made out to order and blank endorsed, marked "freight [ ] to collect / [ ] prepaid [ ] showing freight amount" notifying
 ( ) Airway bills/cargo receipt/copy of railway bills issued by _____ showing "freight [ ] to collect/ [ ] prepaid [ ] indicating freight amount" and consigned to
3.( ) Insurance Policy/Certificate in _____ copies for _____ % of the invoice value showing claims payable in _____ in currency of the draft, blank endorsed, covering
4.( ) Packing List/Weight Memo in _____ copies indicating quantity, gross and weights of each package.
5.( ) Certificate of Quantity/Weight in _____ copies issued by
6.( ) Certificate of Quality in _____ copies issued by [ ] manufacturer/[ ] public recognized surveyor
7.( ) Certificate of Origin in _____ copies issued by
8.( ) Beneficiary's certified copy of fax / telex dispatched to the applicant within _____ hours after shipment advising L/C No., name of vessel, date of shipment, name, quantity, weight and value of goods.

Other documents, if any

Description of goods:

Additional instructions:
1.( ) All banking charges outside the opening bank are for beneficiary's account.
2.( ) Documents must be presented within _____ days after date of issuance of the transport documents but within the validity of this credit.
3.( ) Third party as shipper is not acceptable, Short Form/Blank B/L is not acceptable.
4.( ) Both quantity and credit amount _____ % more or less are allowed.
5.( ) All documents must be forwarded in
 ( ) Other terms, if any

图 5.3　不可撤销信用证申请书空白样书

6. Applicant

开证申请人为信用证交易的发起人。此处填写开证申请人名称及地址。开证申请人（applicant）又称开证人（opener），是指向银行提出申请开立信用证的人，一般为进口商，就是买卖合同的买方。

7. Beneficiary (Full name and address)

填写受益人全称和详细地址。受益人是指信用证上所指定的有权使用该信用证的人。一般为出口人，也就是买卖合同的卖方。

8. Advising Bank

填写通知行名称、地址。如果该信用证需要通过收报行以外的另一家银行转递、通知或加具保兑后给受益人，该项目内填写该银行。Sim Trade 平台中填出口地银行英文名称。

9. Amount

填写信用证金额，分别用数字小写和文字大写。以小写输入时须包括币种与金额。如：USD89600

U. S. DOLLARS EIGHTY NINE THOUSAND SIX HUNDRED ONLY。

10. Parital shipments

分批装运条款。填写跟单信用证项下是否允许分批装运。Sim Trade 平台中一般选择"not allowed"。

11. Transhipment

转运条款。填写跟单信用证项下是否允许货物转运。Sim Trade 平台中一般选择"not allowed"。

12. Loading on board/dispatch/taking in charge at/from

填写装运港名称（与合同装运港相同）。

13. not later than

填写最后装运期。如：170610。

14. For transportation to

填写目的港名称（与合同目的港相同）。

15. FOB、CFR、CIF or other terms _____

价格条款。根据合同内容选择或填写。

16. Credit available with

填写此信用证可由_____银行即期付款、承兑、议付、延期付款，即押汇银行（出口地银行）名称。

sight payment

勾选此项，表示开具即期付款信用证。即期付款信用证是指受益人（出口商）根据开证行的指示开立即期汇票，或无须汇票仅凭运输单据即可向指定银行提示请求付款的信用证。

acceptance

勾选此项，表示开具承兑信用证。承兑信用证是指信用证规定开证行对于受益人开立以开证行为付款人或以其他银行为付款人的远期汇票，在审单无误后，应承担承兑汇票并于到期日付款的信用证。

negotiation

勾选此项，表示开具议付信用证。议付信用证是指开证行承诺延伸至第三当事人，即议付行，其拥有议付或购买受益人提交信用证规定的汇票/单据权利行为的信用证。如果信用证不限制某银行议付，可由受益人（出口商）选择任何愿意议付的银行，提交汇票、单据给所选银行请求议付的信用证称为自由议付信用证，反之为限制性议付信用证。

deferred payment at

勾选此项，表示开具延期付款信用证。如果开具这类信用证，需要写明延期多少天付款，例如：at 60 days from payment confirmation（60 天承兑付款）、at 60 days from B/L date（提单日期后 60 天付款），等等。延期付款信用证指不需汇票，仅凭受益人交来单据，审核相符，指定银行承担延期付款责任起，延长直至到期日付款。该信用证能够为欧洲地区进口商避免向政府缴纳印花税而免开具汇票外，其他都类似于远期信用证。

against the documents detailed herein

and beneficiary's draft(s) for _____% of invoice value

at _____ sight

drawn on _____

连同下列单据：

受益人按发票金额_____%，做成限制为_____天，付款人为_____的汇票。

注意延期付款信用证不需要选择连同此单据。

"at _____ sight"为付款期限。如果是即期，需要在"at _____ sight"之间填"****"或"----"，不能留空。远期有几种情况：at ×× days after date（出票后××天），at ×× days after sight（见票后××天）或 at ×× days after date of B/L（提单日后××天）等。

"drawn on"为指定付款人。注意汇票的付款人应为开证行或指定的付款行。

17. Documents required：(marked with X)

信用证需要提交的单据（用"X"标明）。一般要求提示的单据有提单（或空运单、收货单）、发票、装箱单、重量证明、保险单、数量证明、质量证明、产地证、装船通知、商检证明等以及其他申请人要求的证明。

注意：如果是以 CFR 或 CIF 成交，就要求对方出具的提单为"运费已付"（Freight Prepaid），如果是以 FOB 成交，就要求对方出具的提单为"运费到付"（Freight Collect）。

如果按 CIF 成交，申请人应要求受益人提供保险单，且注意保险险别，赔付地应要求在到货港，以便一旦出现问题，方便解决。汇票的付款人应为开证行或指定的付款行，不可规定为开证申请人，否则会被视作额外单据。

（1）经签字的商业发票一式＿＿＿份，标明信用证号＿＿＿和合同号＿＿＿。

（2）全套清洁已装船海运提单，做成空白抬头、空白背书，注明"运费［ ］待付/［ ］已付"，［ ］标明运费金额，并通知＿＿＿。

空运提单收货人为＿＿＿，注明"运费［ ］待付/［ ］已付"，［ ］标明运费金额，并通知＿＿＿。

（3）保险单/保险凭证一式＿＿＿份，按发票金额的＿＿＿％投保，注明赔付地在＿＿＿，以汇票同种货币支付，空白背书，投保＿＿＿。

（4）装箱单/重量证明一式＿＿＿份，注明每一包装的数量、毛重和净重。

（5）数量/重量证一式＿＿＿份，由＿＿＿出具。

（6）品质证一式＿＿＿份，由［ ］制造商/［ ］公众认可的检验机构＿＿＿出具。

（7）产地证一式＿＿＿份，由＿＿＿出具。

（8）受益人以传真/电传方式通知申请人装船证明副本，该证明须在装船后＿＿＿日内发出，并通知该信用证号、船名、装运日以及货物的名称、数量、重量和金额。

18. Other documents, if any

其他单据。

19. Description of goods

货物描述。

20. Additional instructions

附加条款，是对以上各条款未述之情况的补充和说明，且包括对银行的要求等。（在所需附加条款序号后的括号中用"X"标明）

（1）开证行以外的所有银行费用由受益人担保。

（2）所需单据须在运输单据出具日后＿＿＿天内提交，但不得超过信用证有效期。

（3）第三方为托运人不可接受，简式/背面空白提单不可接受。

（4）数量及信用证金额允许有＿＿＿％的增减。

（5）所有单据须指定＿＿＿船公司。

21. Other terms, if any

其他条款。

三、信用证（Letter of Credit，L/C）

进口地银行根据进口商填写的不可撤销信用证申请书来开立信用证，因此信用证的填写需要与信用证申请书保持一致（见图 5.4）。

图 5.4 为信用证空白样书，对该单据的填写介绍如下。

LETTER OF CREDIT
MESSAGE TEXT

:27:SEQUENCE OF TOTAL

:40A:FORM OF DOCUMENTARY CREDIT

:20:DOCUMENTARY CREDIT NUMBER
   STLCN000616
:31C:DATE OF ISSUE

:31D:DATE AND PLACE OF EXPIRY

:51A:APPLICANT BANK

:50:APPLICANT

:59:BENEFICIARY

:32B:CURRENCY CODE, AMOUNT
   [   ][   ]
:41D:AVAILABLE WITH BY

:42C:DRAFTS AT

:42A:DRAWEE

:43P:PARTIAL SHIPMENTS

:43T:TRANSHIPMENT

:44A:ON BOARD/DISP/TAKING CHARGE

:44B:FOR TRANSPORTATION TO

:44C:LATEST DATE OF SHIPMENT

:45A:DESCRIPTION OF GOODS AND/OR SERVICES

:46A:DOCUMENTS REQUIRED

:47A:ADDITIONAL CONDITIONS

:71B:CHARGES

:48:PERIOD FOR PRESENTATION

:49:CONFIRMATION INSTRUCTIONS

:57D:ADVISE THROUGH BANK

图 5.4　信用证空白样书

1. :27:SEQUENCE OF TOTAL（合计次序）

如果该跟单信用证条款能够全部容纳在该 MT700 报文中，那么该项目内就填入"1/1"。如果该证由一份 MT700 报文和一份 MT701 报文组成，那么在 MT700 报文的项目"27"中填入"1/2"，在 MT701 报文的项目"27"中填入"2/2"。以此类推。

2. :40A:FORM OF DOCUMENTARY CREDIT（跟单信用证类别）

信用证中必须明确注明是"可撤销信用证"还是"不可撤销信用证"。若没有明示此点，则视该证为"不可撤销信用证"。原则上，银行只受理不可撤销信用证。

该项目内容有以下六种填法。

（1）IRREVOCABLE：不可撤销跟单信用证。
（2）REVOCABLE：可撤销跟单信用证。
（3）IRREVOCABLE TRANSFERABLE：不可撤销可转让跟单信用证。
（4）REVOCABLE TRANSFERABLE：可撤销可转让跟单信用证。
（5）IRREVOCABLE STANDBY：不可撤销备用信用证。
（6）REVOCABLE STANDBY：可撤销备用信用证。

详细的转让条款应在项目"47A"中列明。

3. :20:DOCUMENTARY CREDIT NUMBER（信用证号码）

该项目列明开证行开立跟单信用证的号码。在 Sim Trade 中，该编号已由系统自动产生，据此编号填写即可。

4. :31C:DATE OF ISSUE（开证日期）

该项目列明开证行开立跟单信用证的日期，如：170428。如果报文无此项目，那么开证日期就是该报文的发送日期。

5. :31D:DATE AND PLACE OF EXPIRY（到期日及地点）

该项目列明跟单信用证最迟交单日期和交单地点，根据开证申请书填写。

6. :51A:APPLICANT BANK（申请人的银行）

该项目列明开证行。

7. :50:APPLICANT（申请人）

列明申请人名称及地址，又称开证人（opener），系指向银行提出申请开立信用证的人，一般为进口人，就是买卖合同的买方。开证申请人为信用证交易的发起人。

8. :59:BENEFICIARY（受益人）

列明受益人名称及地址，系指信用证上所指定的有权使用该信用证的人。一般为出口人，也就是买卖合同的卖方。受益人通常也是信用证的收件人（addressee），他有按信用证规定签发汇票向所指定的付款银行索取价款的权利，但也在法律上以汇票出票人的地位对其后的持票人负有担保该汇票必获承兑和付款的责任。

9. :32B:CURRENCY CODE, AMOUNT（币别代号、金额）

根据交易金额填写，如：USD15 000。

10. :41D:AVAILABLE WITH BY（向……银行押汇，押汇方式为……）

根据申请书的相关内容，指定有关银行及信用证兑付方式。

11. :42C:DRAFTS AT（汇票期限）

该项目列明跟单信用证项下汇票付款期限。如果是即期，填"AT SIGHT"或"SIGHT"；如果是远期，照申请书填写，如：AT 180 DAYS AFTER SIGHT。

12. :42A:DRAWEE（付款人）

该项目列明跟单信用证项下汇票的付款人。汇票付款人通常是开证银行、信用证申请人或开证银行指定的第三者。（注：该项目内不能出现账号。）

13. :43P:PARTIAL SHIPMENTS（分批装运）

该项目列明跟单信用证项下分批装运是否允许。填"ALLOWED"或"NOT ALLOWED"。

14. :43T:TRANSHIPMENT（转运）

该项目列明跟单信用证项下货物转运是否允许。填"ALLOWED"或"NOT ALLOWED"。

15. :44A:ON BOARD/DISP/TAKING CHARGE（由……装船/发运/接管）

该项目列明跟单信用证项下装船、发运和接受监管的地点，即装运港。

16. :44B:FOR TRANSPORTATION TO（装运至……）

该项目列明跟单信用证项下货物最终目的地。

17. :44C:LATEST DATE OF SHIPMENT（最迟装运日）

该项目列明最迟装船、发运和接受监管的日期，照申请书填写。

18. :45A:DESCRIPTION OF GOODS AND/OR SERVICES（货物描述及/或交易条件）

货物描述与价格条款，如FOB、CIF等，列在该项目中，照申请书内容填写。
如：CANNED WHOLE MUSHROOMS
  425G×24TINS/CTN
  CIF BOMBAY

> **提示**：此处填写时比较容易出错，可以将不可撤销信用证申请书中的有关内容复制粘贴过来，按附表6的格式排版成两行，中间再根据实际情况加上贸易术语和目的港（或装运港）。

19. :46A:DOCUMENTS REQUIRED（应具备单据）

根据信用证申请书填写，如果信用证规定运输单据的最迟出单日期，该条款应和有关单据的要求一起在该项目中列明。

如：+SIGNED COMMERCIAL INVOICE IN 5 COPIES INDICATING CONTRACT NO. 1101

+FULL SET OF CLEAN ON BOARD BILLS OF LADING MADE OUT TO ORDER AND BLANK ENDORSED, MARKED "FREIGHT TO PREPAID HOWING FREIGHT AMOUNT"

+INSURANCE POLICY/CERTIFICATE IN 3 COPIES FOR 110 ％ OF THE INVOIECE VALUE SHOWING CLAIMS PAYABLE IN CANADA CURRENCY OF THE DRAFT，BLANK ENDORSED，COVERING ALL RISKS，WAR RISKS

+PACKING LIST/WEIGHT MEMO IN 6 COPIES INDICATING QUANTITY, GROSS AND WEIGHTS OF EACH PACKAGE。

> **提示**：信用证上应具备单据的填写比较难，要完全复制申请书对应部分，包括标点、空格等都要和申请书完全一致。申请书中打叉的是选中的，没选的部分不用写到信用证上去。

20. :47A:ADDITIONAL CONDITIONS（附加条件）

该项目列明信用证的附加条款。

> **提示**：当一份信用证由一份MT700报文和一份至三份MT701报文组成时，项目"45A""46A""47A"的内容只能完整地出现在某一份报文中（在MT700或某一份MT701中），不能被分割成几部分分别出现在几个报文中。在MT700报文中，"45A""46A""47A"三个项目的代号应分别为："45A""46A""47A"，在报文MT701中，这三项目的代号应分别为"45B""46B""47B"。

21. :71B:CHARGES（费用）

根据申请书填写。该项目的出现只表示费用由受益人负担。若报文无此项目，则表示除议付费、转让费外，其他费用均由开证申请人负担。如：ALL BANKING CHARGES OUTSIDE THE OPENING BANK ARE FOR BENEFICIARY'S ACCOUNT。

22. :48:PERIOD FOR PRESENTATION（提示期间）

规定受益人应于……日前（或……天内）向银行提示汇票的指示，根据申请书要求填写。如：DOCUMENTS MUST BE PRESENTED WITHIN 21 DAYS AFTER DATE OF ISSUANCE OF THE TRANSPORT DOCUMENTS BUT WITHIN THE VALIDITY OF THIS CREDIT。

> **提示**：此处较容易出错，不建议逐字打印。可将不可撤销信用证申请书中的有关内容复制粘贴过来（最好分"21"之前和之后两次复制粘贴，然后中间填上"21"）。

23. :49:CONFIRMATION INSTRUCTIONS（保兑指示）

该项目列明给收报行的保兑指示。该项目内容可能为下列某一代码。
CONFIRM：要求收报行保兑该信用证。
MAY ADD：收报行可以对该信用证加具保兑。
WITHOUT：不要求收报行保兑该信用证。

24. :57D:ADVISE THROUGH BANK（收讯银行以外的通知银行）

如有收讯银行以外的通知银行，请填其名称。

四、信用证通知书

对于国外银行开来的信用证，其受理与通知是办理出口信用证业务的第一步。通知行受理国外来证后，应在1~2个工作日将信用证审核完毕并通知出口商，以利于出口商提前备货，在信用证有效期内完成规定工作。如果信用证的受益人不同意接受信用证，则应在收到《信用证通知书》的三日内以书面形式告知通知行，并说明拒受理由。

信用证的通知方式，则因开证形式而异。如系信开信用证，通知行一般以正本通知出口商，将副本存档；对于全电本，通知行将其复制后以复制本通知出口商，原件存档。电开信用证或修改（包括修改通知）中的密押（SWIFT信用证无密押）需涂抹后再行通知。

图5.5为信用证通知书空白样书，该单据的填写介绍如下。

1. 上方空白栏

信用证的通知行中英文名称，下面填英文地址与传真号。出口商一般选择自己的账户行为通知行，以便于业务联络及解决将来可能发生的贸易融资需求。

如：中国商业银行江苏省分行
COMMERCIAL BANK OF CHINA JIANGSU BRANCH
Zhongshan North Road 1#，Nanjing 210005，P. R. China
FAX：86－25－84217837

> **提示**：此处需要填写通知行中英文名称、英文地址与传真号等内容，如果发现字体字号与附表7中此处的字体字号不一样，可能是填写的地方有误，请仔细核对。

信 用 证 通 知 书
NOTIFICATION OF DOCUMENTARY CREDIT

FAX:

日期：

TO 致：	WHEN CORRESPOND NG PLEASE QUOTE OUT REF NO.	
ISSUING BANK 开证行	TRANSMITTED TO US THROUGH 转递行 REF NO.	
L/C NO. 信用证号	DATED 开证日期	AMOUNT 金额 [ ][ ]	EXPIRY PLACE 有效地
EXPIRY DATE 有效期	TENOR 期限	CHARGE 未付费用 RMB0.00	CHARGE BY 费用承担人 BENE
RECEIVED VIA 来证方式 SWIFT	AVAILABLE 是否生效 VALID	TEST/SIGN 印押是否相符 YES	CONFIRM 我行是否保兑 NO

DEAR SIRS 敬启者：
WE HAVE PLEASURE IN ADVISING YOU THAT WE HAVE RECEIVED FROM THE A/M BANK A(N) LETTER OF CREDIT, CONTENTS OF WHICH ARE AS PER ATTACHED SHEET(S).
THIS ADVICE AND THE ATTACHED SHEET(S) MUST ACCOMPANY THE RELATIVE DOCUMENTS WHEN PRESENTED FOR NEGOTIATION.
兹通知贵公司，我行收自上述银行信用证一份，现随附通知。贵司交单时，请将本通知书及信用证一并提示。

REMARK 备注：
　PLEASE NOTE THAT THIS ADVICE DOES NOT CONSTITUTE OUR CONFIRMATION OF THE ABOVE L/C NOR DOES IT CONVEY ANY ENGAGEMENT OR OBLIGATION ON OUT PART.

THIS L/C CONSISTS OF 　　　SHEET(S), INCLUDING THE COVERING LETTER AND ATTACHMENT(S).
本信用证连同面函及附件共　　　纸。

IF YOU FIND ANY TERMS AND CONDITIONS IN THE L/C WHICH YOU ARE UNABLE TO COMPLY WITH AND OR ANY ERROR(S), IT IS SUGGESTED THAT YOU CONTACT APPLICANT DIRECTLY FOR NECESSARY AMENDMENT(S) SO AS TO AVOID AND DIFFICULTIES WHICH MAY ARISE WHEN DOCUMENTS ARE PRESENED.
如本信用证中有无法办到的条款及/或错误，请速与开证申请人联系，进行必要的修改，以排除交单时可能发生的问题。

THIS L/C IS ADVISED SUBJECT TO ICC UCP PUBLICATION NO.500.
本信用证之通知系遵循国际商会跟单信用证统一惯例第500号出版物办理。

此证如有任何问题及疑虑，请与结算业务部审证科联络，电话：＿＿＿＿＿＿＿

YOURS FAITHFULL
FOR ＿＿＿＿＿＿＿

图 5.5　信用证通知书空白样书

2. 日期

通知日期。收到国外开来的信用证后，应仔细审核通知行的签章、业务编号及通知日期。

3. TO

受益人名称及地址。信用证上指定的有权使用信用证的人，一般为出口商。

4. WHEN CORRESPOND NG PLEASE QUOTE OUT REF NO.

代理行业务编号，开证行将信用证寄给出口商所在地的代理银行（通知行），出口商收到国外开来的信用证后，应仔细审核通知行的签章、业务编号及通知日期。在 SimTrade 中可不用填写。

5. 开证行

受开证人之托开具信用证、保证付款的银行名称及地址，一般在进口商所在地银行。

6. 转递行

转递行负责将开证行开给出口商的信用证原件，递交给出口商。信开信用证才有转递行，电开信用证则无转递行。

7. 信用证号

信用证的证号是开证行的银行编号，在与开证行的业务联系中必须引用该编号。信用证的证号必须清楚、没有变字等错误。如果信用证的证号在信用证中多次出现，应注意前后是否一致，否则当电洽修改。

8. 开证日期

信用证上必须注明开证日期，如果没有，则视开证行的发电日期（电开信用证）或抬头日期（信开信用证）为开证日期。由于有些日期需要根据开证日期来计算或判断，而且开证日期还表明进口商是否按照合同规定期限开出信用证，因此开证日期非常重要，应当清楚明了。

9. 金额（币别）

信用证中规定的币别、金额应该与合同中签订的一致。币别应是国际可自由兑换的币种，货币符号为国际普遍使用的世界各国货币标准代码；金额采用国际通用的写法，若有大小写两种金额，应注意大小写须保持一致。

10. 有效地点

有效地点指受益人在有效期以内向银行提交单据的地点。国外来证一般规定有效地点在我国境内，但如果规定有效地点在国外，则应提前交单以便银行有合理时间将单据寄到有效地的银行，这一点应特别注意。

11. 有效期

信用证的有效期限是受益人向银行提交单据的最后期限，受益人应在有效期限日期之前或当天将单据提交指定地点的指定银行。一般情况下，开证行和开证申请人（进口商）规定装运期限后 10 天、15 天或 21 天为交单的最后期限。如果信用证没有规定该期限，按照国际惯例，银行将拒绝受理于装运日期 21 天后提交的单据。

12. 期限

根据付款期限不同,信用证可分为即期信用证和远期信用证。

13. 未付费用

受益人尚未支付给通知行的费用,如没有请填"RMB0.00"。

14. 费用承担人

信用证中规定的各相关银行的银行费用等由谁来承担。

15. 来证方式

开立信用证可以采用信开和电开方式,通常为"SWIFT"。信开信用证,由开证行加盖信用证专用章和经办人名章并加编密押,寄送通知行;电开信用证,由开证行加编密押,以电传方式发送通知行。

16. 是否生效

通常为"VALID"。有些信用证在一定条件下才正式生效,一般通知行在通知此类信用证时会在正本信用证上加注"暂不生效"字样。因此在此种情况下,受益人应在接到通知行的正式生效通知后再办理发货。

17. 印押是否相符

收到国外开来的信用证后,应仔细审核印押是否相符,请填"YES"或"NO"。信开信用证要注意其签章,看有无印鉴核符签章;电开信用证应注意其密押,看有无密押核符签章(SWIFT L/C因随机自动核押,无此章)。在一般情况下,通知行在通知信用证前会预先审查一下,看其有无不利条款,并在信用证上注明,受益人若发现此类注明,应加强注意或及时洽接开证人修改信用证。

18. 我行是否保兑

根据信用证内容,请填"YES"或"NO"。保兑行是指接受开证行的委托要求,对开证行开出信用证的付款责任以本银行的名义实行保付的银行。保兑行在信用证上加具保兑后,即对信用证独立负责,承担必须付款或议付的责任。汇票或单据一经保兑行付款或议付,即使开证行倒闭或无理拒付,保兑行也无权向出口商追索票款。保兑行通常是通知行,也可是其他第三者银行。

19. 通知行签章

收到国外开来的信用证后,应仔细审核通知行的签章、业务编号及通知日期。

第三节 信用证业务具体操作

一、进口商申领核销单

(1) 以进口商身份登录,单击"业务中心"按钮,再单击"进口地银行"按钮。

(2) 再单击"申领核销单"按钮,即可领取"贸易进口付汇核销单"(如图5.6)。

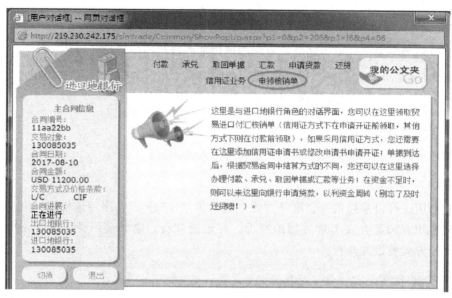

图 5.6 申领核销单

（3）再单击"出口商"建筑，进入"单据列表"中单击贸易进口付汇核销单的编号，即可打开该单据进行填写并保存（如图 5.7）（填写说明参考第二节或单击表头名称蓝色字体处查看，表单样本请参考附录中的附表 4）。

（4）填写完成后单击"检查"按钮，确认通过。

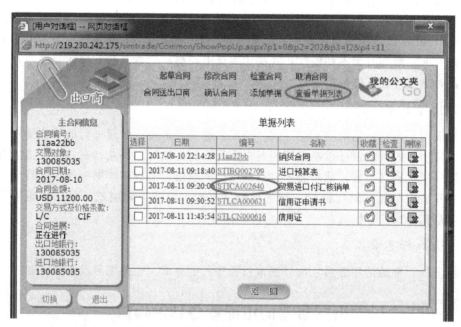

图 5.7 打开"贸易进口付汇核销单"

二、申请开立信用证

（1）以进口商身份登录，单击标志为"进口地银行"的建筑物，再单击"信用证业务"按钮（如图 5.8）。

（2）单击"添加信用证申请书"按钮，添加完成后，单击该申请书编号进行填写（如图5.8）。（填写说明参考第二节或单击表头名称蓝色字体处查看，表单样本请参考附录中的附表5）

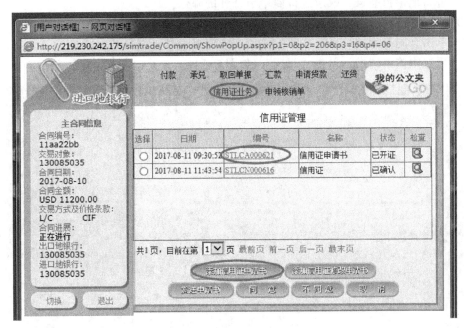

图 5.8　添加信用证申请书

（3）填写完成后单击"检查"按钮，确认通过。
（4）仍在信用证管理画面中，选中对应信用证申请书前的单选钮，单击"发送申请书"按钮（如图 5.9）。

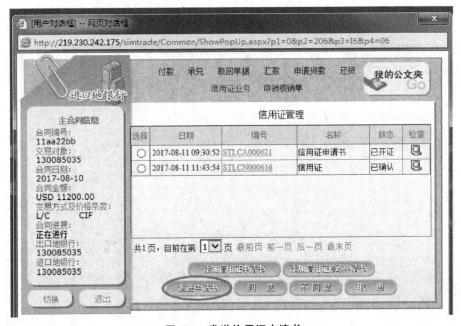

图 5.9　发送信用证申请书

三、进口地银行开立信用证

(1) 进口地银行登录,收取进口商申请开证的邮件。
(2) 回到进口地银行业务主页面,单击"信用证"按钮。
(3) 单击合同号为"11aa22bb"的信用证申请书编号,查看其内容。
(4) 再选中该申请书,单击"开证"(如图 5.10)。

图 5.10　打开信用证申请书、开证

(5) 完成后单击信用证编号进入,根据开证申请书进行填写(如图 5.11)。(填写说明参考第二节或单击表头名称蓝色字体处查看,表单样本请参考附录中的附表 6)

图 5.11　打开并填写信用证

（6）填写完成后单击"检查"按钮，确认通过。

（7）在"信用证"页面中再选中合同号为"11aa22bb"的信用证前的单选钮，单击"送进口商"按钮。

四、进口商同意信用证

（1）以进口商身份登录，收取银行要求确认信用证的通知邮件。

（2）然后到"业务中心"单击"进口地银行"按钮。

（3）再单击"信用证业务"按钮，检查对应的信用证内容（如图 5.12）。

（4）检查无误后，选中对应信用证前的单选钮，单击"同意"按钮（如图 5.12）。

图 5.12　进口商同意信用证

五、进口地银行转发信用证

（1）以进口地银行身份登录，收取进口商同意信用证的邮件。

（2）进入信用证管理界面，选择合同号为"11aa22bb"的信用证前的单选钮，单击"送出口地银行"按钮（如图 5.13）。

六、出口地银行将信用证通知出口商

（1）以出口地银行身份登录，收取进口地银行已开证的通知邮件。

（2）回到出口地银行业务主页面，单击"信用证"按钮。

（3）打开合同号为"11aa22bb"的信用证进行查看。

（4）再选中该信用证前的单选钮，单击"制作通知书"按钮，添加信用证通知书（如图 5.14）。

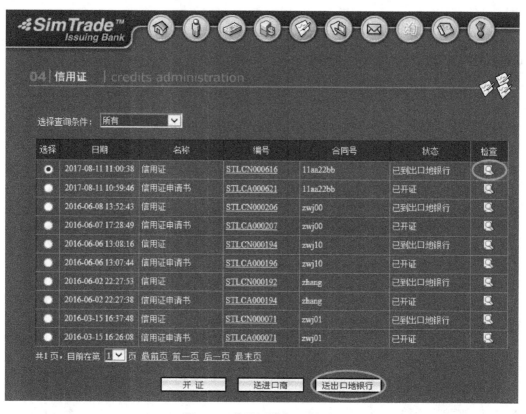

图 5.13 信用证送出口地银行

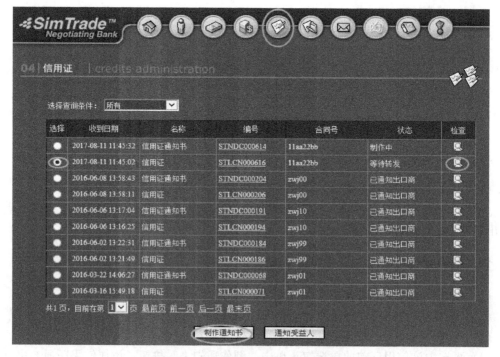

图 5.14 出口地银行制作信用证通知书

(5) 然后单击该信用证通知书所对应的单据编号,打开表单根据信用证内容进行填写。(填写说明参考第二节或单击表头名称蓝色字体处查看,表单样本请参考附录中的附表7)

(6) 填写完成后单击"检查"按钮,确认通过。

(7) 回到业务画面,选择该通知书,单击"通知受益人"按钮。

七、出口商接受信用证

(1) 收取信用证已开立的通知邮件。

(2) 回到"业务中心"页面,单击"出口地银行"按钮。

(3) 再单击"信用证业务"按钮,进入信用证列表画面。

(4) 查看信用证内容无误后,选中信用证通知书,单击"接受"(如图5.15)。

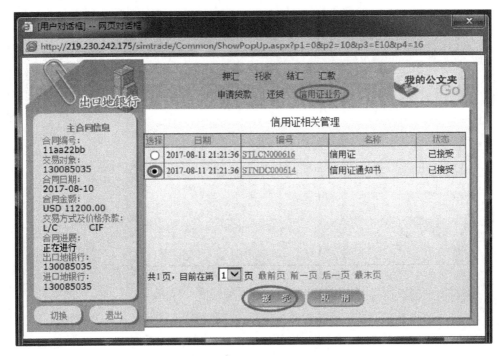

图 5.15 出口商接受信用证

本 章 小 结

> 本章主要讲解信用证业务。首先对信用证预备知识作了阐述,涉及信用证当事人、信用证内容和流程、信用证特点等方面的内容。然后对贸易进口付汇核销单、不可撤销信用证开证申请书、信用证、信用证通知书等相关单据的填写作了说明。最后对进口商申领核销单、进口商申请开立信用证、进口地银行开立信用证、进口商同意信用证、进口地银行转发信用证、出口地银行将信用证通知出口商、出口商接受信用证等具体操作进行了介绍。

复习思考题

1. 何为信用证？其主要当事人有哪些？
2. Sim Trade 实习平台中，信用证业务流程是怎样的？
3. 如何填写贸易进口付汇核销单？
4. 如何填写不可撤销信用证开证申请书？
5. 如何填写信用证？
6. 如何填写信用证通知书？
7. 信用证业务具体操作步骤有哪些？

第六章 备货和租船订舱

【学习目标】

1. 掌握备货、租船订舱基本知识。
2. 掌握备货、租船订舱相关单据的填写。
3. 了解备货、租船订舱的基本流程。

【实验任务】

1. 完成国内购销合同的签订等备货工作。
2. 完成租船订舱工作。

第一节 备货、租船订舱预备知识

一、备货

准备货物是履行出口合同的重要环节,是为了保证按时、按质、按量履行出口合同的交货义务,根据合同规定的质量、数量、包装和交货时间的要求,进行货物的准备工作。通常情况下,订立国际货物买卖合同之后的第一步就是根据合同和信用证的规定按时、按质、按量地准备好应交的货物。

对于规模较大的有出口经营权的集团公司,通常由其出口部门向生产加工及仓储部门下达联系单,而无生产实体的出口公司则需要向国内工厂签订国内买卖合同。Sim Trade 中,出口商需要通过与工厂签订国内买卖合同的途径买进货物再进行出口。备货工作的内容,主要包括:向生产或供货部门安排生产或催交货物,然后核实检查应收货物的质量、数量和包装状况,并对货物进行验收。有的商品进仓后,还需根据出口合同规定再次进行整理、加工和包装,并在外包装上加刷唛头和其他必要的标志。

备货应符合下列要求。

(1) 保证货物的品质、规格、花色与合同和信用证规定相符,必要时应进行加工整理。严格按照买卖合同约定的质量要求交付货物,是卖方的一项基本义务。如果出口交付货物的品质、规格与合同规定不符,不仅会导致对方的拒收或索赔,同时还会损害出口企业甚至国家的声誉,造成不良影响。货物的质量必须与出口合同的规定相一致。凡凭规格、等级、标准、说明书、图片等文字说明达成的合同,交付货物的质量必须与合同规定的规格、等级、标准等文字说明相符;如系凭样品达成的合同,则必须与样品相一致;如既凭文字说明,又凭样品达成的合同,则两者均须相符。

(2) 货物的数量同合同和信用证的规定相符。如无其他约定，多装或少装均不可。是否按合同规定数量交付货物，不仅是衡量买卖合同是否得到充分履行的标志，而且直接关系到订立合同时的预期利益能否全部实现，有时还要影响购买者的生产使用和业务经营，甚至还可能损害对方的市场声誉。货物的数量是国际货物买卖合同的主要条件之一，卖方按合同规定的数量交付货物是卖方的重要义务。备货的数量应适当留有余地，以备装运时可能发生的意外损失而调换和适应舱容之用。

(3) 包装的方式与包装材料均应符合合同和信用证的规定。使之做到既能保护商品和便利运输，又要与规定相符。货物的包装如同品质一样也是买卖合同的主要条款，有的国家法律把合同中的包装条款视作对货物说明的组成部分。应该根据货物的不同，来选择纸箱、木箱、编织袋等不同的包装形式。如发现包装不良或破坏，应及时进行修整或换装。

(4) 应按照合同和信用证的规定刷制唛头。在包装的明显部位，应按约不定期的唛头式样刷制唛头，对包装上的其他各种标志是否符合要求，也应注意。刷唛时要注意图形字迹清楚，位置要醒目，大小要适当。

(5) 备货的时间应根据合同和信用证的规定，结合船期来安排，以利于船货衔接，防止出现船等货的情况。货物备妥时间应与合同和信用证装运期限相适应。交货时间是国际货物买卖合同的主要交易条件，倘有违反，买方不仅有权拒收货物并提出索赔，甚至还可宣告合同无效。因此，货物备妥的时间，必须适应出口合同与信用证规定的交货时间和装运期限，并结合运输条件，如船期，进行妥善安排。为防止意外，一般还应适当留有余地。

(6) 卖方对货物要有完全的所有权并不得侵犯他人权利。这是卖方必须承担的又一项默示的合同义务。《联合国国际货物销售合同公约》第42条明确指出：卖方所交付的货物，必须是第三方不能根据工业产权或其他知识产权主张任何权利或要求的货物。

二、租船订舱

1. 班轮运输与租船运输

海洋运输（Sea Transport；Ocean Transport）是国际贸易中最主要的运输方式，它具有运量大、运费低廉、不受道路和轨道限制的优点。也是我国对外贸易货物运输中最主要的运输方式。

(1) 班轮运输。

班轮运输（Liner Shipping）是指轮船公司将船舶按事先制定的船期表（Sailing Schedule），在特定海上航线的若干个固定挂靠的港口之间，定期为非特定的众多货主提供货物运输服务，并按事先公布的费率或协议费率收取运费的一种船舶经营方式。班轮运输具有以下三个特点。

① "四固定"。即固定航线、固定港口、固定船期和相对固定的费率。这是班轮运输的最基本特征。

② "一负责"。承运人负责货物的装和卸，负责的时段是从货物装上船起，到货物卸下船止。

③ 承运人和托运人双方的权利义务和责任豁免以班轮公司签发的提单条款为依据。不计算装卸时间与滞期费和速遣费。

班轮运费是班轮公司为运输货物而向货主收取的费用。班轮运费视散货运输还是集装箱运输而有所不同。

(2) 租船运输。

租船运输（Charter Transport）是指租船人向船东租赁船舶用于运输货物的业务。租船（Charter）有租赁整船和租赁部分舱位两种，一般以租赁整船为多。租船运输与班轮运输有很大差别。在租船运输业务中，船舶的航运时间、行驶航线、停靠港口和船方收取的运费或租金以及装卸费用等均由出租方（船东）与租船人双方临时议定。

2. 装运港（地）和目的港（地）

(1) 装运港（地）。

在国际贸易中，装运港或装运地一般由卖方提出，经买方同意后确定。在实际业务中，应根据合同使用的贸易术语和运输方式正确选择和确定装运地点。在出口贸易中，为便于履行交货义务、节省开支，原则上应选择靠近产地、交通便捷、费用低廉、储存仓库等基础设施比较完善的地方。在使用 FOB、CIF、CFR 贸易术语进行交易时，应选择海轮能够直接进入载运货物的港口为装运港。

(2) 目的港（地）。

在国际货物买卖合同中，通常均需规定目的港或目的地。在 FAS、FOB、CFR、CIF 合同中，一般应规定港口。目的港或目的地一般由买方提出，经卖方同意后确定。在实际业务中，与装运地点一样，一笔交易通常只规定一个目的港或目的地，如"目的港：纽约（Port of Destination：New York）"。有时按实际业务需要，如买方有不同的使用或销售地，而商订合同时尚不能确定供何处使用和销售，也可规定两个或两个以上的目的港或目的地，个别的甚至作出笼统规定。由买方在装运期开始前适当时间通知卖方，凭以安排装运。

在出口业务中，我方决定可否接受国外客户提出的目的港和目的地时，通常应考虑以下问题。

① 应贯彻我国的有关政策，不得以我国政府不允许进行贸易往来的国家和地区的港口或地方作为目的港或目的地。

② 对目的港或目的地的规定，应力求明确具体，一般不要使用"欧洲主要港口（European Main Ports，E. M. P.）""非洲主要港口（African Main Ports，A. M. P.）"之类笼统的规定方法。

③ 凡以非集装箱的一般海上散货运输方式交运的交易，货物运往的目的港无直达班轮或航次较少的，合同中应规定允许转运的条款。

④ 目的港必须是船舶可以安全停泊的港口，力求避免把正在进行战争或有政治动乱的地方作为目的港或目的地。

⑤ 对内陆国家的出口交易，采用 CFR 或 CIF 条件通过海上运输货物的，应选择距离该国目的地最近的、我方能够安排船舶的港口为目的港。

⑥ 规定的目的港和目的地，如有重名，应明确国别与所处方位。

⑦ 正确使用"选择港（Optional Ports）"。

Sim Trade 外贸实习平台中，假定货物全部通过海运方式进行出口，只使用 CIF、

CFR、FOB 三种贸易术语，因此只是涉及装运港、目的港，而不涉及除港口外的装运地、目的地。

3. 分批装运和转运

（1）分批装运。

分批装运是指一个合同项下的货物先后分若干期、若干批装运。能否分批装运，应视合同规定。跟单信用证统一惯例（Uniform Customs and Practice for Documentary Credits）2007 年修订本，国际商会第 600 号出版物（以下简称《UCP600》）规定除非信用证不准分批装运，卖方即有权分批装运。按惯例，运输单据表面上注明同一运输工具、同一航次、同一目的地的多次装运，即使其表面上注明不同的装运日期或不同装货港、接受监管地或发运地，也不视作分批装运。

规定分批有以下的方法。

① 只原则规定允许分批，对于分批的时间、批次和数量均不作规定。

② 在规定分期装运条款时，具体定明每批装运的时间和数量，如"3 至 6 月分四批等量装运"。每批构成一份单独的合同，《UCP600》规定若违反某一批次的规定，该批次和以后的批次均视为违反合同。

（2）转运。

在海运情况下，转运是指从信用证规定的装货港到卸货港的运输过程中，从一艘船只卸下再装上另一船只；在航空运输情况下，转运是指信用证规定的起航机场到目的地机场的运输过程中，从一架飞机卸下再装上另一架飞机；在公路、铁路或内河运输情况下，转运是指从信用证规定的装运地至目的地运输过程中，在统一运输方式内，从一运输工具上卸下，再装上另一运输工具。

4. 租船订舱

租船订舱是租船和订舱的合成词。租船订舱，在货物交付和运输过程之中，如货物的数量较大，可以洽租整船甚至多船来装运，这就是"租船"。如果货物量不大，则可以租赁部分舱位来装运，这就是"订舱"。在 CIF 或 CFR 条件下，卖方应及时办理租船订舱。如果出口货物数量较大，需要整船载运的，出口企业则要办理租船手续；如果出口货物数量不大，不需整船装运的，出口企业则要安排洽订班轮或租订部分舱位运输。

关于订舱工作的基本程序大致如下。

① 出口企业填写托运单（Shipping Note），作为租船或订舱的依据。托运单是托运人根据合同和信用证条款内容填写的向船公司或其代理人办理货物托运的单证。

② 船公司或其代理人在接受托运人的托运申请之后，即发给托运人全套装货单（Shipping Order），凭以办理装船手续。

③ 货物装船之后，由船长或大副签发收货单，即大副收据（Mate's Receipt），作为货物已装妥的临时收据。托运人凭收货单向船公司或其代理人交付运费并换取正式提单。

④ 货物装船并取得提单后，出口企业应根据合同向买方发出已装船通知，以便其了解航运情况并做好收货付款的准备，在 CFR 条件下，出口企业更应该及时发出已装船通知，以使买方按时办理进口货物运输保险。

第二节 备货、租船订舱单据填写

一、国内买卖合同

国内买卖合同是出口公司与国内厂家相互之间明确权利义务的法律文件。国内买卖合同与国际买卖合同内容上有很多相似之处,但相对较为简单一些,需要用中文进行填写。

图 6.1 为国内买卖合同空白样书,就其填写介绍如下。

买 卖 合 同

合同编号:aa11bb22
卖方:_____
买方:_____
签订时间:_____
签订地点:_____

一、产品名称、品种规格、数量、金额、供货时间:

选择	产品编号	品名规格	计量单位	数量	单价(元)	总金额(元)	交(提)货时间及数量
			合计:				

[添加] [修改] [删除]

合计人民币(大写)	
备注:	

二、质量要求技术标准、卖方对质量负责的条件和期限:

三、交(提)货地点、方式:

四、交(提)货地点及运输方式及费用负担:

五、包装标准、包装物的供应与回收和费用负担:

六、验收标准、方法及提出异议期限:

七、结算方式及期限:

八、违约责任:

九、解决合同纠纷的方式:

十、本合同一式两份,双方各执一份,效力相同。未尽事宜由双方另行友好协商。

卖 方	买 方
单位名称:	单位名称:
单位地址:	单位地址:
法人代表或委托人:	法人代表或委托人:
电话:	电话:
税务登记号:	税务登记号:
开户银行:	开户银行:
账号:	账号:
邮政编码:	邮政编码:

图 6.1 国内买卖合同空白样书

1. 卖方

填写工厂中文名称。

2. 买方

填写出口商公司中文名称。

3. 合同编号

买卖合同编号，由卖方或买方自行编设，便于存储归档管理。在 Sim Trade 中，该编号已由卖方或买方在起草合同时填入，单据中不能再更改。

4. 签订时间、地点

填写买卖合同签订日期、地点。就签订时间而言，如果是 2017 年 2 月 18 日，可以有以下几种日期格式填法。

① 2017－02－18 或 02－18－2017

② 2017/02/18 或 02/18/2017

③ 170218（信用证电文上的日期格式）

④ February 18，2017 或 Feb 18，2017

5. 产品编号

销货合同上应记明各种产品编号，以求联系沟通方便。在 Sim Trade 中，产品编号必须选择"淘金网"的"产品展示"里已有的商品编号。

6. 品名规格

此栏应详细填明各项商品的中文名称及规格，这是买卖双方进行交易的物质基础和前提。对商品的具体描述说明是合同的主要条款之一，如果卖方交付的货物不符合合同规定的品名或说明，买方有权拒收货物、撤销合同并提出损害赔偿。在 Sim Trade 中，商品的详细资料请在"产品展示"里查找，可参考中文名称与描述部分。

7. 计量单位

货物数量的计量单位，应以适合该货物计量的单位为准。在 Sim Trade 中，货物的计量单位在商品详细资料里已经注明，需要注意的是，此栏应填写销售单位而非包装单位。不同类别的产品，销售单位可能会不同。例如：食品类的销售单位是 CARTON，钟表类的销售单位则是 PC。

8. 数量

数量条款。本栏用于填写交易的货物数量，这是买卖双方交接货物及处理数量争议的依据。

9. 单价

价格条款。这是买卖合同中必不可缺的重要组成部分，不仅直接关系到买卖双方的利益，而且与合同中的其他条款也有密切联系。通常由工厂根据成本通过往来函电报价给出口商，双方经过协商后确定此交易价格。

10. 总金额

列明币种及各项商品总金额（总金额＝单价×数量）。注意：此栏应与每一项商品相对应。

11. 交（提）货时间及数量

如 2017 年 4 月 16 日前工厂交货。

12. 合计

货物总计，分别填入所有货物累计的总数量（包括相应的计量单位）和总金额。

13. 合计人民币（大写）

以文字（大写）写出该笔交易的总金额，必须与货物总价数字表示的金额一致，如：伍万贰仟元整。

14. 备注

公司多使用格式化的合同，难免有需要改动和补充之处，有特殊规定或其他条款可在此栏说明。例如：①需方凭供方提供的增值税发票及相应的税收（出口货物专用）缴款书在供方工厂交货后七个工作日内付款。如果供方未将有关票证备齐，需方扣除 17% 税款支付给供方，等有关票证齐全后结清余款。②所有生产的罐码采用暗码打字方式，不得在罐盖上显示生产日期。③本合同经双方传真签字盖章后即生效。

15. 质量要求技术标准、卖方对质量负责的条件和期限

参考附表 8 填写。

16. 交（提）货地点、方式

参考附表 8 填写。

17. 交（提）货地点与运输方式及费用负担

参考附表 8 填写。

18. 包装标准、包装物的供应与回收和费用负担

参考附表 8 填写。

19. 验收标准、方法及提出异议期限

参考附表 8 填写。

20. 结算方式及期限

参考附表 8 填写。

21. 违约责任

参考附表 8 填写。

22. 解决合同纠纷的方式

参考附表 8 填写。

23. 卖方

工厂相关信息及负责人签名，应与公司基本资料中的信息一一对应，包括税务登记号、账号等，都可在公司资料中找到。

24. 买方

出口商公司相关信息及负责人签名，应与公司基本资料中的信息一一对应，包括税务登记号、账号等，都可在公司资料中找到。

二、货物出运委托书

一般来说，从出口业务人员的角度来看，出口托运是从租船订舱或是委托出运开始的。

外贸业务人员应根据信用证规定的最迟装运期及货源和船源情况安排委托出运。一般情况应提前5天左右或更长，以便留出机动时间应付意外情况发生。接下来，填具货物出运委托书或是其他类似单据，办理委托代理租船订舱事宜。如果外贸公司本身开展托运业务，则需填具海运出口托运单、集装箱托运单等。如果外贸公司本身不办理运输业务，则可委托代理订舱，填具货物出运委托书。

货物出运委托书的填写和托运单的有关栏目相同，填写时需中英文结合，个别栏目依出口货物不同而异。因此，各公司在印制自己使用的此类单据时，稍有变化，但大体内容基本一致。

图6.2为货物出运委托书空白样书，该单据的填写介绍如下。

1. 日期

委托出运日期。

2. 托运人

填写出口公司中文名称及地址（信用证受益人）。

3. 抬头人

抬头人即提单上的抬头人。如信用证方式下：

（1）来证要求，"Full set of B/L made out to order"，提单收货人一栏则应填"To order"。

（2）来证要求，"B/L issued to order of Applicant"，假如此Applicant为信用证的申请开证人Big A. Co.，则提单收货人一栏填写"To order of Big A. Co."。

（3）来证要求，"Full set of B/L made out our order"，假如开证行名称为Small B Bank，则应在收货人处填"To small B Bank's order"。

4. 通知人

填写信用证规定的提单通知人名称及地址，通常为进口商。

5. 合同号

填写相关交易的合同号码。

货物出运委托书	合同号		运输编号	
(出口货物明细单) 日期：_____	银行编号		信用证号	
根据《中华人民共和国合同法》与《中华人民共和国海商法》的规定，就出口货物委托运输事宜订立本合同。	开证银行			

	付款方式			
托运人	贸易性质		贸易国别	
	运输方式		消费国别	
抬头人	装运期限		出口口岸	
	有效期限		目的港	
通知人	可否转运		可否分批	
	运费预付		运费到付	

选择	标志唛头	货名规格	件数	数量	毛重	净重	单价	总价
		TOTAL:	[ ]	[ ]	[ ]	[ ]		[ ]
			[ ]	[ ]	[ ]			

[添加] [修改] [删除]

注意事项		FOB价	[ ][ ]
		总体积	[ ][ ]
	保险单	险别	
		保额	[ ][ ]
		赔偿地点	
	海关编号		
	制单员		

受托人(即承运人)　　　　　　　　　　委托人(即托运人)
名称：_____　　　　　　　　　　名称：_____
电话：_____　　　　　　　　　　电话：_____
传真：_____　　　　　　　　　　传真：_____
委托代理人：_____　　　　　　　委托代理人：_____

图 6.2　货物出运委托书空白样书

6. 运输编号

出口商自行编制用于外运的编号，多数出口商直接以发票号作为运输编号。在 Sim Trade 中可不填。

7. 银行编号

开证行的银行编号，在与开证行的业务联系中必须引用该编号。在 Sim Trade 中可不填。

8. 信用证号

填写相关交易的信用证号码，如非信用证方式则不填。

9. 开证银行

根据信用证填写开证银行，如非信用证方式则不填。

10. 付款方式

按出口合同所列的付款方式填写，如 L/C。

11. 贸易性质

贸易性质即贸易方式，共分为 7 种：一般贸易即正常贸易，寄售、代销贸易，对外承包工程，来料加工，免费广告品、免费样品，"索赔"、"换货"、"补贸"和进口货退回。Sim Trade 中货物都为"一般贸易"方式。

12. 贸易国别

填写贸易成交国别（地区），即进口国。如果通过我国驻港机构与他国成交，应填香港。

13. 运输方式

按实际填写如海运、陆运、空运等方式。

14. 消费国别

填写出口货物实际消费的国家（地区），通常为进口国。如无法确定实际消费国，可填最后运往国。

15. 装运期限

按出口合同或信用证所列填写。

16. 出口口岸

填写货物出境时我国港口或国境口岸的名称，按合同或信用证所列填写。若出口货物在设有海关的发运地办理报关手续，出口口岸仍应填写出境口岸的名称。

17. 有效期限

按信用证所列填写。信用证的有效期限是受益人向银行提交单据的最后日期。受益人应在有效期限日期之前或当天向银行提交信用证单据。

18. 目的港

填写出口货物运往境外的最终目的港，按合同或信用证所列填写。最终目的港不得预知的，可按尽可能预知的目的港填报。

19. 可否转运、可否分批

按出口合同或信用证所列填写。如果允许分批或转运，则填"是"或"YES"或"Y"，反之，则填"否"或"NO"或"N"。

20. 运费预付、到付

如 CIF 或 CFR 出口，一般均在运费预付栏填"是"或"YES"或"Y"字样，并在到付栏填"否"或"NO"或"N"，千万不可漏填，否则收货人会因运费问题提不到货，虽可查清情况，但拖延提货时间，也将造成损失。如系 FOB 出口，则反之，除非收货人委托发货人垫付运费。

21. 标志唛头

照合同规定填写。唛头即运输标志，既要与实际货物一致，还应与提单一致，并符合信用证的规定。如信用证没有规定，可按买卖双方和厂商订的方案或由受益人自订。无唛头时，应注"N/M"或"No Mark"。如为裸装货，则注明"NAKED"或散装"In Bulk"。如来证规定唛头文字过长，用"/"将独立意思的文字彼此隔开，可以向下错行。即使无线相隔，也可酌情错开。

> **提示**：Sim Trade 实验过程中，此处比较容易出错。建议打开外贸销售合同 SALES CONFIRMATION（或外贸购买合同 PURCHASE ORDER），将其中的"Shipping Mark"（运输标志、唛头）中的内容复制粘贴过来。

22. 货名规格

填写货物描述。

23. 件数、数量

分别填写货物的外包装数量与销售数量。

24. 毛重、净重、单价、总价（价格币制）

按货物的实际情况填写。

25. TOTAL

填写出口货物的总件数、数量、毛重、净重及价格。

26. FOB 价

填写出口货物离开我国国境的 FOB 价格，如按 CIF、CFR 价格成交的，应扣除其中的保险费、运费以及其他佣金、折扣等。以成交币种折算成人民币和美元时，均应按当天中国人民银行公布的汇率折算。

在 Sim Trade 中，各项费用计算方法请参照本教程第四章内容或在线帮助里的"预算表的填写"部分。

27. 总体积

按货物的实际情况填写。除信用证另有规定者外，一般以立方米（CBM）列出，如 125.36 CBM。

28. 注意事项

填写承运人或货运代理人需注意的事项。

29. 保险险别、保额、赔偿地点

根据出口合同或信用证填写。凡按 CIF、CIP 条件成交的出口货物，由出口商向当地保险公司逐笔办理投保手续。业务量较大的外贸公司，为简化手续、节省时间，投保时可以此单代替投保单。

30. 海关编号

填写出口商公司的海关代码。在 Sim Trade 中，海关代码请在出口商的基本资料里查找，由系统自动编排。

31. 制单员

填写制单员姓名。

32. 受托人名称、电话、传真、委托代理人

受托人的相关信息，出口商不填。

33. 委托人名称、电话、传真、委托代理人

填写委托人的相关信息。

第三节 备货、租船订舱具体操作

一、备货

出口商、工厂之间完成交易磋商之后，就可以着手起草国内买卖合同了。此合同既可由出口商起草，也可由工厂起草，这里我们假定由出口商起草并发给工厂签字确认。

1. 出口商起草国内买卖合同

（1）以出口商身份登录后，在"业务中心"里单击标志为"工厂"的建筑物。

（2）在弹出页面中单击"起草合同"按钮。

（3）输入合同号（如"aa11bb22"的字母数字组合，每次起草合同时都要输入合同号，不能重复），输入对应的工厂编号（一般为工厂学号），并勾选"设置为主合同"，单击"确定"按钮。

（4）填写弹出来的表单（合同）内容（填写说明参考第二节或单击表头名称蓝色字体处查看，表单样本请参考附录中的附表8）。

（5）填写完成后单击"保存"按钮（如图6.3）。

图 6.3　出口商起草国内买卖合同

2. 出口商向工厂发送合同

出口商回到业务画面。单击"检查合同"按钮，如发现合同有误，可以单击"修改合同"按钮对合同进行修改。确认合同填写无误后，再单击"合同送工厂"按钮。

3. 工厂确认合同

（1）以工厂身份登录，收取出口商要求确认合同的邮件。
（2）在"业务中心"里单击"出口商"按钮。
（3）在弹出画面的左边首先单击"切换"按钮，将需要确认的合同设置为主合同。
（4）再单击"修改合同"按钮（如图 6.4）。

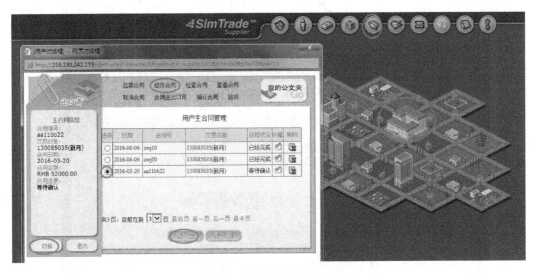

图 6.4　修改国内买卖合同

在弹出合同的左下方（卖方）签字，填入各项详细信息（账号等可在公司基本资料中找到）（如图 6.5），单击"保存"按钮。
（5）然后再回到用户对话框中单击"确认合同"按钮。

图 6.5 工厂（卖方）填写信息并签字

4. 组织生产

(1) 单击"业务中心"中标志为"市场"的建筑物，再单击"查看市场"按钮。

(2) 选择商品"01005"，单击"组织生产"按钮（如图 6.6）。

图 6.6 工厂组织生产

(3) 再输入生产数量"800"，单击"确定"按钮，完成生产（如图 6.7）。

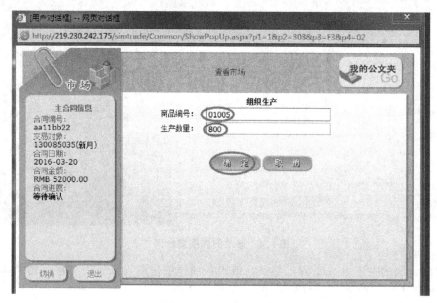

图 6.7 工厂确定生产

5. 放货

(1) 单击标志为"出口商"的建筑物。

(2) 单击点"放货"按钮,将货物送到出口商处,同时系统自动收取货款(如图6.8)。

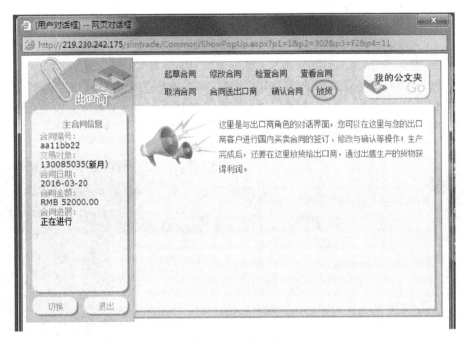

图 6.8 工厂放货

6. 缴税

单击标志为"国税局"的建筑物,再单击"缴税"按钮。至此,出口商与工厂之间的该笔交易完成(如图6.9)。

图 6.9 工厂缴税

7. 出口商查看库存

出口商收取工厂已放货的通知邮件后,单击"库存"按钮,可看到所订购的货物已在库存列表中,备货完成。

二、租船订舱

1. 准备相关单据

(1)以出口商身份登录,进入"业务中心",单击标志为"进口商"的建筑物,添加"货物出运委托书"(如图6.10)并进行填写(填写说明参考第二节或单击表头名称蓝色字体处查看,表单样本请参考附录中的附表9)。

图 6.10　添加"货物出运委托书"

(2)填写完成后单击"检查"按钮,确认通过。

2. 租船订舱

(1)在"业务中心"里单击"船公司"按钮。

(2)首先单击"指定船公司"按钮,选中"世格国际货运代理有限公司",单击"确定"按钮(如图6.11)。

(3)再单击"洽订舱位"按钮(如图6.12)。

(4)选择集装箱为"20'",填入装船日期"09/10/2017",再单击"确定"按钮,订舱完成,系统将返回"配舱通知"(如图6.12)。

图 6.11　指定船公司

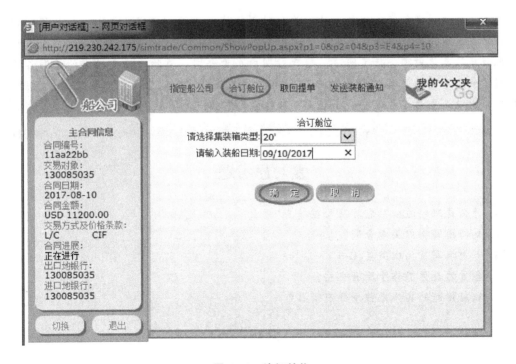

图 6.12　洽订舱位

（5）单击标志为"进口商"的建筑物里的"查看单据列表"按钮，可查看"配舱通知"的内容（如图 6.13）。

世格国际货运代理有限公司
DESUN INTERNATIONAL TRANSPORT CO., LTD

To: crescent western foods corp

Date: 09/10/2017

Port of Discharge(目的港): BARCELONA

Country of Discharge(目的国): Spain

Container(集装箱种类): 20' X 1

Ocean Vessel(船名): Rotterdam

Voy.No.(航次): DY100-09

Place of Delivery(货物存放地): Nanjing CY

Freight(运费): USD 1960.00

图 6.13　配舱通知

本 章 小 结

本章主要讲解备货和租船订舱。首先对备货的重要性、内容、要求，以及租船订舱的班轮运输与租船运输、装运港（地）和目的港（地）、分批装运和转运、订舱工作基本程序等具体内容进行了阐述。然后对国内买卖合同、货物出运委托书的填写作了说明。最后对国内买卖过程中的起草合同、发送合同、确认合同、组织生产、放货、缴税、出口商查看库存等备货环节及租船订舱具体操作进行了讲解。

复习思考题

1. 什么是班轮运输？它具有哪些特点？
2. 如何填写国内买卖合同？
3. 如何填写货物出运委托书？
4. 备货的具体操作步骤有哪些？
5. 租船订舱的具体操作步骤有哪些？

第七章 出口报检、办理保险和出口报关

【学习目标】

1. 掌握出口报检、办理保险和出口报关基本知识。
2. 掌握出口报检、办理保险和出口报关相关单据的填写。
3. 了解出口报检、办理保险和出口报关的流程。

【实验任务】

1. 完成出口报检工作。
2. 完成办理保险工作。
3. 完成出口报关工作。

第一节 出口报检、办理保险和出口报关预备知识

一、出口报检

1. 商品检验的依据

商品检验是国际货物买卖活动的重要环节,体现不同国家对进出口商品实施品质管制。进出口商品检验权确立的依据主要有两个:一是有关法律法规、国际惯例、国际公约的要求与约定,二是买卖双方签订贸易合同关于商品检验检疫的具体约定。从国际贸易实际操作来说,主要依据的是双方签订的对外贸易合同(含信用证)所规定的检验条款。

凡属国家规定或合同规定必须经中国进出口商品检验局检验出证的商品,在货物备妥后,应向商检机构申请检验,只有取得商检机构的合格检验证书后,海关才能放行。凡经检验不合格的货物,一律不得出口。

2. 出口商品检验的环节

出口商品检验工作,主要有申请报验、抽样、检验和签发证书四个环节。

(1) 申请报验。申请报验是指对外贸易关系人向商检机构报请检验。报验时需填写"报验申请单",填明申请检验、鉴定工作项目和要求,同时提交对外所签买卖合同,成交小样及其他必要的资料。出口商一般应在商品发运前7~10天向商检机构报验,对于个别检验检疫周期较长的货物,应留有相应的检验检疫时间。法定检验检疫货物,除活动物需

由口岸检验检疫机构检验检疫外，原则上实施产地检验检疫。报验时要填写"出口检验申请单"，并提供合同、信用证、发票等有关单证。

（2）抽样。商检机构接受报验之后，及时派员赴货物堆存地点进行现场检验、鉴定。抽样时，要按照规定的方法和一定的比例，在货物的不同部位抽取一定数量的、能代表全批货物质量的样品（标本）供检验之用。抽样是检验的基础，除委托检验外，一般不得由报验人送样。必须由商检部门自行抽样，并由抽样员当场发给"抽样收据"。

（3）检验。检验是商检机构的中心工作，如检验不认真就会影响检验结果的准确性。商检机构接受报验之后，认真研究申报的检验项目，确定检验内容，仔细审核合同（信用证）对品质、规格、包装的规定，弄清检验的依据，确定检验标准、方法，然后抽取货样，根据需要对所取样品进行仪器分析检验、物理检验、感官检验、微生物检验等。

（4）签发证书。在出口方面，凡列入《商检机构实施检验的进出口商品种类表》的出口商品，经检验合格后签发放行单（或在"出口货物报关单"上加盖放行章，以代替放行单）。凡合同、信用证规定由商检部门检验出证的，或国外要求签检证书的，根据规定签发所需封面证书；不向国外提供证书的，只发放行单。《商检机构实施检验的进出口商品种类表》以外的出口商品，应由商检机构检验的，经检验合格发给证书或放行单后，方可出运。

3．出口报检的程序

出口报检的程序总的来说是：接单——审单——预录——申报——验货——放行——下账。

（1）接单。

报检操作人员接到客户或内部转来的单据后，在专门的登记簿上登记，有特殊要求的应注明，并询问出口的大致日期，出口运输方式，是否需要出具检疫部门的证书等问题。

（2）审单。

① 首先要核对出口报检单据是否齐全。所需单据有：发票、装箱单、合同、报检委托书。

② 有特殊要求的其他单据。

A．使用信用证结汇的须提供信用证复印件。

B．货物外包装是纸箱、塑编袋、网袋、桶包装的涉及食品安全卫生标示的，必须提供《出境货物运输包装性能检验结果单》正本。

C．出口换证商品必须提供《出境货物换证凭单》正本。

D．出口安全质量许可、食品卫生监督等管理范围之内的商品，必须提供生产厂家的两证管理编号以及厂检合格单等。

E．出口熏蒸货物必须提供场站入货通知书，并且确认货物存放于场站熏蒸区。

（3）预录。

① 出口单据审核完毕后，对单据进行预录入。预录入过程中，可以根据系统提示制单，并且可以根据系统对商品编码的要求最终确认所需单据是否齐全。

② 在制单过程中出现计量单位与海关的计量单位冲突时，第一计量单位按商检规定

的计量单位输入，第二计量单位按海关的规定输入。

③ 在制单预录入的过程中如果出现问题应及时与客户或操作人员联系。

④ 一般在预录入待系统自动生成预录入报检编号后，打印出境货物报检单，交给报检员。

(4) 申报。

① 报检员在接到全套申报单据发票、装箱单、合同、报检委托书、有特殊要求的其他单据后，在报验申请单上填写随附单据，注明特殊要求，并签名。

② 到报检前台申报，随时解答商检官员对商品的提问，报检员必须对所申报商品及客户情况有所了解。

③ 申报完成，报检员根据申报货物的不同，将申报单据转往各个科室，并且根据各个科室的不同要求对单据进行登记。

(5) 验货。

① 申报完毕的单据，报检员要及时联系客户验货，到检疫局科室预约验货时间并告知客户。

② 验货完毕后将单据转回各科室。

(6) 放行。

① 出口验货后到科室将验货单据找出，根据科室要求不同填写验货单据交科室主管人员签字，并在计算机中过机放行。

② 到计费处计费，然后到商检财务缴纳检疫费。

③ 打印《出口货物通关单》，如果需要出具检疫部门证书的，还需在单据中注明，以便日后出具检疫证书。

④ 放行后将通关单交给报检操作人员或报关人员签收。

(7) 下账。

① 报检员将出口通关单及商检发票交给操作人员，操作人员将其复印登记留底，并注明公司编号。

② 将正本通关单交给报关员报关使用。

二、办理保险

出口货物保险是被保险人为了货物在出口运输过程中能安全地到达目的地，不受自然灾害和意外事故的损失，向保险人缴纳一定的保险费，双方订立有保险契约，一旦货物遭受各种灾害和意外事故，进口商可以从保险人得到货物损失的经济补偿。

1. 保险险别的选择

所谓险别是保险公司按不同情况所规定的不同保险范围，它是保险人承保责任大小、被保险人缴付保险费多少的依据。选择保险险别的原则是：既要使货物的运输风险有保障，又要使保险费用的支出减少。因此，要根据货物及其包装的特点、运输工具及方式、运输地区及港口等不同情况来选择保险险别。

(1) 中国保险条款。

在我国，进出口货物运输保险最常用的保险条款是"中国保险条款"（China Insurance

Clause，C. I. C.）。该条款是由中国人民保险集团公司旗下的中国人民财产保险股份有限公司（PICC）根据我国保险业务实际情况，参照国际保险市场的习惯做法制定的，并经中国保险监督管理委员会报备颁布启用。我国海洋运输货物保险的险别，按照是否能单独投保分为基本险和附加险两类。基本险所承保的主要是由自然灾害和意外事故所造成的货物损失或费用，附加险承保的是由其他外来风险所造成的损失和费用。

① 基本险。

A. 平安险（Free from Particular Average）。

平安险的基本含义为单独海损不予赔偿，其承保范围如下。

货物在运输途中由于自然灾害造成整批货物的实际全损或推定全损。被保险货物用驳船运往或运离海轮的，每一驳船所装的货物可视作一个整批。

由于运输工具发生意外事故而造成的货物全部损失或部分损失。

在运输工具发生搁浅、触礁、沉没、焚毁等意外事故之前或之后，又在海上遭受恶劣气候、雷电、海啸等自然灾害而使货物造成的部分损失。

在装卸或转运过程中，一件或数件货物落海所造成的全部损失或部分损失。

由于共同海损所造成的牺牲、分摊和救助费用。

发生承保责任范围内的危险，被保险人对货物采取抢救措施，防止或减少货损而支付的合理费用，但以不超过该批货物的保险金额为限。

运输工具遭受海难后，在避难港由于卸货所引起的损失，以及在中途港、避难港由于卸货、存仓以及运送货物而产生的特别费用。

在运输契约中订有"船舶互撞责任"条款，根据该条款的规定应由货方偿还船方的损失。

B. 水渍险（With Particular Average）。

水渍险其原意为"负责单独海损责任"，承保范围包括平安险，再加上被保险货物由于恶劣气候、雷电、海啸、地震等自然灾害所造成的部分损失。

C. 一切险（All Risks）。

一切险并非对运输途中的一切风险负责，其只负责下列原因引起的货残货损。

水渍险承保的各项责任。

在运输途中，由于偷窃、淡水雨淋等一般外来原因所致的全部或部分损失，但一些特别和特殊外来风险除外。

② 附加险。

附加险是基本险的补充和扩大，附加险是只能在投保某一种基本险的基础上才可投保的险别。附加险分为一般附加险、特别附加险和特殊附加险三种。

A. 一般附加险（Additional Risk）。

包括：偷窃提货不着险（Theft，Pilferage and Non‑delivery Risk）、淡水雨淋险（Fresh Water Rain Damage）、短量险（Risk of Shortage in Weight）、混杂、玷污险（Risk of Intermixture and Contamination）、渗漏险（Risk of Leakage）、碰损破碎险（Risk and Clash and Breakage）、串味险（Risk of Taint of Odour）、受潮受热险（Risk of Sweating and Heating）、钩损险（Hook Damage）、包装破裂险（Loss for Damage Caused Breakage of Packing）。

B. 特别附加险（Special Additional Risk）。

包括：舱面险（On Deck Risk）、进口关税险（Import Duty Risk）、拒收险（Rejection Risk）、黄曲霉素险（Aflatoxin Risk）、交货不到险（Failure to Delivery）、出口货物到香港（包括九龙在内）地区或澳门地区仓储火险责任扩展条款（Fire Risk Extension Clause for Storage of Cargo at Destination Hongkong, including Kowloon, or Macao）。

C. 特殊附加险（Specific Additional Risk）。

其中包括：海洋战争险（Ocean Marine Cargo War Risk）、罢工险（Strikes Risk）。

③ 专门险。

专门险条款又称为特种货物保险条款，可以单独投保，属于基本险性质。我国海上保险市场上目前常用的特种货物海运保险条款主要有海洋运输冷藏货物保险条款和海洋运输散装桐油保险条款。

（2）英国伦敦保险业协会海运货物保险险种。

长期以来，在世界保险业务中，英国所制定的保险法、保险条款、保险单等对世界各国影响很大。目前，国际上仍有许多国家和地区的保险公司在国际货物运输保险业务中直接采用经英国国会确认的、由英国伦敦保险协会所制定的《协会货物条款》（Institute Cargo Clauses, I. C. C.），或者在制定本国保险条款时参考或部分参考采用了上述条款。在我国按 CIF 或 CIP 条件成交的出口交易中，国外商人有时要求按《协会货物条款》投保，我出口企业和保险公司一般均可接受。

ICC 新条款一共有 6 种险别，它们是：

协会货物（A）险条款 [Institute Cargo Clauses A，ICC(A)]

协会货物（B）险条款 [Institute Cargo Clauses B，ICC(B)]

协会货物（C）险条款 [Institute Cargo Clauses C，ICC(C)]

协会货物战争险条款 [Institute War Clauses – Cargo]

协会货物罢工险条款 [Institute Strikes Clauses – Cargo]

恶意损害险条款 [Malicious Damage Clauses]

除（A）险、（B）险、（C）险分别取代旧条款的一切险、水渍险和平安险外，新条款的战争险和罢工险分别取代了旧条款的战争险及罢工、暴动和民变险。在新条款里，战争险和罢工险虽然也作为特殊附加险，但是不必如旧条款要求的那样必须在投保主险后才能投保，在被保险人需要时，它们也可作为独立险别进行投保。恶意损害险则是一个附加险，它属于（A）险条款的承保范围，在（B）险和（C）险条款却被列为一般除外责任。因此，在投保（B）险或（C）险时可以加保此险。

2. 保险金额和保险费的计算

保险金额（Insured Amount）是投保人对保险标的的实际投保金额，也是保险人承担的最高赔偿金额及计算投保人所要缴纳保险费的基础。保险金额不等于货物价值，而且可以超出货物价值。根据国际保险市场的习惯，保险金额的计算公式为：

$$保险金额 = CIF \times (1 + 投保加成率)$$

从上述计算方法中可以看出，参加投保的不仅是货物本身的价值，还有运费和保险费。另外，还有一个投保加成。投保加成是买方为此笔交易支付的交易费及预期利润，业务中一般确定为10%的加成率。当然，出口人也可以根据进口人的要求与保险公司约定不同的保险加成率。保险公司一般都接受这种超值投保。

由于保险金额的计算是以 CIF 货价为基础的，因此，采用 CFR、FOB 贸易术语对外报价时需要先将 CFR、FOB 价格换算为 CIF 价格后再求出相应的保险金额和保险费。

(1) 按 CIF 进口时：保险金额＝CIF 货价×1.1。

(2) 按 CFR 进口时：保险金额＝CFR 货价×1.1÷(1−1.1×r)，其中 r 为保险费率。

(3) 按 FOB 进口时：保险金额＝(FOB 货价＋海运费)×1.1÷(1−1.1×r)，其中海运费请在"装船通知"中查找，由出口商根据"配舱通知"填写。

保险费（Insurance Premiums）是投保人向保险人缴纳从而获得保险人承保货物运输风险，投保人取得损失赔偿权的对价。保险费的计算公式为：

$$保险费＝保险金额×保险费率$$

保险费率是由保险人按照不同的商品、不同的运输路程、不同的运输工具和不同的保险险别分别制定的。在 Sim Trade 中，可到"淘金网"查询保险费率。

3. 保险单据

保险单据是保险人与投保人之间订立保险契约的证明文件，它反映了保险人与投保人之间的权利和义务关系。当发生保险责任范围内的损失时，保险单据是保险索赔和理赔的主要依据。保险单据主要有以下几种形式。

(1) 保险单（Insurance Policy）。

保险单是保险公司与投保人之间的一种合同，它规定了双方之间的权利和义务。保险单的日期不得迟于货运单据的出单日期。

(2) 保险凭证（Insurance Certificate）。

保险凭证是一种简化的保险单，它的背面不载明保险人与投保人的权利和义务条款，其效力等同于保险单。

(3) 批单（Endorsement）。

保险单出立后，如果内容有补充或修改，则需要出立批单，粘贴在原保险单上，成为保险合同不可分割的一部分。保险单一经批改，保险公司即按批改的内容承担责任。

4. 保险索赔

保险索赔（Claim）是指进出口货物在保险责任的有效期内发生属于保险责任范围的损失，投保人按保险单的有关规定向保险人提出损失赔偿的要求，保险人受理投保人的索赔要求，则称为保险理赔。

(1) 损失通知。

当投保人获知被保险货物已经遭受损失后，应当立即通知保险人或保险单上所载明的保险公司在当地的检验及理赔代理人。因为一经通知，表示索赔已经开始，不再受索赔时效的限制。

(2) 采取合理的施救、整理措施。

保险货物受损后，投保人应该对受损货物采取施救、整理措施，以防止损失进一步扩大。

（3）索取货损和货差证明。

投保人或其代理人在提货时发现货物受损后，除了要向保险公司发出损失通知外，还要向承运人或有关方面，如海关、港务局等，索取货损和货差证明。如果货损和货差涉及承运人、码头、装卸公司等方面的责任，还应当及时以书面形式向有关责任方提出索赔，并保留追偿权利。

（4）备齐索赔单证。

投保人向保险人提出索赔，除了要做上述几项工作外，还应向保险人提交有关单证。这些单证通常包括保险单或保险凭证正本、运输单据、发票、装箱单、检验报告、向第三责任方追偿的有关文件、货损和货差证明、海事报告摘录或海事声明、索赔清单等。

在国际贸易实务中要注意保险公司对易碎和易短量的索赔是否有免赔率的规定。一种是没有免赔率规定，即不论损失程度（Irrespective of Percentage, I. O. P），均予赔偿；一种是规定了免赔率。免赔率是指保险公司对于保险货物在运输途中发生的货损和货差，在一定比率内不予赔偿，只有高于这个比率时，才予以赔偿。这是因为有些货物由于其自身特点或在装运作业过程中经常会发生损失，并非偶然事故，所以，保险公司规定这种损失在一定比率内不予以赔偿。免赔率又可分为相对免赔率和绝对免赔率两种。相对免赔率是指如果货损或货差的程度超过免赔率，则保险公司在赔偿时不扣除免赔率，全部予以赔偿；绝对免赔率是指如果货损或货差的程度超过免赔率，则保险公司赔偿时要扣除免赔率，只负责赔偿超过免赔率的部分。

（5）索赔期限（Validity of Claim）。

索赔期限又称索赔时效，是被保险货物发生保险责任范围内的风险与损失时，被保险人向保险人提出索赔的有效期限。根据我国海洋运输货物保险条款，索赔期限为2年，自被保险货物运抵目的港全部卸离海轮之日起计算。

三、出口报关

出口报关是指发货人（或其代理）向海关申报出口货物的详细情况，海关据以审查，合格后放行，准予出口。按照《中华人民共和国海关法》（以下简称《海关法》）的规定：凡是进出国境的，必须经由设有海关的港口、车站、国际航空站进出，并由货物所有人向海关申报，经过海关放行后，货物才可提取或者装船出口。报关时，需填写"出口货物报关单"，连同其他必要的单证，如装货单、合同副本、信用证副本、发票、装箱单、商检证书等送交海关申报。海关查验货、证、单相符无误，并在装货单上加盖放行章放行后，货物即可凭以装船。

出口报关的程序主要分为以下几个步骤。

1. 申报

（1）出口货物的发货人根据出口合同的规定，按时、按质、按量备齐出口货物后，即应当向运输公司办理租船订舱手续，准备向海关办理报关手续，或委托专业（代理）报关公司办理报关手续。

（2）需要委托专业或代理报关企业向海关办理申报手续的企业，在货物出口之前，应在出口口岸就近向专业报关企业或代理报关企业办理委托报关手续。接受委托的专业报关企业或代理报关企业要向委托单位收取正式的报关委托书，报关委托书以海关要求的格式为准。

（3）准备好报关用的单证是保证出口货物顺利通关的基础。一般情况下，报关应备单证除出口货物报关单外，主要包括：托运单（下货纸）、发票一份、贸易合同一份、出口收汇核销单及海关监管条件所涉及的各类证件。

申报应注意的问题：报关时限是指货物运到口岸后，法律规定发货人或其代理人向海关报关的时间限制。出口货物的报关时限为装货的 24 小时以前。不需要征税费、查验的货物，自接受申报起 1 日内办结通关手续。

2. 查验

查验是指海关在接受报关单位的申报并以经审核的申报单为依据，通过对出口货物进行实际的核查，以确定其报关单证申报的内容是否与实际进出口的货物相符的一种监管方式。

（1）通过核对实际货物与报关单证来验证申报环节所申报的内容与查证的单、货是否一致，通过实际的查验发现申报审单环节所不能发现的有无瞒报、伪报和申报不实等问题。

（2）通过查验可以验证申报审单环节提出的疑点，为征税、统计和后续管理提供可靠的监管依据。海关查验货物后，均要填写一份验货记录。验货记录一般包括查验时间、地点、进出口货物的收发货人或其代理人名称、申报的货物情况、查验货物的运输包装情况（如运输工具名称、集装箱号、尺码和封号）、货物的名称、规格型号等。需要查验的货物自接受申报起 1 日内开出查验通知单，自具备海关查验条件起 1 日内完成查验，除需缴税外，自查验完毕 4 小时内办结通关手续。

3. 征税

根据《海关法》的有关规定，进出口的货物除国家另有规定外，均应征收关税。关税由海关依照进出口税则征收。需要征税费的货物，自接受申报 1 日内开出税单，并于缴核税单 2 小时内办结通关手续。

4. 放行

（1）对于一般出口货物，在发货人或其代理人如实向海关申报，并如数缴纳应缴税款和有关规费后，海关在出口装货单上盖"海关放行章"，出口货物的发货人凭以装船起运出境。

（2）出口货物的退关：申请退关货物发货人应当在退关之日起三天内向海关申报退关，经海关核准后方能将货物运出海关监管场所。

（3）签发出口退税报关单：海关放行后，在浅黄色的出口退税专用报关单上加盖"验讫章"和已向税务机关备案的海关审核出口退税负责人的签章，退还报关单位。

第二节　出口报检、办理保险和出口报关单据填写

一、出境货物报检单

出境货物报检单是货物出口报检人根据有关法律、行政法规或合同约定申请检验检疫机构对其某种出口货物实施检验检疫、鉴定意愿的书面凭证，它表明申请人正式向检验检

疫机构申请检验检疫、鉴定，以取得该批货物合法出口的凭证。图 7.1 为出境货物报关单空白样书，对该单据的填写介绍如下。

中华人民共和国出入境检验检疫
出境货物报检单

报检单位（加盖公章）：				*编　号	
报检单位登记号：	联系人：	电话：		报检日期：	年　月　日

发货人	（中文）
	（外文）
收货人	（中文）
	（外文）

选择	货物名称（中/外文）	H.S.编码	产地	数/重量	货物总值	包装种类及数量

[添加] [修改] [删除]

运输工具名称号码		贸易方式		货物存放地点	
合同号		信用证号		用途	
发货日期		输往国家(地区)		许可证/审批号	
启运地		到达口岸		生产单位注册号	
集装箱规格、数量及号码					

合同、信用证订立的检验检疫条款或特殊要求	标记及号码	随附单据（划"√"或补填）	
		□合同	□包装性能结果单
		□信用证	□许可/审批文件
		□发票	□_____
		□换证凭单	□_____
		□装箱单	□_____
		□厂检单	□_____

需要证单名称（划"√"或补填）		*检验检疫费	
□品质证书　　__正__副　□植物检疫证书　　__正__副		总金额（人民币元）	
□重量证书　　__正__副　□熏蒸/消毒证书　__正__副			
□数量证书　　__正__副　□出境货物换证凭单		计费人	
□兽医卫生证书__正__副　□退关单			
□健康证书　　__正__副　□_____		收费人	
□卫生证书　　__正__副			
□动物卫生证书__正__副			

报检人郑重声明：	领　取　证　单	
1. 本人被授权报检。 2. 上列填写内容正确属实，货物无伪造或冒用他人的厂名、标志、认证标志，并承担货物质量责任。 签名：_____	日期	
	签名	

注：有"*"号栏由出入境检验检疫机关填写　　◆国家出入境检验检疫局制

[1-2 (2000.1.1)]

图 7.1　出境货物报关单空白样书

1. 报检单位（加盖公章）、登记号、联系人、电话

填写报检单位全称并加盖公章或报验专用章（或附单位介绍信），并准确填写本单位报检登记代码、联系人及电话；代理报检的应加盖代理报检机构在检验机构备案的印章。其中报检单位登记号即为单位的海关代码，可在公司基本资料中查找。

2. 编号

本栏目由出入境检验检疫机关填写。

3. 发货人

填写合同上的卖方或信用证上的受益人名称，要求分别用中文、外文进行填写，并使中外文名称保持一致。

4. 收货人

填写合同上的买方或信用证的开证人名称，可只填外文。

5. 货物名称（中/外文）

按合同、信用证所列名称填写，但中/外文要一致。

提示：Sim Trade 实验中，此处既要填写货物中文名称，也要填写货物英文名称。

6. H.S. 编码

海关编码。在 Sim Trade 中，海关编码请在商品基本资料中查找。

7. 产地

填省、市、县名。

8. 数/重量

按实际申请检验检疫数/重量填写（Sim Trade 中的货物都以销售数量计），并注明计量单位，如××××PC。

9. 货物总值

按合同或发票所列货物总值填写，并注明货币单位。对于加工贸易生产出口的货物填写料费与加工费的总和，不得只填加工费。

10. 包装种类及数量

填外包装材料的种类及件数，比如"800 CARTON"。

11. 运输工具名称号码

填写货物实际装载的运输工具类别名称（如船、飞机、货柜车、火车等）及运输工具编号（船名、飞机航班号、车牌号码、火车车次）。Sim Trade 中，此处按"船名/航次"（请在配舱通知中查找）格式填写。

12. 贸易方式

成交的方式,如一般贸易、来料加工、补偿贸易等。Sim Trade 实验过程中,均为一般贸易。

13. 货物存放地点

报验商品存放的地点,也是商检机构施检或抽取样品的地点。在 Sim Trade 中,货物存放地点请参照"配舱通知"中的相关内容。

14. 合同号

报验商品成交的合同号码。

15. 信用证号

按实际情况填写信用证号。如属非信用证结汇的货物,本栏目应填写"无"或"/"。

16. 用途

商品的用途,一般用途明确的商品也可不填。

17. 发货日期

按照货物的装运情况填写。

18. 输往国家(地区)

输往国家(地区)是指出口货物的最终销售国或地区(Sim Trade 中,此处要用中文填写)。

19. 许可证/审批号

需申领许可证或经审批的商品填写,一般商品可空白。

20. 启运地

办理报关出运的地点或口岸,须与合同规定一致(Sim Trade 中,此处要用中文填写,注意要加"港"字,如"南京港""连云港港")。

21. 到达口岸

到达口岸是指出口货物运往境外的最终目的港;最终目的港不得预知的,可按尽可能预知的目的港填报,须与合同规定一致(Sim Trade 中,此处要用中文填写)。

22. 生产单位注册号

填写出入境检验检疫机构签发的卫生注册证书号或质量许可证号,没有可不填。

23. 集装箱规格、数量及号码

按实际情况填写,可参照"配舱通知"。

24. 合同、信用证订立的检验检疫条款或特殊要求

填写对商检机构出具检验证书的要求,即检验检疫条款的内容。检验机构制作证书填写检验结果时会参考此栏的内容。

25. 标记及号码

填写实际货物运输包装上的标记,与合同相一致。中性包装或裸装、散装商品应填"N/M",并注明"裸装"或"散装"(Sim Trade 中,可将合同中 Shipping Mark 的内容复制粘贴过来)。

26. 随附单据

出口商品在报验时,一般应提供外贸合同(或售货确认书及函电)、信用证原本的复印件或副本,必要时提供原本,还有发票及装箱单。合同如果有补充协议的,要提供补充的协议书;合同、信用证有更改,要提供合同、信用证的修改书或更改的函电。对订有长期贸易合同而采取记账方式结算的,外贸进出口公司每年一次将合同副本送交商检机构。申请检验时,在申请单上填明合同号即可,不必每批附交合同副本。凡属危险或法定检验范围内的商品,在申请品质、规格、数量、重量、安全、卫生检验时,必须提交商检机构签发的出口商品包装性能检验合格单证,商检机构凭此受理上述各种报验手续(Sim Trade 中,参考附表 10 勾选)。

27. 需要证单名称

按照合同、信用证及有关国际条约规定必须经检验检疫机构检验并签发证书的,应在报检单上准确注明所需证书的种类和数量(在 Sim Trade 中通关单必须选择)。

28. 检验检疫费

此栏目由出入境检验检疫机关填写。

29. 签名

由出口商公司法人签名。

30. 领取证单

应在检验检疫机构受理报验日现场由报验人填写。

二、商业发票

商业发票又称为发票,是出口贸易结算单据中最重要的单据之一,所有其他单据都应以它为中心来缮制。一般来说,发票无正副本之分。来证要求几份,制单时在此基础之上多制一份供议付行使用。如需正本,加打"ORIGIN"。不同发票的名称表示不同用途,要严格根据信用证的规定制作发票名称。一般发票都印有"INVOICE"字样,前面不加修饰语,如信用证规定用"COMMERCIAL INVOICE""SHIPPING INVOICE""TRADE INVOICE"或"INVOICE",均可作商业发票理解。

图 7.2 为商业发票空白样书,对该单据的填写介绍如下。

1. ISSUER(出票人)

填写出票人(出口商)的英文名称和地址,在信用证支付方式下,应与信用证受益人的名称和地址保持一致。一般来说,出票人名称和地址是相对固定的,因此有许多出口商在印刷空白发票时就印刷上这一内容。

ISSUER	商业发票 COMMERCIAL INVOICE	
TO	NO.	DATE
	S/C NO.	L/C NO.
TRANSPORT DETAILS	TERMS OF PAYMENT	

Choice	Marks and Numbers	Description of goods	Quantity	Unit Price	Amount

[添加] [修改] [删除]

Total: [   ][   ]   [   ][   ]

SAY TOTAL: _____

(写备注处)

(公司名称)
(法人签名)

图 7.2　商业发票空白样书

2. TO（受票人）

受票人也称抬头人，此项必须与信用证中所规定的严格一致。多数情况下填写进口商的名称和地址，且应与信用证开证申请人的名称和地址一致。在其他支付方式下，可以按合同规定列入买方名称和地址。

3. NO. (发票号)

一般由出口企业自行编制。发票号码可以代表整套单据的号码,如出口报关单的申报单位编号、汇票的号码、托运单的号码、箱单及其他一系列同笔合同项下的单据编号都可用发票号码代替,因此发票号码尤其重要。有时,有些地区为使结汇不致混乱,也使用银行编制的统一编号。应注意的是,每一张发票的号码应与同一批货物的出口报关单的号码一致。在 Sim Trade 中,该编号由系统自动生成。

4. DATE (发票日期)

在全套单据中,发票是签发日最早的单据。它只要不早于合同的签订日期、不迟于提单的签发日期即可。一般都是在信用证开证日期之后、信用证有效期之前。

5. TRANSPORT DETAILS (运输说明)

填写运输工具或运输方式,一般还加上运输工具的名称;运输航线要严格与信用证一致。如果在中途转运,在信用证允许的条件下,应表示转运及其地点。例如:From Shanghai to London on July 1, 2017, Thence Transshipped to Rotterdam By Vessel。(所有货物于 2017 年 7 月 1 日通过海运,从上海港运往伦敦港,中途在鹿特丹港口转船。)

6. S/C NO. (合同号)

发票的出具都有买卖合同作为依据,但买卖合同不都以"S/C"为名称。有时出现"Order""P. O.""Contract"等。因此,当合同的名称不是"S/C"时,应将本项的名称修改后,再填写该合同的号码。

7. L/C NO. (信用证号)

信用证方式下的发票需填列信用证号码,作为出具该发票的依据。若不是信用证方式付款,本项留空。

8. TERM OF PAYMENT (支付条款)

填写支付方式,如 T/T、L/C、D/P、D/A。

9. Marks and Numbers (唛头及件数编号)

唛头即运输标志,此处与合同及信用证保持一致。件数有两种表示方法,一是直接写出××件,二是在发票中记载诸如"We hereby declare that the number of shipping marks on each packages is 1~10, but we actually shipped 10 cases of goods."(兹申明,每件货物的唛头号码是 1~10,实际装运货物为 10 箱)之类的文句。Sim Trade 实验中,此处填写时可将国际买卖合同中 Shipping Mark 部分复制粘贴过来。

10. Description of goods (货物描述)

填写品名规格应该严格按照信用证的规定或描述填写。例如:

CANNED SWEET CORN
3060G×6TINS/CTN

11. Quantity（数量）

货物的数量，与计量单位连用，如：××××PC。注意该数量和计量单位既要与实际装运货物情况一致，又要与信用证要求一致。

12. 单价（Unit Price）

单价由四个部分组成：贸易术语、计价货币、单价金额、计量单位。如果信用证有规定，应与信用证保持一致；若信用证没规定，则应与合同保持一致。本栏填写方法与合同中的相关内容相同，说明如下。

① 贸易术语：请填于上方空白栏中，填写格式为：FOB 后加"启运港"或"出口国家名称"；CFR 或 CIF 加"目的港"或"进口国家名称"。如：CIF Canada（或 CIF Toronto）。

② 计价货币与单价金额：依双方约定填写。其中选择计价货币时需参考 SimTrade 中"淘金网"的银行页面的外汇币种与汇率。如：USD 18.75。

③ 计量单位：因在 11. 数量处已经有了计量单位名称，故此处无需重复体现出来。

13. Amount（金额小计）

列明币种及各项商品总金额（总金额＝单价×数量）。除非信用证上另有规定，货物总值不能超过信用证金额。若信用证没规定，则应与合同保持一致。实际制单时，若来证要求在发票中扣除佣金，则必须扣除。折扣与佣金的处理方法相同。有时证内无扣除佣金规定，但金额正好是减佣后的金额，发票应显示减佣，否则发票金额超出信用证金额。有时合同规定佣金，但来证金额内未扣除，而且证内也未提及佣金事宜，则发票不宜显示，待货款收回后另行汇给买方。另外，在 CFR 和 CIF 价格条件下，佣金一般应按扣除运费和保险费之后的 FOB 价计算。

14. SAY TOTAL（大写发票总金额）

以大写文字写明发票总金额，必须与数字表示的货物总金额一致，如：U.S. DOLLARS EIGHTY NINE THOUSAND SIX HUNDRED ONLY。

15. Signature（签名）

如果信用证没有特殊要求，发票无须签字，但是必须表明系由受益人出具。如果信用证要求签字（Signed）发票，由出口公司的法人代表或者经办制单人员代表公司在发票右下方签名，上方空白栏填写公司英文名称，下方则填写公司法人英文名称。发票的出票人一般为信用证的受益人，如果是可转让信用证或其表明接受第三方单据，则出票人可为受让人或第三者。

三、装箱单

装箱单是发票的补充单据，它列明了信用证（或合同）中买卖双方约定的有关包装事宜的细节，便于国外买方在货物到达目的港时供海关检查和核对货物，通常可以将其有关内容加列在商业发票上，但是在信用证有明确要求时，就必须严格按信用证约定制作。类似的单据还有：重量单、规格单、尺码单等。

装箱单名称应按照信用证规定使用。通常用"PACKING LIST""PACKING SPECIFICATION"或"DETAILED PACKING LIST"。如果来证要求用"中性包装单"（NEUTRAL PACKING），则包装单名称打"PACKING LIST"，但包装单内不打卖方名称不能签章。

图7.3为装箱单空白样书，对装箱单填写介绍如下。

图7.3　装箱单空白样书

1. ISSUER（出单方）

出单人的名称与地址，应与发票的出单方相同。在信用证支付方式下，此栏应与信用证受益人的名称和地址一致。

2. TO（受单方）

受单方的名称与地址，与发票的受单方相同。多数情况下填写进口商的名称和地址，并与信用证开证申请人的名称和地址保持一致。在某些情况下也可不填，或填写"To whom it may concern"（致有关人）。

3. INVOICE NO.（发票号）

与发票号码一致。

4. DATE（日期）

装箱单缮制日期。应与发票日期一致，不能迟于信用证的有效期及提单日期。

5. Marks and Numbers（唛头及件数编号）

与发票一致，有的注实际唛头，有时也可以只注"as per invoice No.×××"。

6. Description of goods（货物描述）

要求与发票一致。

7. Package（外包装件数）

填写每种货物的包装件数，最后在合计栏处注外包装总件数。

8. G.W（毛重）

注明每个包装件的毛重和此包装件内不同规格、品种、花色货物各自的总毛重，最后在合计栏处注总毛重。信用证或合同未要求，不注亦可。在 Sim Trade 中，本栏须分别填入数值与单位。

9. N.W（净重）

注明每个包装件的净重和此包装件内不同规格、品种、花色货物各自的总净重，最后在合计栏处注总净重。信用证或合同未要求，不注亦可。在 Sim Trade 中，本栏须分别填入数值与单位。

10. Meas.（箱外尺寸）

注明每个包装件的体积，最后在合计栏处注总体积。信用证或合同未要求，不注亦可。

11. SAY TOTAL（大写总包装数量）

以大写文字写明总包装数量，必须与数字表示的包装数量一致，如：FOUR THOUSAND FOUR HUNDRED CARTONS ONLY。

12. Signature（签名）

由出口公司的法人代表或者经办制单人员代表公司在装箱单右下方签名，上方空白栏填写公司英文名称，下方则填写公司法人英文名字。

四、货物运输保险投保单

凡按 CIF、CIP 贸易术语成交的出口货物，需要由出口商向当地保险公司逐笔办理投保手续。在办理时注意：应根据出口合同或信用证规定，在备妥货物并已确定装运日期和运输工具后，按约定的保险险别和保险金额，向保险公司投保。投保时应填制投保单并支付保险费（保险费＝保险金额×保险费率），保险公司凭以出具保险单或保险凭证。投保的日期应不迟于货物装船的日期。若合同对投保金额没有明示规定，应按 CIF 或 CIP 价格加成 10％。如买方要求提高加成比率，一般情况下可以接受，但由此增加的保险费应由买方负担。

图 7.4 为货物运输投保单空白样书，对该单据的填写介绍如下。

货 物 运 输 保 险 投 保 单

投保人:　　　　　　　　　　　　　　　　　　　投保日期:

发票号码		投保条款和险别	
被保险人	客户抬头	( )	PICC CLAUSE
		( )	ICC CLAUSE
		( )	ALL RISKS
	过户	( )	W.P.A./W.A.
		( )	F.P.A
		( )	WAR RISKS
		( )	S.R.C.C
保险金额	[ ][ ]	( )	STRIKE
		( )	ICC CLAUSE A
启 运 港		( )	ICC CLAUSE B
目 的 港		( )	ICC CLAUSE C
		( )	AIR TPT ALL RISKS
转 内 陆		( )	AIR TPT RISKS
		( )	O/L TPT ALL RISKS
开 航 日 期		( )	O/L TPT RISKS
		( )	TRANSHIPMENT RISKS
船名航次		( )	W TO W
		( )	T.P.N.D.
赔款地点		( )	F.R.E.C.
		( )	R.F.W.D.
赔付币别		( )	RISKS OF BREAKAGE
保单份数		( )	I.O.P.
其他特别条款			
以下由保险公司填写			
保单号码		签单日期	

图 7.4　货物运输投保单空白样书

1. 投保人

填投保人公司名称（如果是出口商投保，请填出口商公司中文名称）。

2. 投保日期

填投保单出具并办理保险的日期。

3. 发票号码

填写此批货物的发票号码。

4. 被保险人

被保险人即投保人或称"抬头"，这一栏填投保人公司的名称。在实际操作中，有些公司会填写"见发票"字样。货物出运后，风险转由进口商负担。因此，如属出口商投保，可将自己公司的中文名称填在"客户抬头"栏，而将进口商公司名称填在"过户"栏，便于货物发生意外后进口商向保险公司索赔；如属进口商投保，则直接将自己公司名称填在"抬头"栏，而"过户"栏留空。

5. 保险金额

Sim Trade 中，保险金额＝CIF 货价×1.1。如果采用 FOB 或 CFR 贸易术语，则保险金额计算分别如下。

按 CFR 进口时，保险金额＝CFR 货价×1.1÷(1－1.1×r)，其中 r 为保险费率，请在"淘金网"的"保险费"页面中查找，将所投险别的保险费率相加即可。

按 FOB 进口时，保险金额＝(FOB 货价＋海运费)×1.1÷(1－1.1×r)，其中海运费请进口商在"装船通知"（由出口商根据"配舱通知"填写并发送）中查找。

6. 启运港

按提单填写。

7. 目的港

按提单填写。

8. 转内陆

按实际情况填写。

9. 开航日期

可只填"As Per B/L"，也可根据提单签发日具体填写，如为备运提单应填装船日。

10. 船名航次

海运方式下填写船名加航次。例如：FENG NING V. 9103；如整个运输由两次运输完成时，应分别填写一程船名及二程船名，中间用"/"隔开。此处可参考提单内容填写。例如：提单中一程船名为"Mayer"，二程为"Sinyai"，则填"Mayer/Sinyai"。铁路运输加填运输方式"By railway"加车号；航空运输为"By air"；邮包运输为"By parcel post"。

在 Sim Trade 中，船名与航次可在"配舱通知"中查找。如果由进口商投保，则船名航次可在出口商发来的"装船通知"中查找。请按"船名/航次"的格式填写。

11．赔款地点

严格按照信用证规定填写；如来证未规定，则应填目的地或目的港。如信用证规定不止一个目的港或赔付地，则应全部照填。

12．赔付币别

按出口合同规定的赔付币别填写。

13．保单份数

中国人民保险公司出具的保险单1式5份，由1份正本 Original、1份副本 Duplicate 和3份副本 Copy 构成。具体如下：

① 来证要求提供保单为"In duplicate""In two folds"或"in 2 copies"，则应提供1份正本 Original、1份副本 Duplicate 构成全套保单。

② 如保险单据表明所出具正本为1份以上，则必须提交全部正本保单。

14．投保条款和险别

投保条款包括：PICC CLAUSE 中国人民保险公司保险条款，ICC CLAUSE 伦敦协会货物险条款，两种任选其一。在 Sim Trade 中，保险详细条款请在"淘金网"的保险费页面中查询。

15．其他特别条款

有其他特殊投保条款可在此说明，以分号隔开。

五、出口收汇核销单

出口收汇核销单简称核销单，是指由国家外汇管理局制发、出口单位和受托行及解付行填写，海关凭以受理报关，外汇管理部门凭以核销收汇的有顺序编号的凭证。

图7.5为出口收汇核销单空白样书，对该单据的填写介绍如下：

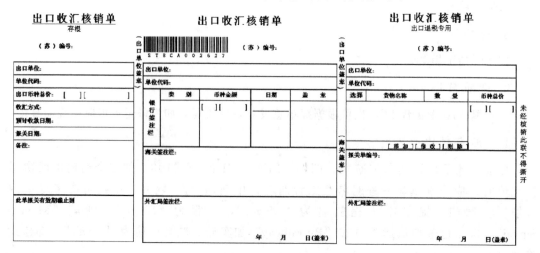

图 7.5　出口收汇核销单空白样书

出口收汇核销单分为存根、正联、退税联三部分,各部分填写说明如下。

1. 存根

(1) 编号。

应与出口报关单的编号一致,在 SimTrade 中此处由系统自动生成。

(2) 出口单位。

填写领取核销单的单位的名称。

(3) 单位代码。

填写领取核销单的单位在外汇管理局备案的号码。在 SimTrade 中该"单位代码"请在公司基本资料中查找。

(4) 出口币种总价。

此栏按报关单所列货物的成交总值填写,并注明货币名称。

(5) 收汇方式。

即出口货物的发货人或其代理人收结外汇方式,本栏目应按海关规定的《结汇方式代码表》选择填报相应的结汇方式名称或代码。在 SimTrade 中,有四种结汇方式可用,它们在《结汇方式代码表》中对应的代码分别为:①方式:电汇(T/T);代码:1。②方式:付款交单(D/P);代码:4。③方式:承兑交单(D/A);代码:5。④方式:信用证(L/C);代码:6。

(6) 预计收款日期。

根据出口合同或信用证规定预计结汇收款日期。

(7) 报关日期。

同出口报关单右上角的出单日期。

(8) 备注。

填写出口单位就该核销单项下需说明的事项。

(9) 有效期。

自领单日起四个月。此栏由外汇管理局填。

2. 正联

(1) 编号。

同存根。

(2) 出口单位。

同存根。

(3) 单位代码。

同存根。

(4) 银行签审。

(类别、币种金额、日期、盖章)填写收汇方式、币种总价、收结汇日期银行盖章。

(5) 币种总价。

同存根。

(6) 海关签注栏。

海关验放该核销单项下的出口货物后,在该栏目内加盖"放行"或"验讫"章,并填写放行日期。如遇退关,海关需在该栏目加盖有关更正章。

（7）外汇局签注栏。

由外汇管理部门将核销单、报关单、发票等配对审核无误后，在该栏内签注意见，并由核销人员签字，加盖"已核销"章。

3. 退税联

（1）编号。

同存根。

（2）出口单位。

同存根。

（3）单位代码。

同存根。

（4）货物名称。

同报关单。

（5）出口数量。

同报关单。

（6）币种总价。

同存根。

（7）报关单编号。

按报关单左上角号码填写。

（8）外汇局签注栏。

同正联。

六、出口货物报关单

出口货物报关单是出口商向海关申报出口的重要单据，也是海关直接监督出口行为、核准货物放行及对出口货物汇总统计的原始资料，直接决定了出口外销活动的合法性。出口货物报关单由中华人民共和国海关统一印制。

图 7.6 为出口货物报关单空白样书，对该单据填写介绍如下。

1. 预录入编号

预录入编号是指预录入单位预录入报关单的编号，用于申报单位与海关之间引用其申报后尚未接受申报的报关单（在 Sim Trade 中可以不填）。预录入编号由接受申报的海关决定编号规则。报关单录入凭单的编号规则由申报单位自行决定。

2. 海关编号

海关编号是指海关接受申报时给予报关单的编号，应标识在报关单的每一联上。此栏报关单位不用填写。

3. 出口口岸

出口口岸是指货物实际出我国关境口岸海关的名称，如 NANJING PORT。

4. 备案号

备案号指进出口企业在海关办理加工贸易合同备案或征、减、免税审批备案等手续

中华人民共和国海关出口货物报关单

预录入编号：　　　　　　　　　　　　海关编号：

出口口岸	备案号	出口日期	申报日期

经营单位	运输方式	运输工具名称	提运单号
发货单位	贸易方式	征免性质	结汇方式
许可证号	运抵国（地区）	指运港	境内货源地

批准文号	成交方式	运费 [ ][ ]	保费 [ ][ ]	杂费 [ ][ ]
合同协议号	件数	包装种类	毛重(公斤)	净重(公斤)

集装箱号	随附单据	生产厂家

标记唛码及备注

选择	项号	商品编号	商品名称、规格型号	数量及单位	最终目的国(地区)	单价	总价	币制	征免

[添 加][修 改][删 除]

税费征收情况

录入员 录入单位	兹声明以上申报无讹并承担法律责任	海关审单批注及放行日期(签章)
报关员	申报单位（签章）	审单　　审价
单位地址		征税　　统计
邮编　　电话	填制日期	查验　　放行

图 7.6　出口货物报关单空白样书

时，海关给予《进料加工登记手册》《来料加工及中小型补偿贸易登记手册》《外商投资企业履行产品出口合同进口料件及加工出口成品登记手册》、电子账册及其分册（以下简称《加工贸易手册》）、《进出口货物征免税证明》（以下简称《征免税证明》）或其他有关备案审批文件的编号。一份报关单只允许填报一个备案号。备案号栏目为 12 位字符，其中第 1

位是标记代码。无备案审批文件的报关单,本栏目免予填报。在 Sim Trade 中,货物进出口不属加工贸易类,无备案审批文件,因此本栏可免予填报。

5. 出口日期

出口日期指运载所申报货物的运输工具办结出境手续的日期。本栏目供海关打印报关单证明联用,在申报时免予填报。无实际进出境的报关单填报办理申报手续的日期,以海关接受申报的日期为准。本栏目为 6 位数,顺序为年、月、日各 2 位。

6. 申报日期

申报日期指海关接受进(出)口货物的收、发货人或其代理人申请办理货物进(出)口手续的日期。预录入及 EDI 报关单填报向海关申报的日期,与实际情况不符时,由审单关员按实际日期修改批注。本栏目为 6 位数,顺序为年、月、日各 2 位。

7. 经营单位

经营单位指对外签订并执行进出口贸易合同的中国境内企业、单位或个体工商户。本栏目应填报经营单位名称及经营单位编码。经营单位编码是经营单位在海关办理注册登记手续时,海关给予的注册登记 10 位编码。在 Sim Trade 中该经营单位海关代码请公司在基本资料中查找。

8. 运输方式

运输方式是指载运货物进出关境所使用的运输工具的分类,包括实际运输方式和海关规定的特殊运输方式。本栏目应根据实际运输方式按海关规定的《运输方式代码表》选择填报相应的运输方式。在 Sim Trade 中,货物统一通过江海方式运输,在《运输方式代码表》中对应的代码为 2,因此本栏可填"江海运输"或代码"2"。

9. 运输工具名称

运输工具名称是指载运货物进出境的运输工具名称或运输工具编号。本栏目填报内容应与运输部门向海关申报的载货清单所列相应内容一致。一份报关单只允许填报一个运输工具名称。在 Sim Trade 中,此处按"船名/航次"格式填写,有关信息可在"配舱通知"中查找。

10. 提运单号

提运单号指进出口货物提单或运单的编号。本栏目填报的内容应与运输部门向海关申报的载货清单所列相应内容一致。一份报关单只允许填报一个提运单号,一票货物对应多个提运单时,应分单填报。

11. 发货单位

发货单位是指出口货物在境内的生产或销售单位。本栏目应填报发货单位的中文名称及其海关注册编码,同"经营单位"栏。

12. 贸易方式

本栏目应根据实际情况并按海关规定的《贸易方式代码表》选择填报相应的贸易方式简称或代码。出口加工区内企业填制的《出口加工区进(出)境货物备案清单》应选择填报适用于出口加工区货物的监管方式简称或代码。一份报关单只允许填报一种贸易方式。在 Sim Trade 中，货物进出口通常为一般贸易，在《贸易方式代码表》中对应的代码为 0110，因此本栏可填 "一般贸易" 或代码 "0110"。

13. 征免性质

征免性质是指海关对进出口货物实施征、减、免税管理的性质类别。本栏目应按照海关核发的《征免税证明》中批注的征免性质填报，或根据实际情况按海关规定的《征免性质代码表》选择填报相应的征免性质简称或代码。一份报关单只允许填报一种征免性质。在 Sim Trade 中，货物通常都适用于一般征税，在《征免性质代码表》中对应的代码为 101，因此本栏可填 "一般征税" 或代码 "101"。

14. 结汇方式

结汇方式出口报关单应填报结汇方式，即出口货物的发货人或其代理人收结外汇的方式。本栏目应按海关规定的《结汇方式代码表》选择填报相应的结汇方式名称或代码。

15. 许可证号

应申领出口许可证的货物，必须在此栏目填报商务部及其授权发证机关签发的出口货物许可证的编号，不得为空。一份报关单只允许填报一个许可证号。在 Sim Trade 中本栏可以不填。

16. 运抵国（地区）

运抵国（地区）是指出口货物离开我国关境直接运抵或者在运输中转国（地）未发生任何商业性交易的情况下最后运抵的国家（地区）。对发生运输中转的货物，如中转地未发生任何商业性交易，则运抵地不变，如中转地发生商业性交易，则以中转地作为运抵国（地区）填报。本栏目应按海关规定的《国别（地区）代码表》选择填报相应的运抵国（地区）中文名称或代码。无实际出境的，本栏目填报 "中国"（代码 "142"）。在 Sim Trade 中，此处填写进口商所在国家的中文名称。

17. 指运港

指运港是指出口货物运往境外的最终目的港；最终目的港不可预知的，可按尽可能预知的目的港填报。本栏目应根据实际情况按海关规定的《港口航线代码表》选择填报相应的港口中文名称或代码。无实际出境的，本栏目填报 "中国境内"（代码 "0142"）。在 Sim Trade 中，此处填写目的港的中文名称。

18. 境内货源地

境内货源地是指出口货物在国内的产地或原始发货地。本栏目应根据进口货物的收货单位、出口货物生产厂家或发货单位所属国内地区，并按海关规定的《国内地区代码表》选择填报相应的国内地区名称或代码。

19. 批准文号

本栏目用于填报《出口收汇核销单》编号。

20. 成交方式

本栏目应根据实际成交价格条款按海关规定的《成交方式代码表》选择填报相应的成交方式或代码。无实际出境的，填报 FOB 价。在 Sim Trade 中，有三种成交方式可用，它们在《成交方式代码表》中对应的代码分别为：① 方式：CIF；代码：1。② 方式：CFR；代码：2。③ 方式：FOB；代码：3。

21. 运费

本栏目用于成交价格中含有运费的出口货物，应填报该份报关单所含全部货物的国际运输费用。可按运费单价、总价或运费率三种方式之一填报，同时注明运费标记，并按海关规定的《货币代码表》选择填报相应的币种代码。如非 CIF 方式，则本栏可不填。运保费合并计算的，运保费填报在本栏目。运费标记"1"表示运费率，"2"表示每吨货物的运费单价，"3"表示运费总价。在 Sim Trade 中，本栏统一以运费总价填报，填写格式为：币种＋金额，如 USD1600.25。具体金额请参考"配舱通知"。

22. 保费

本栏目用于成交价格中含有保险费的出口货物，应填报该份报关单所含全部货物国际运输的保险费用。可按保险费总价或保险费率两种方式之一填报，同时注明保险费标记，并按海关规定的《货币代码表》选择填报相应的币种代码。运保费合并计算的，运保费填报在运费栏目中。保险费标记"1"表示保险费率，"3"表示保险费总价。在 Sim Trade 中，本栏统一以保险费总价填报，填写格式为：币种＋金额，如 USD815.36。

23. 杂费

杂费是指成交价格以外的、应计入完税价格或应从完税价格中扣除的费用，如手续费、佣金、回扣等，可按杂费总价或杂费率两种方式之一填报，同时注明杂费标记，并按海关规定的《货币代码表》选择填报相应的币种代码。应计入完税价格的杂费填报为正值或正率，应从完税价格中扣除的杂费填报为负值或负率。杂费标记"1"表示杂费率，"3"表示杂费总价。在 Sim Trade 中，本栏统一以杂费总价填报，填写格式为：币种＋金额，如 USD130。如没有可不填。

24. 合同协议号

本栏目应填报进（出）口货物合同（协议）的全部字头和号码。

25. 件数

本栏目应填报有外包装的出口货物的实际件数。特殊情况下填报要求如下：① 舱单件数为集装箱（TEU）的，填报集装箱个数。② 舱单件数为托盘的，填报托盘数。本栏目不得填报为零，裸装货物填报为"1"。在 Sim Trade 中，本栏应填入包装总件数。

26. 包装种类

本栏目应根据出口货物的实际外包装种类，按海关规定的《包装种类代码表》选择填报相应的包装种类代码。在 Sim Trade 中，货物包装种类请在商品详细资料里查找，通常为"Carton"（纸箱）。

27．毛重（公斤）

毛重是指货物及其包装材料的重量之和。本栏目填报出口货物实际毛重，计量单位为公斤，不足一公斤的填报为"1"。

28．净重（公斤）

净重是指货物的毛重减去外包装材料后的重量，即商品本身的实际重量。本栏目填报出口货物的实际净重，计量单位为公斤，不足一公斤的填报为"1"。

29．集装箱号

集装箱号是在每个集装箱箱体两侧标示的全球唯一的编号。本栏目用于填报和打印集装箱编号及数量。集装箱数量四舍五入填报整数，非集装箱货物填报为"0"。在 Sim Trade 中可不填。

30．随附单据

随附单据是指随出口货物报关单一并向海关递交的单证或文件，合同、发票、装箱单、许可证等的必备的随附单证不在本栏目填报。

31．生产厂家

生产厂家是指出口货物的境内生产企业，本栏供必要时手工填写。

32．标记唛码及备注

标记唛码及备注与合同相关内容一致，请参照"Shipping Mark"栏。

33．项号

本栏分两行填报及打印。第一行打印报关单中的商品排列序号。第二行专用于加工贸易等已备案的货物，填报和打印该项货物在《加工贸易手册》中的项号。在 Sim Trade 中，本栏请依序填列商品项目，有几项填几项。如果只有单项商品，仍要列明项目"1"；如果商品品名有多项，则必须按"1，2，3…"分行列出。

34．商品编号

此处填写参照本节后的"提示"部分。

35．商品名称、规格型号

本栏分两行填报及打印。第一行打印出口货物规范的中文商品名称，第二行打印规格型号，必要时可加注原文。

36．数量及单位

数量及单位是指出口商品的实际数量及计量单位。本栏分三行填报及打印。

37．最终目的国（地区）

最终目的国（地区）是指已知的出口货物的最终实际消费、使用或进一步加工制造国家（地区）。本栏应按海关规定的《国别（地区）代码表》选择填报相应的国家（地区）

名称或代码。

38. 单价

本栏应填报同一项号下进出口货物实际成交的商品单位价格。

39. 总价

应填报同一项号下进（出）口货物实际成交的商品总价。无实际成交价格的，本栏填报货值。

40. 币制

币制是指出口货物实际成交价格的币种。本栏目应根据实际成交情况按海关规定的《货币代码表》选择填报相应的货币名称或代码，如《货币代码表》中无实际成交币种，需转换后填报。

41. 征免

征免是指海关对出口货物进行征税、减税、免税或特案处理的实际操作方式。本栏应按照海关核发的《征免税证明》或有关政策规定，对报关单所列每项商品选择填报海关规定的《征减免税方式代码表》中相应的征减免税方式。加工贸易报关单应根据《登记手册》中备案的征免规定填报。不能按备案的征免规定填报，应填报"全免"。在 Sim Trade 中，货物通常都适用于一般征税，在《征免性质代码表》中对应的代码为"101"，因此本栏可填"一般征税"或代码"101"。

42. 税费征收情况

本栏供海关批注出口货物税费征收及减免情况。

43. 录入员

本栏用于记录预录入操作人员的姓名并打印。

44. 录入单位

本栏用于记录并打印电子数据报关单的录入单位名称。

45. 申报单位、报关员、单位地址、邮编、电话

本栏是指报关单左下方用于填报申报单位有关情况的总栏目。申报单位是指对申报内容的真实性直接向海关负责的企业或单位。自理报关的，应填报出口货物的经营单位名称及代码；委托代理报关的，应填报经海关批准的专业或代理报关企业名称及代码。本栏还包括报关单位地址、邮编和电话等分项目，由申报单位的报关员填报。

46. 填制日期

填制日期指报关单的填制日期。电子数据报关单的填制日期由计算机自动打印。

47. 海关审单批注及放行日期（签章）

本栏是指供海关内部作业时签注的总栏目，由海关关员手工填写在预录入报关单上。其中"放行"栏填写海关对接受申报的进出口货物做出放行决定的日期。

提示：在填写出口货物报关单过程中，需要单击“添加”按钮添加商品明细，弹出图 7.7 所示的对话框。请务必在“项次序号”处填入“1”，否则即使保存后检查单据时会提示“无商品明细”。这里的产品编号和商品编号所填内容不一样，前者指 Sim Trade 系统为全部交易商品进行的编号（如甜玉米罐头为“01005”），后者专指商品的海关编码（H. S. 编码）（如甜玉米罐头为“2005800000”）。此处初学者非常容易出错！

项次序号：			
产品编号：			
商品编号（H.S.编码）：			
商品名称：			
商品规格：			
数　　量：		计量单位：	
目的国(地区)：		征　　免：	
币　　制：		单　　价：	
		总金额：	

图 7.7 出口报关单商品货物明细

第三节 出口报检、办理保险和出口报关具体操作

一、出口报检

在 Sim Trade 中，交易商品是否需要出口检验，可在“淘金网”的“税率查询”页，输入商品的海关编码进行查询，查到相对应的监管条件后，单击代码符号，各代码的意义均列明于其中。若适用规定为必须取得出境货物通关单者，则应依规定办理出口检验。

1. 准备相关单据

（1）添加“出境货物报检单”并进行填写（如图 7.8）。（表单样本请参考附录中的附表 10）

（2）再分别添加“商业发票”与“装箱单”并进行填写（如图 7.8）。（表单样本请参考附录中的附表 11 与 12）

（3）填写完成后分别单击“确定”按钮，确认通过。

2. 申请出口检验

（1）回到“业务中心”，单击“检验机构”按钮。

（2）再单击“申请报检”按钮，选择单据“销货合同”“信用证”“出境货物报检单”“商业发票”“装箱单”后，单击“报检”按钮（如图 7.9）。

（3）报检完成后，检验机构签发“出境货物通关单”（如图 7.10）及出口商申请签发的相应检验证书。

图 7.8 添加"出境货物报检单""商业发票""装箱单"

图 7.9 申请出口报检

二、办理保险

1. 准备相关单据

(1) 添加"货物运输保险投保单"并进行填写(表单样本请参考附录中的附表 13)。

(2) 填写完成后单击"检查"按钮,确认通过。

单据填写重点说明:其中船名、航次、开航日期等信息请在"配舱通知"中查找,若为进口商投保,则请在出口商发来的"Shipping Advice"中查找。

中华人民共和国出入境检验检疫
出境货物通关单

编号：STEPP000042

1.发货人 新月国际股份有限公司		5.标记及号码 CANNED SWEET CORN SPAIN C/No.1-800 MADE IN CHINA
2.收货人 Love trading company		
3.合同/信用证号 zwj01/STLCN000071	4.输往国家或地区 西班牙	
6.运输工具名称及号码 ****	7.发货日期 2016-04-04	8.集装箱规格及数量 20' X 1
9.货物名称及规格 甜玉米罐头	10.H.S.编码 2005800000	11.申报总值 USD 11200.00	12.数/重量、包装数量及种类 800CARTON,16156.800KGS,800CARTON

上述货物业经检验检疫，请海关予以放行。

本通关单有效期至 2016 年 5 月 21 日

签字：SimTrade   日期：2016 年 3 月 22 日

13.备注

图 7.10　Sim Trade 系统自动生成的"出境货物通关单"

2．办理保险

（1）回到"业务中心"，单击"保险公司"按钮（如图 7.11）。

（2）再单击"办理保险"，选择单据"商业发票"和"货物运输保险投保单"，单击

"办理保险"按钮（如图7.11）。

提示：在CIF术语下，出口商要向保险公司投保，CFR或FOB术语下则由进口商负责。如果是进口商投保，在办理保险时，无须商业发票，只要填好并选中"货物运输保险投保单"即可办理保险。

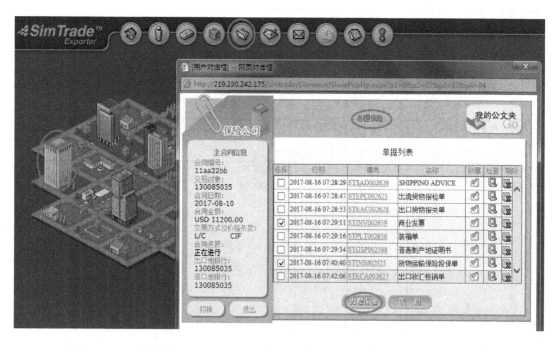

图7.11 办理保险

（3）办理完成后，保险公司自动签发"货物运输保险单"（如图7.12）。

三、出口报关

1. 申领核销单

（1）在业务中心单击"外管局"按钮（如图7.13）。
（2）选择"申领核销单"（如图7.13），即可从外管局取得"出口收汇核销单"。
（3）再到单据列表中进行填写（表单样本请参考附录中的附表14）。
（4）填写完成后单击"检查"按钮，确认通过。

2. 备案

单击"海关"按钮，再单击"备案"按钮（如图7.14），凭填好的出口收汇核销单办理备案。

PICC

中国人民保险公司
The People's Insurance Company of China
总公司设于北京　　一九四九年创立
Head Office Beijing　　Established in 1949

货物运输保险单
CARGO TRANSPORTATION INSURANCE POLICY

发票号(INVOICE NO.)　STINV000053
合同号(CONTRACT NO.)　zwj01　　保单号次
信用证号(L/C NO.)　STLCN000071　　POLICY NO.　STINP000041
被保险人
Insured：Love trading company

中国人民保险公司(以下简称本公司)根据被保险人的要求，由被保险人向本公司缴付约定的保险费，按照本保险单承保险别和背面所载条款与下列特款承保下述货物运输保险，特立本保险单。
THIS POLICY OF INSURANCE WITNESSES THAT THE PEOPLE'S INSURANCE COMPANY OF CHINA (HEREINAFTER CALLED "THE COMPANY") AT THE REQUEST OF THE INSURED AND IN CONSIDERATION OF THE AGREED PREMIUM PAID TO THE COMPANY BY THE INSURED,UNDERTAKES TO INSURE THE UNDERMENTIONED GOODS IN TRANSPORTATION SUBJECT TO THE CONDITIONS OF THIS OF THIS POLICY AS PER THE CLAUSES PRINTED OVERLEAF AND OTHER SPECIL CLAUSES ATTACHED HEREON.

标记 MARKS&NOS	包装及数量 QUANTITY	保险货物项目 DESCRIPTION OF GOODS	保险金额 AMOUNT INSURED
CANNED SWEET CORN SPAIN C/No.1-800 MADE IN CHINA	800CARTON	CANNED SWEET CORN 3060Gx6TINS/CTN	USD 12320

总保险金额
TOTAL AMOUNT INSURED:　U.S.DOLLAR TWELVE THOUSAND THREE HUNDRED AND TWENTY ONLY

保费
PERMIUM：AS ARRANGED　　启运日期 DATE OF COMMENCEMENT：As Per B/L　　装载运输工具 PER CONVEYANCE：Rotterdam DY100-09

自
FROM：Nanjing　　经 VIA：　　至 TO：BARCELONA

承保险别
CONDITIONS：
WAR RISKS；ICC CLAUSE A；

所保货物,如发生保险单项下可能引起索赔的损失或损坏,应立即通知本公司下述代理人查勘。如有索赔,应向本公司提交保单正本(本保险单共有 ____ 份正本)及有关文件。如一份正本已用于索赔，其余正本自动失效。
IN THE EVENT OF LOSS OR DAMAGE WITCH MAY RESULT IN A CLAIM UNDER THIS POLICY, IMMEDIATE NOTICE MUST BE GIVEN TO THE COMPANY'S AGENT AS MENTIONED HEREUNDER. CLAIMS,IF ANY,ONE OF THE ORIGINAL POLICY WHICH HAS BEEN ISSUED IN ____ ORIGINAL(S) TOGETHER WITH THE RELEVENT DOCUMENTS SHALL BE SURRENDERED TO THE COMPANY . IF ONE OF THE ORIGINAL POLICY HAS BEEN ACCOMPLISHED. THE OTHERS TO BE VOID.

中国人民保险公司
The People's Insurance Company of China

赔款偿付地点
CLAIM PAYABLE AT　Spain

出单日期
ISSUING DATE　2016-03-22　　Authorized Signature

地址(ADD)：中国北京　　电话(TEL)：(010) 88888888
邮编(POST CODE)：101100　　传真(FAX)：(010) 88888887

图 7.12　Sim Trade 系统自动签发的“货物运输保险单”

3. 送货

单击“备案”右边的“送货”按钮（如图 7.14），将货物送到海关指定地点。

4. 报关

（1）添加“出口货物报关单”并进行填写（表单样本请参考附录中的附表 15）。
（2）填写完成后单击“检查”按钮，确认通过。
（3）再到“海关”，单击“送货”右边的“报关”按钮（如图 7.14）。

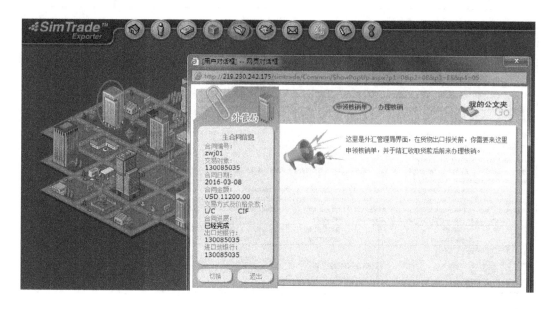

图 7.13　申领核销单

图 7.14　备案、送货、报关

（4）选择单据"商业发票"、"装箱单"、"出境货物通关单"（不需出口检验的商品可免附）、"出口收汇核销单"、"出口货物报关单"，单击"报关"按钮。

（5）完成报关的同时，货物自动装船出运。

本章小结

本章主要讲解出口报检、办理保险和出口报关。首先对商品检验的依据、四个环节,以及出口报检具体程序进行了阐述。然后对保险险别选择、投保金额及保险费计算、保险单据形式、保险索赔等内容进行了讲解,对出口报关的申报、查验、征税、放行等具体步骤作了解释。接下来对出境货物报检单、商业发票、装箱单、货物运输保险投保单、出口收汇核销单、出口货物报关单等单据的填写进行了详细阐述。最后对出口报检、办理保险和出口报关的具体操作进行了说明。

复习思考题

1. 出口商品检验的环节有哪些?
2. 出口报检的程序是怎样的?
3. 出口报关的程序主要分为哪些步骤?
4. 如何填写出境货物报检单?
5. 如何填写商业发票和装箱单?
6. 如何填写货物运输保险投保单?
7. 如何填写出口收汇核销单?
8. 如何填写出口货物报关单?
9. 出口报检的具体操作步骤有哪些?
10. 办理保险的具体操作步骤有哪些?
11. 出口报关的具体操作步骤有哪些?

第八章　装船出运、结汇、出口核销与退税

【学习目标】

1. 掌握装船出运、结汇、出口核销与退税基本知识。
2. 掌握装船出运、结汇、出口核销与退税相关单据的填写。
3. 了解装船出运、结汇、出口核销与退税的流程。

【实验任务】

1. 完成装船出运工作。
2. 完成出口结汇工作。
3. 完成出口核销与退税工作。

第一节　装船出运、结汇、出口核销与退税预备知识

一、装船出运

出口商在完成货物出口报关手续后,应办理货物的装运,发出出口货物,履行其交货义务。同时,出口商有义务向进口商寄送装运通知。

1. 班轮运输出口货物装运程序

(1) 填制托运单。托运单(Booking Note, B/N)是托运人凭以向海关申请货物入仓及报关验货、承运人凭以制作各种装船单证的依据。出口商选定承运人后,无论是自己或通过代理人办理托运都需要填制由承运人提供的空白托运单,填妥后交给船公司。船公司签字后,双方之间即成立了合同关系。

(2) 签发装货单/场站收据。① 在非集装箱班轮运输中,船公司或其代理人接受货主或货代公司的托运申请(托运单)后,将确定的载货船舶名称、目的港等内容填入托运单。装货单由船公司或其代理人签字后,船公司通知船长接受货物并装船;货主或货代公司凭此办理货物出口报关手续。② 在集装箱班轮运输中,场站收据(Dock Receipt, D/R)取代了传统运输中的装货单(S/O),并发挥了与其相同的作用。场站收据是承运人或其代理在集装箱堆场(CY)、集装箱货运站(CFS)或内陆其他地点收到整箱货或拼箱货后,签发给货主或托运人的收据。场站收据相当于传统运输中的大副收据,是货主向承运人换取海运提单的凭证。

(3) 接货装船。为了提高装船效率,加速船舶周转,在班轮运输中,通常由班轮公司在指定地点接受货主或货代交送的货物,办理交接手续后,将货物集中整理,并按次序装船。对于特殊货物(危险品、重大件等),通常由货主或货代将货物直接送至船边,办理交接手续后直接装船。

(4) 换取提单。货主（出口商）向船公司支付运费（CIF 或 CFR 条件下）后持大副收据或场站收据换取正式海运提单，凭以办理交单收汇。

(5) 寄送装运通知。出口商在取得已装船提单之后，应及时充分地向进口商寄送装运通知（Shipping Advice）。

2. 海运提单

(1) 提单的性质与作用。

提单（Bill of Lading，B/L）是国际贸易和国际海上货物运输中的重要单证之一，是指用以证明海上货物运输合同和货物已由承运人接收或装船，以及承运人保证据以交付货物的单证。货物承运人在收到货物后签发提单给托运人，它体现了承运人和托运人之间的相互关系。提单的性质与作用，主要表现在以下三个方面。

① 提单具有货物收据属性。

② 提单具有物权凭证属性。它是代表货物所有权的凭证，由于提单是一种物权证件（Documents of Title），是提取货物的凭证，因此占有提单就有支配货物的权利，就等于占有货物。

③ 提单具有运输合同的属性。

有些国家港口规定，必须将提单送交当地海关查验；有些国家在办理领事签证时，也须交验提单副本，作为核查商品能否进口或征收税款之用。

(2) 提单的种类。

提单主要有以下几种分类方法。

① 按签发时间分类。根据签发提单的时间是在货物装船之后还是装船之前，可以分为：已装船提单（Shipped B/L 或 On Board B/L）和收妥代运提单（Received for Shipment B/L）。

在买卖合同中一般都规定卖方须提供已装船提单。

② 按提单有无不良批注分类，可分为清洁提单（Clean B/L）和不清洁提单（Unclean B/L 或 Foul B/L）。在买卖合同中，一般都明确规定卖方提供的已装船提单必须是清洁提单。

③ 按提单的收货人抬头分类，可分为记名提单（Straight B/L）、指示提单（Order B/L）和持有人提单（Blank B/L 或 Open B/L 或 Bearer B/L）。记名提单在国际贸易业务中极少使用。在我国出口贸易中，大多是采用这种"凭指示"空白背书的提单，习惯上称为"空白抬头、空白背书"提单。持有人提单风险较大，一般极少使用。

④ 按运输方式分类，可分为直达提单（Direct B/L）、联运提单（Through B/L）、转船提单（Transshipment B/L）和多式联运单据（Multimodel Transport Documents，MTD）四种。

(3) 提单的内容。

提单的内容包括正面的记载和背面的条款。提单正面的内容，可概括为以下三个部分。

① 托运人填写内容部分，包括：船名、船籍、装运港、目的港、托运人及收货人名称、被通知人名称及地址、货物名称、包装、标志、件数、重量和体积等。

② 承运人或其代理人填写的关于运费的部分，承运人除写明运费金额外，最主要的是要注明运费是预付还是到付。

③ 由承运人或其代理人签署的印刷体的契约文字，作为收到货物的凭证，同时，注明提单签发地点、签发提单正本的份数及签发日期等项内容。

在提单的背面，一般都有印好的运输条款，作为确定承运人和托运人之间以及承运人与收货人及提单持有人之间的权利、义务的主要依据。

（4）提单的签发。

按正常手续，托运人在托运货物时应提交书面托运单证（一般为装货单），经承运人或其代理人同意后凭以装船。货物装船后托运人取得船方收据（收货单），由船长或其代理人凭收货单签发海运提单。通常正本提单签发一式数份，凭其中一份履行完成交货责任后，其余的几份均告作废。

Sim Trade 中，海运提单由系统自动生成。出口商完成报关的同时，货物自动装船出运。出口商在业务中心点"船公司"，再点"取回提单"，将提单取回。海运提单如图 8.1 所示：

1. Shipper Insert Name, Address and Phone CRESCENT WESTERN FOODS CORP ROOM2501,JIAFA MANSION,BEIJING WEST ROAD,NANJING		B/L No. STBLN000062	
2. Consignee Insert Name, Address and Phone TO ORDER OF LOVE TRADING COMPANY		中远集装箱运输有限公司 COSCO CONTAINER LINES TLX: 33057 COSCO CN FAX: +86(021) 6545 3984	
3. Notify Party Insert Name, Address and Phone (It is agreed that no responsibility shall attach to the Carrier or his agents for failure to notify) Love trading company p.o.box8935,new terminal,lata,vista,ottawa,canada 051622448800		ORIGINAL Port-to-Port or Combined Transport **BILL OF LADING** RECEIVED in external apparent good order and condition except as other-Wise noted. The total number of packages or unites stuffed in the container,The description of the goods and the weights shown in this Bill of Lading are Furnished by the Merchants, and which the carrier has no reasonable means Of checking and is not a part of this Bill of Lading contract. The carrier has Issued the number of Bills of Lading stated below, all of this tenor and date, One of the original Bills of Lading must be surrendered and endorsed or sig-Ned against the delivery of the shipment and whereupon any other original Bills of Lading shall be void. The Merchants agree to be bound by the terms And conditions of this Bill of Lading as if each had personally signed this Bill of Lading.	
4. Combined Transport * Pre - carriage by	5. Combined Transport* Place of Receipt		
6. Ocean Vessel Voy. No. Rotterdam DY100-09	7. Port of Loading Nanjing		
8. Port of Discharge BARCELONA	9. Combined Transport Place of Delivery	SEE clause 4 on the back of this Bill of Lading (Terms continued on the back Hereof, please read carefully). *Applicable Only When Document Used as a Combined Transport Bill of Lading.	
Marks & Nos. Container / Seal No. CANNED SWEET CORN SPAIN C/No.1-800 MADE IN CHINA	No. of Containers or Packages 800 CARTON	Description of Goods (If Dangerous Goods, See Clause 20) CANNED SWEET CORN 3060Gx6TINS/CTN FREIGHT PREPAID	Gross Weight Kgs 16156.800 KGS	Measurement 20.5888 CBM
		Description of Contents for Shipper's Use Only (Not part of This B/L Contract)		
10. Total Number of containers and/or packages (in words) Subject to Clause 7 Limitation		SAY EIGHT HUNDRED CARTONS ONLY		
11. Freight & Charges Declared Value Charge	Revenue Tons	Rate	Per	Prepaid	Collect
Ex. Rate:	Prepaid at	Payable at	Place and date of issue Nanjing 2016-03-29	
	Total Prepaid	No. of Original B(s)/L THREE	Signed for the Carrier, COSCO CONTAINER LINES	
LADEN ON BOARD THE VESSEL DATE 2016-03-29　　BY LADEN ON BOARD				

图 8.1　Sim Trade 系统自动生成的"海运提单"

二、出口结汇

出口结汇是指出口企业将其外汇收入出售给外汇指定银行，外汇指定银行按一定汇率付给等值本位币的行为。

我国常见的结汇方式有以下三种。

1. 收妥结汇

收妥结汇又称先收后结，或收妥付款，指信用证议付行收到出口企业的出口单据后，经审查无误，将单据寄交国外付款行索取货款的结汇做法。待议付行收到付款行将货款拨入该行账户的贷记通知书（Credit Note）时，按当日外汇牌价，将货款折成人民币拨入出口企业的账户。

2. 押汇

押汇又称买单结汇，即指议付行在审单无误情况下，按信用证条款贴现受益人（出口企业）的汇票或者以一定的折扣买入信用证下的货运单据，从票面金额中扣除从议付日到估计收到票款之日的利息，将余款按议付日外汇牌价折成人民币，拨给出口企业。这实际上是议付行为受益人提供的资金融通，有利于加速其资金周转，扩大出口业务。

3. 定期结汇

这是指议付行根据向国外付款行索偿所需时间，预先确定一个固定的结汇期限，并与出口企业约定该期限到期后，无论是否已经收到国外付款行的货款，都将主动将票款金额折成人民币拨付给出口企业。

三、出口核销

境内出口单位向境外出口货物，均应当办理出口收汇核销手续。所谓出口收汇核销，是指国家外汇管理部门在每笔出口业务结束后，对出口是否安全、及时收取外汇以及其他有关业务情况进行监督管理的业务。出口收汇核销的主要程序如下。

（1）有出口收汇货物的单位，应该到当地外汇管理部门申领经过外汇管理部门加盖"监督收汇"章的出口收汇核销单。核销单只准本单位使用，不得借用、冒用、转让和买卖。

（2）货物出口时，将出口收汇核销单与其他所需要的报关单据一起向海关申报；货物放行大约一周时间以后，出口人将海关签章后退回的出口收汇核销单、报关单以及其他有关单据取回留存，准备收汇核销时使用。

（3）银行收到外汇货款以后，按照国家有关外汇管理的规定，将外汇货款按照当天的外汇牌价代替国际买入出口人收到的外汇货款，同时，将相应金额的人民币打入出口人账户，并且以水单的形式通知出口人。

（4）出口人应该在一定时间期限内，凭银行签章的出口收汇核销单、出口报关单、外汇水单等单证到外汇管理部门进行出口收汇核销工作。外汇管理部门通过对报关网络记录、报关单证的检查核对后，认为该笔业务出口、收汇等事宜属实后，便同意出口人的外汇核销，即认定该笔出口业务已经完成。外汇局为出口单位办理完核销手续后，应当在核销单的出口退税专用联上签注净收汇额、币种、日期,并加盖"已核销章",再将出口退税专用联退回出口单位。

四、出口退税

出口货物退税（Export Rebates),简称出口退税,其基本含义是指对出口货物退还其在国内生产和流通环节实际缴纳的增值税、消费税。出口货物退税制度,是一个国家税收的重要组成部分。出口退税主要是通过退还出口货物的国内已纳税款来降低国内产品的税收负担,使本国产品以不含税成本进入国际市场,与国外产品在同等条件下进行竞争,从而增强竞争能力,扩大出口创汇。

1. 出口退税的条件

（1）必须是增值税、消费税征收范围内的货物。增值税、消费税的征收范围,包括除直接向农业生产者收购的免税农产品以外的所有增值税应税货物,以及烟、酒、化妆品等11个类列举征收消费税的消费品。之所以必须具备这一条件,是因为出口货物退（免）税只能对已经征收过增值税、消费税的货物退还或免征其已纳税额和应纳税额。未征收增值税、消费税的货物（包括国家规定免税的货物）不能退税,以充分体现未征不退的原则。

（2）必须是报关离境出口的货物。所谓出口,即输出关口,它包括自营出口和委托代理出口两种形式。区别货物是否报关离境出口,是确定货物是否属于退（免）税范围的主要标准之一。凡在国内销售、不报关离境的货物,除另有规定者外,不论出口企业是以外汇还是以人民币结算,也不论出口企业在财务上如何处理,均不得视为出口货物予以退税。对在境内销售收取外汇的货物,如宾馆、饭店等收取外汇的货物,因其不符合离境出口条件,均不能给予退（免）税。

（3）必须是在财务上做出口销售处理的货物。出口货物只有在财务上做出销售处理后,才能办理退（免）税。也就是说,出口退（免）税的规定只适用于贸易性的出口货物,而对非贸易性的出口货物,如捐赠的礼品、在国内个人购买并自带出境的货物（另有规定者除外）、样品、展品、邮寄品等,因其一般在财务上不作销售处理,故按照现行规定不能退（免）税。

（4）必须是已收汇并经核销的货物。按照现行规定,出口企业申请办理退（免）税的出口货物,必须是已收外汇并经外汇管理部门核销的货物。

国家规定外贸企业出口的货物必须要同时具备以上4个条件。生产企业（包括有进出口经营权的生产企业、委托外贸企业代理出口的生产企业、外商投资企业）申请办理出口货物退（免）税时必须增加一个条件,即申请退（免）税的货物必须是生产企业的自产货物或视同自产货物才能办理退（免）税。

2. 出口退税的主要流程

（1）报关出口并取得退税相关单证（电子口岸查询并打印报关单退税联、出口发票、采购进项发票,单证备案资料）。

（2）对出口收入记账并做增值税纳税申报。

（3）退税单据收齐后在退税申报系统中操作输入,用软件生成数据上传税务机关做预申报。

(4) 通过各地服务平台或人工处理结果,查看预申报疑点调整退税数据直至无误,做退税的正式申报。

(5) 通过退税软件生成的报表打印后送税局。

(6) 出口退税申报 15 天内作单证备案。

(7) 收到退税款,退税业务结束。

第二节 装船出运、结汇、出口核销与退税单据填写

一、装运通知

装运通知(Shipping Advice),又称 Declaration of Shipment 或 Notice of Shipment,是出口商向进口商发出货物已于或将于某月某日装运某船的通知。装运通知的作用是方便进口商办理保险或准备提货手续,其内容通常包括货名、装运数量、船名、装船日期、契约或信用证号码等。这项通知,大多采用电报方式,也有采用航邮方式。出口商作此项通知时,有时还附上或另行寄上货运单据副本,以便进口商明了装货内容,并预防货运单据正本迟到时,可及时办理担保提货(Delivery against Letter of Guarantee)。

图 8.2 为装船通知空白样书,对该单据的填写介绍如下。

1. Messrs(客户公司名)

填列进口商名称及地址。

2. Invoice No.(发票号码)

填写此笔交易对应的商业发票号码。

3. Date(日期)

填写装船通知开发日期。

4. L/C No.(信用证号码)

填写此笔交易对应的信用证号码。

5. Purchase order No.(合同号码)

填写此笔交易对应的销货合同号码。

6. Vessel(船名)

填入装运船名与航次,请参考"配舱通知",须与 B/L、Invoice、其他单据相同。

7. Port of Loading(起运港)

起运港,须与 B/L 一致。

8. Port of Discharge(目的港)

目的地,须与 B/L 一致。

9. On Board Date(装船日期)

写明装船日期,请参考"配舱通知"。

SHIPPING ADVICE

Messrs.   Invoice No.
                                                                        Date:

Particulars
1. L/C No.
2. Purchase order No.
3. Vessel:
4. Port of Loading:
5. Port of Discharge:
6. On Board Date:
7. Estimated Time of Arrival:
8. Container:
9. Freight: [   ] [   ]
10. Description of Goods:

11. Quantity:[   ] [   ]
12. Invoice Total Amount: [   ] [   ]
Documents enclosed
1. Commercial Invoice:
2. Packing List:
3. Bill of Lading:
4. Insurance Policy:

_____

Very truly yours,

_____
Manager of Foreign Trade Dept.

图 8.2　装船通知空白样书

> **提示**：此处容易出错，可将"配舱通知"中的装船日期复制粘贴过来。

10. Estimated Time of Arrival（到达时间）

写明预定抵埠日期。

11. Container（集装箱）

写明集装箱个数及种类，请参考"配舱通知"。

12. Freight（运费）

写明海运费总金额，请参考"配舱通知"。

13. Description of Goods（货物描述）

本栏指所装运的货品内容，按实际情况填写。

14. Quantity（数量）

货物数量。须与商业发票所记载者相同。

15. Invoice Total Amount（总价）

货物总价须与商业发票所记载者相同。

16. Documents enclosed（随附单据）

有时还附上或另行寄上货运单据（押汇单证）之副本，以便进口商明了装货内容，并可于货运单据正本迟到或遗失时，及时办理担保提货。

17. Commercial Invoice（商业发票）

写明所需商业发票份数。例如：1（Duplicate），2 Copies。

18. Packing List（装箱单）

写明所需包装单份数。

19. Bill of Lading（海运提单）

写明所需提单份数。

20. Insurance Policy（保险单）

写明所需保险单份数。

21. 下方空白栏

如还有其他单据随附，请填于下方空白栏。

22. 右下方空白栏

填写出口商公司名称。

23. Manager of Foreign Trade Dept（外贸部经理）

负责人签字。与商业发票相同，应由出口商签署。

二、普惠制产地证明书

普惠制产地证明书（格式 A）(Generalized System of Preferences Certificate of Origin "Form A") 又称 G.S.P 证书、FORMA 证书。普惠制产地证明书是发展中国家向发达国家出口货物，按照联合国贸易和发展会议规定的统一格式而填制的一种证明货物原产地的文件，又是给惠国（进口国）给予优惠关税待遇或免税的凭证。凡享受普惠制规定的关税减免者，必须提供普惠制产地证明书。FORMA 要向各地检验机构购买，需用时由出口公司缮打，连同一份申请书和商业发票送商检局，经商检局核对签章后成为有效单据。一套 FORMA 中有一份正本、两份副本，副本仅供寄单参考和留存之用，正本是可以议付的单据。

图 8.3 为普惠制产地证明书空白样书，其中证书号码（Reference No.）处填写签证当局编号的证书号码。在 Sim Trade 中，该号码由系统自动产生。对该单据其他部分的填写介绍如下。

ORIGINAL

1.Goods consigned from (Exporter's business name, address, country)	Reference No. STGSP002588 **GENERALIZED SYSTEM OF PREFERENCES CERTIFICATE OF ORIGIN** (Combined declaration and certificate)
2.Goods consigned to (Consignee's name, address, country)	**FORM A** Issued in **THE PEOPLE'S REPUBLIC OF CHINA** (country)
3.Means of transport and route (as far as known)	4.For official use

Choice	Item number	6.Marks and numbers of packages	7.Number and kind of packages; description of goods	8.Origin criterion (see Notes overleaf)	9.Gross weight or other quantity	10.Number and date of invoices

[添 加][修 改][删 除]

11.Certification It is hereby certified, on the basis of control carried out, that the declaration by the exporter is correct. **Place and date, signature and stamp of certifying authority**	12.Declaration by the exporter The undersigned hereby declares that the above details and statements are correct, that all the goods were produced in **CHINA** (country) and that they comply with the origin requirements specified for those goods in the Generalized System of Preferences for goods exported to (importing country) **Place and date, signature and stamp of authorized signatory**

图 8.3 普惠制产地证明书空白样书

1. Goods consigned from (Exporter's business name, address, country) 发货人（出口商名称、地址、国家）

按实际情况详细填写。若属信用证项下，应与规定的受益人名址、国别一致。需注意的是，本栏目最后一个单词必须是国家名。如为第三方发货，须与提单发货人一致。

如：CHINA NATIONAL LIGHT INDUSTRIAL PRODUCTS IMPORT & EXPORT CORP.

NO. 82 DONGANMENT STREET. BEIJING, CHINA

此栏必须填明在中国境内的出口商详细地址，包括街道、门牌号码和城市名称，以及国家名。

2. Goods consigned to (Consignte's name, cddress, country) 收货人（收货人名称、地址、国别）

填写实际给惠国的最终目的地收货人名址、国别，不得填中间商的名址。填写时必须注意以下方面。

（1）信用证无其他规定时，收货人一般即是开证申请人。

（2）若信用证申请人不是实际收货人，而又无法明确实际收货人时，可以提单的被通知人作为收货人。

（3）如果进口国为欧盟成员国，本栏可以留空或填"To be ordered"。另外，日本、挪威、瑞典的进口商要求签发"临时"证书时，签证当局在此栏加盖"临时（PROVISIONAL）"红色印章。

> 提示：此处较为容易出错，请将进口商名称、地址、国别三项内容均完整的复制粘贴过来，中间用","隔开。即使是注册地址里面含有国名，也还需要在完整的地址后面加逗号并填写国别名称。

3. Means of transport and route （运输方式和路线）

此栏应尽发货人所知，填写运输方式（海运、空运等）、起运港和目的地（目的港），应注意与其他单据保持一致。如需中途转运，也应注明。例如：From Shanghai to London on July 1, 2017, Thence Transshipped to Rotterdam By Vessel （所有货物于2017年7月1日通过海运，从上海港运往伦敦港，中途在鹿特丹港口转船）。

4. For official use （供官方使用）

由进出口检验机构填注。正常情况下，出口公司应将此栏留空。检验机构主要在两种情况下填注：一是后补证书，则加盖"ISSUED RETROSPECTIVELY"（后发）的红色印章；二是原证丢失，该证系补签，则此栏要加盖"DUPLICATE"并声明原证作废。但需注意的是，日本一般不接受后发证书。如为"复本"，应在本栏注明原发证书的编号和签订日期，然后声明原证书作废，如"THIS CERTIFICATE IS IN REPLACEMENT OF CERTIFICATE OF ORIGIN NO…DATED…WHICH IS CANCELLED."并加盖"DUPLICATE"红色印章。

5. Item number (项目编号)

填列商品项目,有几项则填几项。如果只有单项商品,仍要列明项目"1";如果商品品名有多项,则必须按"1,2,3…"分行列出。

6. Marks and numbers of packages (唛头及包装号码)

应注意与买卖合同、发票、提单、保险单等单据保持一致(对应合同中的"Shipping Mark"栏)。即使没有唛头,也应注明"N/M",不得留空。做 Sim Trade 实验时,此处内容可从合同中复制粘贴。

7. Number and kind of packages, Description of goods (包装种类和件数、货物描述)

填写商品的数量、包装种类及商品名称与描述,应与信用证和其他单据保持一致。在 Sim Trade 中,须填写商品包装数量+包装单位+(数字大写)+OF+货物品名+货物描述。

如:800 CARTONS (EIGHT HUNDRED CARTONS ONLY) OF CANNED SWEET CORN

3060G×6TINS/CTN

8. Origin criterion (原产地标准)

填写货物原料的成分比例。此栏用字最少,但却是国外海关审证的核心项目。对含有进口成分的商品,因情况复杂,国外要求严格,极易弄错而造成退证,故应认真审核。一般规定说明如下。

(1)"P":完全自产,无进口成分,使用"P"。
(2)"W":含有进口成分,但符合原产地标准,填"W"。
(3)"F":对加拿大出口时,含进口成分占产品出厂价40%以内者,使用"F"。
(4)空白:出口到澳大利亚、新西兰的货物,此栏可留空不填。

> **提示**:含有进口原料成份的商品,发往瑞士、挪威、芬兰、瑞典、奥地利等欧盟成员国及日本时,都使用"W",并在字母下方标上产品的 CCCN 税则号(布鲁塞尔税则);发往加拿大出口的商品,产品含有进口成分占产品出厂价40%以内者,使用"F";发往澳大利亚、新西兰的商品,此栏可以空白;发往俄罗斯、白俄罗斯、乌克兰、哈萨克斯坦、捷克、斯洛伐克时,填写"Y",并在字母下面标上百分比(占产品离岸价格的50%以下)。

在 Sim Trade 中,货物都属完全自产的,无进口成分,此栏填"P"(注意填写时须加引号)。

9. Gross weight or other quantity (毛重或其他数量)

与运输单据的总毛重或数量相同,应分别列明毛重数值与计量单位。例如:1 500 KGS。

注意：此栏应以商品的正常计量单位填写，如"只、件、匹、双、台、打"等。以重量计算的则填毛重，只有净重的，填净重亦可。但必须注明"N.W."（NET WEIGHT）。

10. Number and date of invoice（发票号和发票日期）

与商业发票的相关内容完全一致。

> **提示**：此栏不得留空，为避免月份、日期的误解，月份一律用英文表示，发票内容必须与证书所列内容和货物完全相符。

11. Certification（检验检疫机构出具的证明）

此栏由签发此证的检验检疫机构盖章、授权人手签，并填列出证日期和地点。注意：本证书只在正本上签章，不签署副本。签发日期不得早于第 10 栏发票日期和第 12 栏的申报日期，也不得晚于提单的装运日期。手签人的字迹必须清楚，手签与签证章在证面上的位置不得重叠。

12. Declaration by the exporter（出口商申报）

出口方声明、签字、盖章栏。出口商的申明、进口国横线上填写的国名一定要正确。进口国一般与最终收货人或目的港的国别一致。如果难以确定，以第 3 栏目的港国别为准。凡货物运往欧盟范围内，进口国不明确时，进口国可填 E.U.；申请单位的手签人员应在此栏签字，加盖中、英文对照的印章，填写申报地点、时间。例如："BEIJING CHINA SEPT. 22，2017"。注意：此栏日期不得早于发票日期（第 10 栏），不得迟于签证机构签发日期（第 11 栏）；在证书正本和所有副本上盖章时避免覆盖进口国名称和手签人姓名；国名应是正式的和全称的。

三、汇票

汇票（Bill of Exchange）是出票人签发的，委托付款人在见票时或在指定日期无条件支付确定金额给收款人或持票人的票据。各国票据法对汇票的内容规定不同，但一般需要包括以下内容："汇票"字样、无条件支付一定金额的命令、付款人、付款期限、付款地点、收款人、出票日期和地点、出票人签字。在采用托收和信用证支付的情况下，汇票是主要出口单据之一。在缮制汇票时，应严格按照来证的要求填写，汇票上不能有任何涂改，也不能有校对章，否则可能遭受拒付。

汇票名称一般使用 Bill of Exchage、Exchange、Draft。一般已印妥。但英国的票据法没有汇票必须标注名称的规定。汇票一般为一式两份，第一联、第二联在法律上无区别。其中一联生效则另一联自动作废。港澳地区一次寄单可只出一联。为防止单据在邮寄途中遗失造成麻烦，一般远洋单据都按两次邮寄。

图 8.4 为汇票空白样书，对其填写介绍如下。

```
                          BILL OF EXCHANGE
     No.                                          Dated
     Exchange for
          At                    Sight of this    FIRST   of Exchange
     (Second of exchange being unpaid)
     Pay to the Order of
     the sum of
     Drawn under L/C No.                  Dated
     Issued by
     To


                                             (Authorized Signature)
```

图 8.4　汇票空白样书

1. No.（汇票号码）

由出票人自行编号填入，一般使用发票号兼作汇票的编号。在国际贸易结算单证中，商业发票是所有单据的核心，以商业发票的号码作为汇票的编号，表明本汇票属第×××号发票项下。实务操作中，银行也接受此栏是空白的汇票。在 Sim Trade 中，该编号由系统自动生成。

2. Dated（出票日期）

填写汇票出具的日期。

3. Exchange for（汇票金额）

此处要用数字小写（Amount in Figures）表明。填写小写金额，一般要求汇票金额使用货币缩写和用阿拉伯数字表示金额小写数字。例如：USD1,234.00。大小写金额均应端正地填写在虚线格内，不得涂改，且大小写数量要一致。除非信用证另有规定，汇票金额不得超过信用证金额，而且汇票金额应与发票金额一致，汇票币别必须与信用证规定和发票所使用的币别一致。在 Sim Trade 中，注意须将币别和金额分别填在两根横线上。

4. At ＿＿ Sight...（付款期限）

一般可分为即期付款和远期付款两类。即期付款只需在汇票固定格式栏内打上"at sight"。若已印有"at sight"，可不填。若已印有"at ＿＿ sight"，应在横线上打"----"。

远期付款一般有四种：

（1）见票后××天付款，填上"at ×× days after sight"，即以付款人见票承兑日为起算日，××天后到期付款。

（2）出票后××天付款，填上"at ×× days after date"，即以汇票出票日为起算日，××天后到期付款，将汇票上印就的"sight"划掉。

（3）提单日后××天付款，填上"at ×× days after B/L"，即付款人以提单签发日为起算日，××天后到期付款。将汇票上印就的"sight"划掉。

（4）某指定日期付款，指定××××年××月××日为付款日。例如"On 25th Feb. 1998"，汇票上印就的"sight"应划掉。这种汇票称为"定期付款汇票"。托收方式的汇票付款期限，如 D/P 即期者，填"D/P at sight"；D/P 远期者，填"D/P at ×× days sight"；D/A 远期者，填"D/A at ×× days Sight"。

> **提示**：Sim Trade 中"at ____ sight"，需要在"____"处打入 4 个"—"，多打少打或打其他符号检查时都会提示付款期限填写不准确。

5. Pay to the Order of（受款人）

受款人也称"抬头人"或"抬头"。在信用证方式下通常为出口地银行。汇票的抬头人通常有三种写法。

（1）指示性抬头（Demonstrative order）。例如："付××公司或其指定人"（Pay ×× Co., or order; pay to the order of ×× Co.）。

（2）限制性抬头（Restrictive order）。例如："仅付××公司（Pay ×× Co. only）或"付××公司，不准流通"（Pay ×× Co. Not negotiable）。

（3）持票人或来票人抬头（Payable to bearer）。例如，"付给来人"（Pay to bearer）。这种抬头的汇票无须持票人背书即可转让。

在我国对外贸易中，指示性抬头使用较多，在信用证业务中要按照信用证规定填写。若来证规定"由中国银行指定"或来证对汇票受款人未规定，此栏应填上："pay to the order of Bank of China"（由中国银行指定）；若来证规定"由开证行指定"，此栏应填上"Pay to the order of ×× Bank"（开证行名称）。

6. the sum of（汇票金额）

要用文字大写（Amount in words）表明。填大写金额，先填写货币全称，再填写金额的数目文字，句尾加"only"相当于中文的"整"字。例如，UNITED STATES DOLLARS ONE THOUSAND TWO HUNDRED AND THIRTY FOUR ONLY。大小写金额均应端正的填写在虚线格内，不得涂改，且必须与汇票的小写金额一致。除非信用证另有规定，汇票金额不得超过信用证金额，而且汇票金额应与发票金额一致，汇票币别必须与信用证规定和发票所使用的币别一致。

7. L/C No.（信用证号码）

填写信用证的准确号码。如非信用证方式则不填。

8. Dated（开证日期）

填写信用证的准确开证日期，而非出具汇票的日期。如非信用证方式则不填。

9. Issued by（付款人）

信用证方式下通常为进口地开证银行。根据规定，信用证方式的汇票以开证行或其指定银行为付款人，不应以申请人为汇票的付款人。如果信用证要求以申请人为汇票的付款人，银行将视该汇票为一份附加的单据；而如果信用证未规定付款人的名称，汇票付款人亦应填开证行名称。在信用证业务中，汇票付款人是按信用证"draw on ××"、"draft on ××"或"drawee"确定的。例如："… available by beneficiary's draft(s) on applicant"条款表明，以开证申请人为付款人；再如："… available by draft(s) drawn on us"条款表明，以开证行为付款人；又如，"drawn on yourselves/you"条款表明以通知行为付款人。信用证未明确付款人名称者，应以开证行为付款人。

如非信用证方式，则填进口商名称。

10. To（被出票人）

被出票人名称和地址，通常为进口商。

11. Authorized Signature（右下方空白栏）

出票人，即出口商签字，填写公司名称。

四、出口收汇核销单送审登记表

出口收汇核销单送审登记表是退税单位在办理核销手续时填写交外汇局的，一般都是退税单位自制的格式。

图8.5为出口收汇核销单送审登记表空白样书，对该单据的填写介绍如下。

图 8.5 出口收汇核销单送审登记表空白样书

1. 出口单位

填写出口单位中文名称。

2. 核销单、发票编号

参照单据列表中的相应编号填写出口收汇核销单编号与商业发票编号。

3. 商品大类

这一栏填写商品所属类别而非商品名称，可在商品详细资料中查到，如"食品"。

4. 国别地区

为进口国名，如"Canada"。

5. 贸易方式

成交的方式，如一般贸易、来料加工、补偿贸易等。在 Sim Trade 中，货物的贸易方式都为"一般贸易"。

6. 结算方式

结算方式即出口货物的发货人或其代理人收结外汇方式，本栏目应按海关规定的《结汇方式代码表》选择填报相应的结汇方式名称或代码。

7. 货款

币别与金额依据合同内容填报，如"USD126.80"，其中若合同非 FOB 方式，则需计算 FOB 金额，计算方法请参照第四章第三节"预算表的填写"。

> 提示：如果贸易术语为 FOB，FOB 金额和合同总价一致；如果贸易术语为 CFR，FOB 金额为合同金额减去海运费（可到出口商业务中心单据列表里的"配舱通知"里查找）；如果贸易术语为 CIF，FOB 金额为合同金额减去海运费和保险费。在非 FOB 方式下，在填写该处时，可以打开"单据列表"中的"出口预算表"，查看 FOB 实际发生金额（以人民币计算），用它除以外汇汇率，就可以得到用外币表示准确的 FOB 金额了。

8. 收汇核销金额

依合同内容分别填入币别与金额。

第三节　装船出运、结汇、出口核销与退税具体操作

一、装船出运

在 Sim Trade 中，装船出运的步骤是报关后由系统自动处理的，因此报关（出运）完成后，出口商即应到船公司取提单并向进口商发送装船通知。

1. 取回提单

以出口商身份登录在业务中心单击"船公司"按钮，再单击"取回提单"按钮（如图 8.6），将提单取回。

图 8.6 取回"海运提单"

2. 发送装船通知

（1）添加"SHIPPING ADVICE"进行填写（表单样本请参考附录中的附表 16）。
（2）填写完成后单击"检查"按钮，确认通过。
（3）回到业务中心，单击"船公司"按钮。
（4）再单击"发送装船通知"按钮，将装船通知发送给进口商。

3. 进口商收取装船通知

（1）以进口商身份登录，收取装船通知已发送的通知邮件。
（2）到"业务中心"单击"出口商"按钮，再单击"查看单据列表"按钮，可查看"SHIPPING ADVICE"（如图 8.7）的内容（注：在 FOB、CFR 交易方式下，保险由进口商办理，进口商须凭此装船通知内容填写投保单办理保险）。

图 8.7 进口商查看装船通知

二、结汇

进出口双方到银行办理结汇事宜,具体流程如图8.8所示。

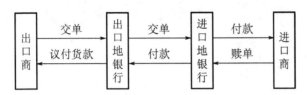

图 8.8　信用证方式下的结汇流程

1. 出口商申请产地证

(1) 以出口商身份登录,添加"普惠制产地证明书"进行填写(表单样本请参考附录中的附表17)。

(2) 填写完成后单击"检查"按钮,确认通过。

(3) 回到"业务中心",单击"检验机构"按钮(如图8.9)。

(4) 再单击"申请产地证"按钮,选择产地证类型为"普惠制产地证明书",单击"确定"按钮,完成产地证的申请(如图8.9)。

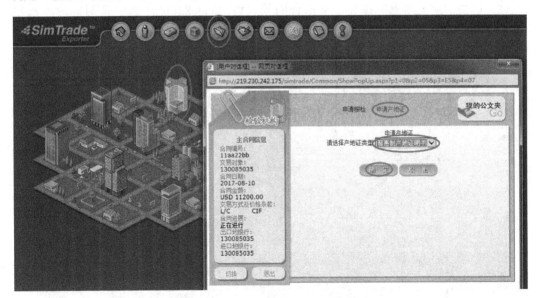

图 8.9　申请"普惠制产地证明书"

2. 出口押汇

(1) 添加"汇票"并进行填写(表单样本请参考附录中的附表18)。

(2) 填写完成后单击"检查"按钮,确认通过。

(3) 回到"业务中心",单击"出口地银行"按钮,选择"押汇"业务。

(4) 选中单据"商业发票"、"装箱单"、"货物运输保险单"(CIF条件时)、"海运提单"、"汇票"、"普惠制产地证明书"前的复选框,单击"押汇"按钮,完成押汇手续的办理(如图8.10)。

图 8.10 办理押汇

3. 出口地银行议付

（1）以出口地银行身份登录，收取单据已到达的通知邮件。

（2）单击"结汇单据"按钮，根据合同号（如"11aa22bb"）选中日期前的单选钮，分别检查单据（如图 8.11）。

（3）如检查无误，再单击"送进口地银行"按钮（如图 8.11），同时系统自动议付货款。

图 8.11 结汇单据送进口地银行

4. 出口商结收货款

（1）以出口商身份登录，收取出口地银行发来的可以结汇的通知邮件。

（2）在"业务中心"里单击"出口地银行"按钮。

（3）再单击"结汇"按钮，结收货款，同时银行签发"出口收汇核销专用联"（如图 8.12），用以出口核销。

出口收汇核销专用联

EXPORT CHECKING LIST

OUR REF.NO.：
我行编号： 21000BP0104554-S1

TO: crescent western foods corp
致： 新月国际股份有限公司

DATE:
日期： 2016-03-29

DEAR SIRS:
敬启者：

WITH REFERENCE TO THE CAPTIONED ITEMS, PLEASE BE ADVISED THAT WE HAVE TODAY CREDITED YOUR ACCOUNT NO. SIM-1300850351 FOR RMB 71543.36．

上述业务项下款项我行已于即日贷记你司账户 SIM-1300850351 ，金额为 RMB 71543.36 ，大写金额为 柒万壹仟伍佰肆拾叁元叁角陆分 ，特此通知。

EQUL. FOREIGN AMOUNT 外汇金额	CREDIT AMOUNT 入帐金额	EXCHANGE RATE 牌 价（每百元）
USD 11137.38	RMB 71543.36	100.00

BRIEF 摘 要：

YOUR INV NO. 发票号：	STINV000053
INVOICE AMOUNT 发票金额：	USD 11200.00
RECEIVED AMOUNT 实际收汇金额：	USD 11200.00
LONG AMOUNT 长款金额：	USD 0.00
SHORT AMOUNT 短款金额：	USD 0.00
FOREIGN CHECK NO. 核销单号：	STECA000038
DECLERATION NO. 申报号码：	320000000565030214N005

CHARGE DETAILS 费用明细：

PRE. ADVICE CHG. 预通知费：	USD 0.00	TRANSFER CHG 转让费：	USD 0.00
ADVICE CHG. 通知费：	USD 31.31	NEGO. CHG. 议付费：	USD 31.31
AMEND.CHG. 修改费：	USD 0.00	CABLE CHG. 电报费：	USD 0.00
CONFIRM CHG. 保兑费：	USD 0.00	OUR TOTAL CHGS. 邮费：	USD 0.00
		OUR TOTAL CHGS. 我行费用合计：	USD 62.62
OVERSEAS CHGS. 国外扣费：	USD 0.00	TRANS AMT 转款金额：	USD 0.00
NON EXCH COMM. 1 原币入帐无兑换费：	USD 0.00	NON EXCH COMM. 2 原币划转无兑换费：	USD 0.00

南京商业银行
nanjing commercial bank

Authorized Signature(s)　　签 章
Clerk ID: 8001

图 8.12 Sim Trade 系统自动生成的"出口收汇核销专用联"

5. 进口地银行处理单据

（1）以进口地银行登录，收取单据已到达的通知邮件。

（2）单击"结汇单据"，根据合同号选中单选钮，单击"检查单据"按钮。

（3）如单据检查无误，再单击"通知进口商"按钮（如图 8.13）。

图 8.13　进口地银行通知进口商

6. 进口商付款赎单

（1）以进口商身份登录，收取单据到达的通知邮件。

（2）回到"业务中心"，单击"进口地银行"按钮。

（3）单击"付款"按钮（如图 8.14），支付货款。

（4）再单击"取回单据"（如图 8.14），领取相关货运单据。

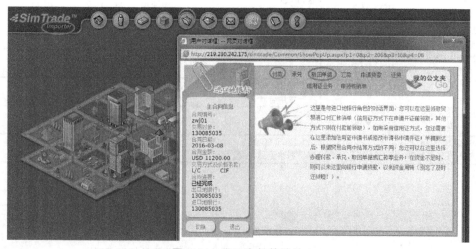

图 8.14　进口商付款赎单

三、出口核销与退税

1. 出口核销

(1) 添加"出口收汇核销单送审登记表"进行填写（表单样本请参考附录中的附表19）。

(2) 填写完成后单击"检查"按钮，确认通过。

(3) 回到"业务中心"，单击"外管局"按钮，选择"办理核销"业务（如图8.15）。

(4) 选中单据"出口货物报关单""出口收汇核销专用联""出口收汇核销单送审登记表""商业发票""出口收汇核销单"前的复选框，单击"核销"按钮，完成核销手续的办理（如图8.15）。

图 8.15　办理出口核销

(5) 与此同时，外管局盖章后返还出口收汇核销单第三联，用于出口退税。

2. 出口退税

(1) 单击"国税局"按钮，选择"退税"业务（如图8.16）。

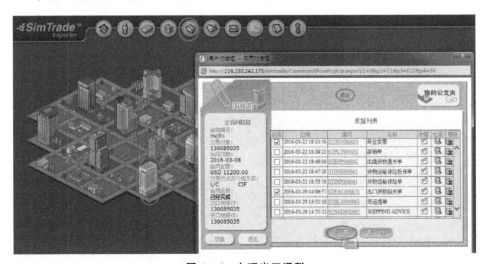

图 8.16　办理出口退税

（2）选中单据"商业发票""出口货物报关单""出口收汇核销单（第三联）"前的复选框，单击"退税"按钮，完成退税手续的办理（如图8.16）。

至此，出口商的工作就完成了。

本 章 小 结

本章主要讲解装船出运、结汇、出口核销与退税。首先对班轮运输出口货物装运程序、提单的性质与作用、提单的种类等内容作了阐述。然后对我国常见的三种结汇方式、出口收汇核销的主要程序、出口退税的条件及主要流程等进行了讲解。接下来对装船通知、普惠制产地证明书、汇票、出口收汇核销单送审登记表等单据的填写作了说明。最后对装船出运、结汇、出口核销与退税具体操作步骤进行了讲解。

复习思考题

1. 班轮运输出口货物装运程序是怎样的？
2. 出口收汇核销的主要程序是怎样的？
3. 出口退税的主要流程是怎样的？
4. 如何填写装船通知？
5. 如何填写普惠制产地证明书？
6. 如何填写汇票？
7. 如何填写出口收汇核销单送审登记表？
8. 装船出运具体操作步骤有哪些？
9. 结汇的具体流程是怎样的，包括哪些步骤？
10. 出口核销、退税的步骤分别有哪些？

第九章 进口报检、进口报关与提货

【学习目标】

1. 掌握进口报检、进口报关与提货基本知识。
2. 掌握进口报检、进口报关与提货相关单据的填写。
3. 了解进口报检、进口报关与提货的流程。

【实验任务】

1. 完成进口报检工作。
2. 完成进口报关工作。
3. 完成进口提货工作。

第一节 进口报检、进口报关与提货预备知识

一、进口报检

1. 进口报检的商品范围

根据我国《进出口商品检验法》及《出入境检验检疫报验规定》，凡列入《必须实施检验的进口商品目录》（以下简称《目录》）内的进口商品，由检验检疫机构实施检验。未经检验的，不准销售，不准使用。但是，上述规定的进口商品，经收货人、发货人申请，国家商检部门审查批准，可以免予检验。

列入《目录》以外进口商品的收货人，发现进口商品质量不合格或者残损短缺，需要由检验检疫机构出证后向外索赔的，应当向检验检疫机构申请检验出证。检验检疫机构和经国家商检部门许可的检验机构，可以接受对外贸易关系人的委托，办理进口商品检验鉴定业务。

在 Sim Trade 中，是否需要进行法定进口报检，需要将商品的海关代码（H.S. 编码），输入"淘金网""税率查询"中进行查询，单击查看"监管条件"那一栏。若适用规定为必须取得入境货物通关单者，则应依规定办理进口检验。

2. 进口报检的程序

进口报检的程序总的来说是：接单——审单——预录——申报——放行——下账——验货。

（1）接单。

报检操作人员接到客户或内部转来的单据后，在登记簿上登记，有特殊要求的应注明，询问入境商品到货日期、报关日期等。

（2）审单。

① 首先要核对进口报检单据是否齐全。单据有发票、装箱单、提单及提货单复印件、报检委托书等。

② 根据入境货物贸易方式的不同还需提供以下单据。

A. 一般贸易进口的货物必须提供进出口贸易合同。

B. 入境机电类产品必须提供免税表、机电审批文件。

C. 入境动物产品必须提供动物产品审批（检疫局颁发）、兽医卫生证书（发货人提供）、原产地证书（发货人提供）。

D. 入境植物产品必须提供植物产品审批（检疫局颁发）、植物检疫证书（发货人提供）、原产地证书（发货人提供）。

E. 入境食品、酒水、饮料等产品必须提供食品标签审核证书（提前在检疫局办理）。

F. 入境来自疫区国家的商品包装物是无木质包装货物，必须提供国外生产厂商出具的《无木质包装声明》。

G. 入境来自疫区国家的商品包装物是木质包装物，必须根据要求出具《非针叶木包装声明》或官方检疫证书。

（3）预录。

制单员根据要求录制报检单据，另标明集装箱数量、船名、唛头及原产国家等。

（4）申报。

报检员对入境报检单据审查无误后，到报检前台递单申报。同时解答商检官员提出的有关问题，官员审查单据后接受申报并签字。

（5）放行。

① 入境货物商检实施预放行后验货。

② 报检员将报检单据按要求送到各个科室，官员审查单据签字放行。

③ 放行后到计费处计费，然后到财务缴纳相关检疫费用，最终打印《入境货物通关单》交操作员或报关员签收。

（6）下账。

① 入境报检完成后，报检员应当及时将报检所产生的费用报给操作人员，以便下账出号，将发票交给财务签收。

② 将通关单复印留底，并将正本通关单交给操作人员或报关员。

（7）验货。

① 入境货物通关后，根据货物要求不同，需要在码头或者厂家验货的，报检员或操作员要及时联系检疫局人员预约时间对入境货物进行查验。

② 木质包装商品，一般要求在场站实施木质包装检疫，对货物品质等检验需要在厂家实施检验。

二、进口报关

进口报关是指进口人按国家海关法令规定，向海关申报进口货物验收的行为，也称进口通关。并随附进口许可证和其他批准文件、提单、发票、装箱单、减税或免税证明文件。海关认为必要时，应交验买卖合同、产地证明和其他有关单证。我国《海关法》对进口货物的申报时限作了如下规定：进口货物的收货人应当自运输工具申报进境之日起 14 日内向海关申报。进口货物的收货人超过 14 日期限未向海关申报的，由海关征收滞报金。对于超过 3 个月还没有向海关申报进口的，其进口货物由海关依法提取变卖处理。如果属于不宜长期保存的货物，海关可以根据实际情况提前处理。变卖后所得价款作扣除运输、装卸、储存等费用和税款后尚有余款的，自货物变卖之日起一年内，经收货人申请，予以发还；逾期无人申请的，上缴国库。

进口报关工作的主要程序分为申报、查验、缴税、放行四个阶段。

1. 进口货物的申报

目前，海关接受申报的形式一般有 3 种：口头申报、书面申报及电子数据交换申报，以后两种申报形式为主。进口货物到货后，由进口公司或委托货运代理公司或报关行根据进口单据填具"进口货物报关单"，随附有关单据、证件，向海关申报。报关的主要单证有以下几种：进口货物报关单、随报关单交验的货运及商业单据、进口货物许可证、检验检疫证、进口货物批准单证、报关报检委托书等。

按照我国《海关法》的规定，进口货物的申报期限为自运输工具进境之日起 14 日内，超过 14 日期限未向海关申报的，由海关按日征收进口货物 CIF（或 CIP）价格的 0.5‰ 的滞报金。超过 3 个月未向海关申报的，除有特殊原因以外，由海关将货物提取变卖，所得价款在扣除运输、装卸、储存等费用和税款后尚有余款的，自货物变卖之日起一年内，经收货人申请，予以发还；逾期无人申请的，上缴国库。

2. 进口货物的查验

进口货物，除海关总署特准查验的以外，都应接受海关查验。查验的目的是核对报关单证所报内容与实际到货是否相符，有无错报、漏报、瞒报、伪报等情况，审查货物的进口是否合法。海关以经过审核的单证为依据，在海关监管场所（包括口岸码头、车站、机场、邮局等）对所申报的进口货物进行检查，以核对单物是否相符。海关查验时，报关人应派人到现场协助海关工作。如有特殊理由，事先报经海关同意，海关可以派人员在规定的时间和场所以外查询。申请人应提供往返交通工具和住宿并支付费用。

3. 缴税

进口货物的收货人或其代理人收到海关的税款缴纳证书后，应在规定的期限内缴纳进口税款。我国《海关法》对进口货物纳税期限的规定与出口货物相同。进口货以海关审定的正常 CIF 价格为完税价格。CIF 价格不能确定时，完税价格由海关估定。

计算进口关税税款的基本公式是：进口关税税额＝完税价格×关税税率。在计算关税时应注意以下几点：

（1）进口税款缴纳形式为人民币。进口货物以外币计价成交的，由海关按照签发税款缴纳证书之日国家外汇管理部门公布的人民币外汇牌价的买卖中间价折合人民币计征。人民币外汇牌价表未列入的外币，按国家外汇管理部门确定的汇率折合成人民币。

（2）完税价格计算到元为止，元以下四舍五入。关税税额计算到分为止，分以下四舍五入。

（3）一票货物的关税税额在人民币10元以下的免税。

4. 进口货物放行

海关对进口货物的报关，经过审核所提交的报关单据、查验实际货物，并依法办理了征收货物税费手续或减免税手续后，在有关单据上签盖放行章，货物的所有人或其代理人才能提取或装运货物。此时，海关对进口货物的监管才算结束。另外，进口货物出于各种原因需海关进行特殊处理的，可向海关申请担保放行。

三、进口提货

进口提货是指在国际货物贸易中，出口商将有关单证通过银行或邮寄等方式送达进口商，进口商收到这些单据后，凭以向承运人提取货物。

进口提货的一般程序如下。

1. 发出到货通知

船舶到港后，承运人应于货物运达到货地点后24小时内向被通知人寄交"准备卸货通知"。收货人应及时凭提货证明到指定地点提取货物，货物从发出到货通知的次日起，免费保管三个月。收货人逾期提取，应按运输规则缴纳保管费。

2. 提取货物

收货人在接到到货通知后，应持提货单据到指定地点提货。提货单（Delivery Order）是收货人凭正本提单或副本提单随同有效的担保向承运人或其代理人换取的，可向港口装卸部门提取货物的凭证。收货人出具的提单应为清洁的、不存在任何问题的正本海运提单或随同有效担保的副本提单。在提货时，货运代理或进口企业应负责现场监卸。监卸时，如发现货损货差，应会同船方和港务当局填制货损货差报告。因承运人的过失或故意造成托运人或收货人损失，托运人或收货人要求赔偿的，应在填写货物运输事故记录的次日起180日内，以书面形式向承运人提出，并附有关证明文件。

3. 签收货运单

对货物无货损货差异议，收货人应在货运单上签收，承运人即解除运输责任。

提取的货物如属代理进口的，外贸公司在提货后，要办理货物的拨交。如果用货单位在卸货港口，则由运输公司就地拨交，货款由外贸公司向用货单位结算；如用货单位不在卸货港口，则可委托运输公司代为安排货物的装运，并拨交给订货单位，一切费用均由运输公司与外贸公司结算，再由外贸公司与用货单位办理结算。

第二节 进口报检、进口报关与提货单据填写

一、入境货物报检单

入境货物报检单是进口商向商检局提交的申请进口货物检验的申请单。入境货物报检单所在列各栏必须填写完整、准确、清晰，如果没有内容填写，则需要在栏目内加斜杠"/"表示，不得留空。图9.1为入境货物报检单空白样书，对该单据的填写介绍如下。

中华人民共和国出入境检验检疫

入境货物报检单

图 9.1 入境货物报检单空白样书

1. 报检单位、登记号、联系人、电话

填写报检单位全称并加盖公章或报验专用章，并准确填写本单位报检登记代码、联系人及电话；代理报检的应加盖代理报检机构在检验机构备案的印章。其中报检单位登记号即单位的海关代码，可在公司基本资料中查找。

2. 编号

本栏由出入境检验检疫机关填写。

3. 报检日期

应在检验检疫机构受理报检日现场由报检人填写。

4. 收货人

填写合同上的买方或信用证的开证人，可只填英文。

5. 企业性质

根据收货人的性质勾选。

6. 发货人

填写合同上的卖方或信用证上的受益人，要求用中文、英文，填写时要一致。

7. 货物名称（中/外文）

按贸易合同或发票所列货物名称所对应国家检验检疫机构制定公布的《检验检疫商品目录》所列的货物名称填写。在 Simtrade 中，此栏需与"淘金网"商品详细资料里的中英文名称完全一致。注意商品的中文和英文名称均需要在此处填写。

8. H.S. 编码

H.S. 编码指货物对应的海关商品代码，填写 10 位数。在 Sim Trade 中，海关编码请在商品基本资料中查找。

9. 原产国（地区）

原产国（地区）是指货物原始生产/加工国家或地区的名称，即出口国名称（用中文填写）。

10. 数/重量

填写报检货物的数/重量（Sim Trade 中的货物都以销售数量计），并注明计量单位，如××××PC。注意该数量和计量单位既要与实际装运货物情况一致，又要与信用证要求一致。

11. 货物总值

按本批货物合同或报关单上所列的总值填写（以美元计），如同一报检单报检多批货物，需列明每批货物的总值。（注：如申报货物总值与国内，国际市场价格有较大差异，检验检疫机构保留核价权力。）

12. 包装种类及数量

本栏是指本批货物运输包装的种类及件数，比如"800 CARTON"。

13. 运输工具名称号码

填写货物实际装载的运输工具类别名称（如船、飞机、货柜车、火车等）及运输工具编号（船名、飞机航班号、车牌号码、火车车次）。请在出口商发来的"装船通知"中查找。Sim Trade 中，此处按"船名/航次"的格式填写。

14. 合同号

合同号是指贸易双方就本批货物而签订的书面贸易合同编号。

15. 贸易方式

成交的方式,如"1"表示"一般贸易","2"表示"三来一补","3"表示"边境贸易","4"表示"进料加工","5"表示"其他贸易"。Sim Trade 中都为"一般贸易"。

16. 贸易国别(地区)

贸易国别(地区)是指本批货物贸易的国家或地区,即出口国(用中文填写)。各国家中文名称可在"淘金网""运费查询"页面中查询。Sim Trade 中,此处用中文填写"中国"字样。

17. 提单/运单号

本栏是指本批货物对应的提单/运单号的编号。在 Sim Trade 中,进口商可在向船公司换回的"提货单"里查找到相应的提单号。

18. 到货日期

按货物到货通知单所列的日期填写。

19. 启运国家(地区)

启运国家(地区)是指装运本批货物进境交通工具的启运国家(地区),即出口国(用中文填写)。各国家中文名称可在"淘金网""运费查询"页面中查询。Sim Trade 中,此处要用中文填写"中国"字样。

20. 许可证/审批号

对国家出入境检验检疫局已实施《进口商品质量许可证制度目录》下的货物和卫生注册、检疫、环保许可制度管理的货物,报检时填写安全质量许可编号或审批单编号,一般商品可空白。

21. 卸毕日期

按货物实际卸毕的日期填写。在货物还未卸毕前报检的,可暂不填写,待卸毕后再填写。

22. 启运口岸

启运口岸是指本批货物进境交通工具的启运口岸,即出口国港口。各港口中文名称可在"淘金网""运费查询"页面中查询。注意此处要用中文填写,装运港港口名称后面一般带有"港"字,如南京港、连云港港。

23. 入境口岸

入境口岸是指装运本批货物的交通工具进境时首次停靠的口岸,即进口国港口(用中文填写)。各港口中文名称可在"淘金网""运费查询"页面中查询。

24. 索赔有效期至

按合同规定的日期填写,特别要注明截止日期。

25. 经停口岸

经停口岸是指本批货物在启运后，到达目的地前中途停靠的口岸名称。

26. 目的地

目的地是指本批货物预定最后抵达的交货港（地）。此处填写的目的港要是 Sim Trade 里面的港口，用中文填写，不加"港"字，这一点和启运口岸不一样。

27. 集装箱规格、数量及号码

填写装载本批货物的集装箱规格（如 20 英尺、40 英尺等）及分别对应的数量和集装箱号码全称，可参照"配舱通知"。若集装箱太多，可用附单形式填报。

28. 合同订立的特殊条款以及其他要求

本栏是指贸易合同中双方对本批货物特别约定而订立的质量、卫生等条款和报检单位对本批货物的检验检疫有其他特别的要求。

29. 货物存放地点

货物存放地点是指本批货物卸货时存放的仓储位置，在 Sim Trade 中可不填。

30. 用途

用途是指本批货物的用途，如食用、观赏或演艺、实验、药用、饲用、加工等，一般用途明确的商品也可不填。

31. 随附单据

按实际向检验检疫机构提供的单据，在对应的"□"打"√"，通常合同、发票、提/运单、装箱单等单据是必须提交的。

32. 标记及号码

按货物实际运输包装标记填写，如没有标记，填写 N/M，标记填写不下时可用附页填写。可复制粘贴合同中的"Shipping Mark"。

33. 检验检疫费

此栏目由出入境检验检疫机关填写。

34. 报检人郑重声明

必须有报检人的亲笔签名。

35. 领取证单

应在检验检疫机构受理报验日现场由报验人填写。

二、进口货物报关单

进口货物报关单是进口单位向海关提供审核是否合法进口货物的凭据，也是海关据以征税的主要凭证，同时还作为国家法定统计资料的重要来源。所以，进口单位要如实填写，不得虚报、瞒报、拒报和迟报，更不得伪造、篡改。一般贸易货物进口时，应填写

《进口货物报关单》一式两份，并随附一份报关行预录入打印的报关单。来料加工、进料加工贸易进口货物应按照不同的贸易性质填写绿色或粉红色的进口报关单，并随附一份报关行预录入打印的报关单。合资企业进口货物，一律使用合资企业专用报关单（蓝色），一式两份。

图 9.2 为进口货物报关单空白样书，对其填写介绍如下。

中华人民共和国海关进口货物报关单

预录入编号：　　　　　　　　　　　　海关编号：

进口口岸	备案号	进口日期	申报日期
经营单位	运输方式	运输工具名称	提运单号
收货单位	贸易方式	征免性质	征税比例
许可证号	起运国（地区）	装货港	境内目的地
批准文号	成交方式	运费 [　][　]　保费 [　][　]	杂费 [　][　]
合同协议号	件数　包装种类	毛重(公斤)	净重(公斤)
集装箱号	随附单据		用途

标记唛码及备注

选择	项号	商品编号	商品名称、规格型号	数量及单位	原产国(地区)	单价	总价	币制	征免

[添 加][修 改][删 除]

税费征收情况

录入员　录入单位	兹声明以上申报无讹并承担法律责任	海关审单批注及放行日期(签章)
报关员	申报单位（签章）	审单　　审价
单位地址		征税　　统计
邮编　　电话	填制日期	查验　　放行

图 9.2　进口货物报关单空白样书

1. 预录入编号

预录入编号是指预录入单位预录入报关单的编号，用于申报单位与海关之间引用其申报后尚未接受申报的报关单。预录入编号由接受申报的海关决定编号规则。报关单录入凭单的编号规则由申报单位自行决定，在 Sim Trade 中可以不填。

2. 海关编号

海关编号是指海关接受申报时给予报关单的编号，应标识在报关单的每一联上。此栏报关单位不用填写。

3. 进口口岸

进口口岸是指货物实际进我国关境口岸海关的名称。本栏应根据货物实际进出关境的口岸海关填报《关区代码表》中相应的口岸海关名称及代码。进口转关运输货物应填报货物进境地海关名称及代码，出口转关运输货物应填报货物出境地海关名称及代码。按转关运输方式监管的跨关区深加工结转货物，出口报关单填报转出地海关名称及代码，进口报关单填报转入地海关名称及代码。在不同出口加工区之间转让的货物，填报对方出口加工区海关名称及代码。其他无实际进出境的货物，填报接受申报的海关名称及代码。

4. 备案号

备案号是指进出口企业在海关办理加工贸易合同备案或征、减、免税审批备案等手续时，海关给予《进料加工登记手册》等有关备案审批文件的编号。一份报关单只允许填报一个备案号。备案号栏目为 12 位字符，其中第 1 位是标记代码。无备案审批文件的报关单，本栏目免予填报。在 Sim Trade 中，货物进出口不属加工贸易类，无备案审批文件，因此本栏可免予填报。

5. 进口日期

进口日期是指运载所申报货物的运输工具申报进境的日期。本栏目填报的日期必须与相应的运输工具进境日期一致。进口申报时无法确知相应的运输工具的实际进境日期时，本栏目免予填报。

6. 申报日期

申报日期是指海关接受进出口货物的收、发货人或受其委托的报关企业申请的日期。以电子数据报关单方式申报的，申报日期为海关计算机系统接受申报数据时记录的日期。以纸质报关单方式申报的，申报日期为海关接受纸质报关单并对报关单进行登记处理的日期。在 H883/EDI 通关系统中，本栏目为 6 位数，顺序为年、月、日各 2 位；在 H2000 通关系统中，本栏目为 8 位数字，顺序为年（4 位）、月（2 位）、日（2 位）。

7. 经营单位

经营单位是指对外签订并执行进出口贸易合同的本国境内企业、单位或个体工商户。本栏目应填报经营单位名称及经营单位编码。经营单位编码是经营单位在海关办理注册登记手续时，海关给予的注册登记 10 位编码。在 Sim Trade 中该经营单位海关代码请在进口商公司基本资料中查找。

8. 运输方式

运输方式是指载运货物进出关境所使用的运输工具的分类，包括实际运输方式和海关规定的特殊运输方式。本栏应根据实际运输方式按海关规定的《运输方式代码表》选择填报相应的运输方式名称或编码。在 Sim Trade 中，货物统一通过江海方式运输，在《运输方式代码表》中对应的代码为"2"，因此本栏可填"江海运输"或代码"2"。

9. 运输工具名称

运输工具名称是指载运货物进出境的运输工具的名称或运输工具编号。本栏目填报内容应与运输部门向海关申报的载货清单所列相应内容一致。一份报关单只允许填报一个运输工具名称。在 Sim Trade 中，运输工具名称按照"船名/航次"格式填写，船名及航次号可参照出口商在 SHIPPING ADVICE 中填写的具体内容。

10. 提运单号

提运单号是指进出口货物提单或运单的编号。本栏目填报的内容应与运输部门向海关申报的载货清单所列相应内容一致。一份报关单只允许填报一个提运单号，一票货物对应多个提运单时，应分单填报。在 Sim Trade 中，进口商可在向船公司换回的提货单里查找到相应的提单号。

11. 收货单位

收货单位是指已知的进口货物在境内的最终消费、使用单位。本栏目应填报收货单位的中文名称或其海关注册编码，同"经营单位"栏。加工贸易报关单的收、发货单位应与《加工贸易手册》的"货主单位"一致；减免税货物报关单的收、发货单位应与《征免税证明》的"申请单位"一致。

12. 贸易方式

本栏目应根据实际情况，并按海关规定的《贸易方式代码表》选择填报相应的贸易方式简称或代码。出口加工区内企业填制的《出口加工区进（出）境货物备案清单》应选择填报适用于出口加工区货物的监管方式简称或代码。一份报关单只允许填报一种贸易方式。在 Sim Trade 中，货物进出口通常都为一般贸易，在《贸易方式代码表》中对应的代码为 0110，因此本栏可填"一般贸易"或代码"0110"。

13. 征免性质

征免性质是指海关对进出口货物实施征、减、免税管理的性质类别。本栏应按照海关核发的《征免税证明》中批注的征免性质填报，或根据实际情况按海关规定的《征免性质代码表》选择填报相应的征免性质简称或代码。一份报关单只允许填报一种征免性质。在 Sim Trade 中，货物通常都适用于一般征税，在《征免性质代码表》中对应的代码为 101，因此本栏可填"一般征税"或代码"101"。

14. 征税比例

仅用于"非对口合同进料加工"(代码0715)贸易方式下进口料件的进口报关单,填报海关规定的实际应征税比率,如5%填报"5",15%填报"15"。一般报关单可以不填。

15. 许可证号

应申领进口许可证的货物,必须在此栏目填报外经贸部及其授权发证机关签发的进口货物许可证的编号,不得为空。一份报关单只允许填报一个许可证号。在Sim Trade中本栏可以不填。

16. 起运国(地区)

起运国(地区)是指进口货物直接运抵或者在运输中转国(地)未发生任何商业性交易的情况下运抵我国的起始发出的国家(地区)。对发生运输中转的货物,如中转地未发生任何商业性交易,则起运地不变,如中转地发生商业性交易,则以中转地作为起运国(地区)填报。本栏目应按海关规定的《国别(地区)代码表》选择填报相应的起运国(地区)中文名称或代码。无实际进境的,本栏目填报"中国"(代码"142")。在Sim Trade中,须填写起运国中文名称,各国家中文名称可在"淘金网""运费查询"页面中查询。

17. 装货港

装货港是指进口货物在运抵我国关境前的最后一个境外装运港,即出口港。本栏目应根据实际情况按海关规定的《港口航线代码表》选择填报相应的港口中文名称或代码。无实际进境的,本栏目填报"中国境内"(代码"0142")。在Sim Trade中,须填写装货港中文名称,各国家中文名称可在"淘金网""运费查询"页面中查询。

18. 境内目的地

境内目的地是指已知的进口货物在国内的消费、使用地或最终运抵地(在Sim Trade中可以不填)。本栏应根据进口货物的收货单位所属国内地区,并按海关规定的《国内地区代码表》选择填报相应的国内地区名称或代码。

19. 批准文号

本栏用于填报《进口付汇核销单》编号。

20. 成交方式

本栏应根据实际成交价格条款按海关规定的《成交方式代码表》选择填报相应的成交方式代码。无实际进境的,填报CIF价。在Sim Trade中,有三种成交方式可用,它们在《成交方式代码表》中对应的代码分别为:①方式:CIF;代码:1。②方式:CFR;代码:2。③方式:FOB;代码:3。

21. 运费

本栏用于成交价格中不包含运费的进口货物,应填报该份报关单所含全部货物的国际运输费用。可按运费单价、总价或运费率三种方式之一填报，同时注明运费标记，并按海关规定的《货币代码表》选择填报相应的币种代码。运保费合并计算的，运保费填报在本栏中。运费标记"1"表示运费率，"2"表示每吨货物的运费单价，"3"表示运费总价。在 Sim Trade 中，本栏统一以运费总价填报，填写格式为：币种＋金额，如 USD1600.25。

22. 保费

本栏用于成交价格中不包含保险费的进口货物，应填报该份报关单所含全部货物国际运输的保险费用。可按保险费总价或保险费率两种方式之一填报，同时注明保险费标记，并按海关规定的《货币代码表》选择填报相应的币种代码。运保费合并计算的，运保费填报在运费栏目中。保险费标记"1"表示保险费率，"3"表示保险费总价。在 Sim Trade 中，本栏统一以保险费总价填报，填写格式为：币种＋金额，如 USD815.36。

23. 杂费

杂费是指成交价格以外的、应计入完税价格或应从完税价格中扣除的费用，如手续费、佣金、回扣等，可按杂费总价或杂费率两种方式之一填报，同时注明杂费标记，并按海关规定的《货币代码表》选择填报相应的币种代码。应计入完税价格的杂费填报为正值或正率，应从完税价格中扣除的杂费填报为负值或负率。杂费标记"1"表示杂费率，"3"表示杂费总价。在 Sim Trade 中，本栏统一以杂费总价填报，填写格式为：币种＋金额，如 USD130。如没有可不填。

24. 合同协议号

本栏应填报进（出）口货物合同（协议）的全部字头和号码。

25. 件数

本栏应填报有外包装进口货物的实际件数。在 Sim Trade 中，本栏应填入包装总件数。

26. 包装种类

本栏应根据进口货物的实际外包装种类，按海关规定的《包装种类代码表》选择填报相应的包装种类代码。在 Sim Trade 中，货物包装种类请在商品详细资料里查找，通常为"Carton"（纸箱）。

27. 毛重（公斤）

毛重（公斤）是指货物及其包装材料的重量之和。

28. 净重（公斤）

净重（公斤）是指货物的毛重减去外包装材料后的重量，即商品本身的实际重量。

29. 集装箱号

集装箱号是在每个集装箱箱体两侧标示的全球唯一的编号。在 Sim Trade 中可不填。

30. 随附单据

随附单据指随进口货物报关单一并向海关递交的单证或文件，合同、发票、装箱单、许可证等必备的随附单证不在本栏目填报。

31. 用途

应根据进口货物实际用途按海关规定的《用途代码表》选择填报相应的用途代码，如"以产顶进"填报"13"。在 Sim Trade 中，货物通常都用于自营内销，在《用途代码表》中对应的代码为 01，因此本栏可填"外贸自营内销"或代码"01"。

32. 标记唛码及备注

须与国际货物买卖合同"Shipping Mark"栏保持一致。

33. 项号

本栏分两行填报及打印。第一行打印报关单中的商品排列序号。第二行专用于加工贸易等已备案的货物，填报和打印该项货物在《加工贸易手册》中的项号。在 Sim Trade 中，本栏请依序填列商品项目，有几项填几项。如果只有单项商品，仍要列明项目"1"；如果商品品名有多项，则必须按"1、2、3…"分行列出。

34. 商品编号

此处应该特别注意，图 9.2 中的商品编号需要填入商品的海关编码（H.S. 编码）（请在商品基本资料中查找），而不是通常所理解商品编号（Product No.）。在单击"添加"按钮后弹出的商品货物明细表中（见图 9.3），相应的产品编号部分需要填入通常所理解商品编号（Product No.）。

图 9.3 进口报关单商品货物明细

35. 商品名称、规格型号

本栏分两行填报及打印。第一行打印进口货物规范的中文商品名称，第二行打印规格型号，必要时可加注原文。

36．数量及单位

本栏目是指进口商品的实际数量及计量单位，如 9530 PC。

37．原产国（地区）

本栏目是指已知进口货物或产品的最初来源地，即产品的生产地。在 Sim Trade 中，假定出口商所在国家全部是在中国，因此此处统一填"CHINA"。

38．单价

本栏应填报同一项号下进口货物实际成交的商品单位价格。无实际成交价格的，本栏填报货值。

39．总价

本栏应填报同一项号下进口货物实际成交的商品总价。海关估价时，应在 H2000 通关系统"海关总价"栏修改。无实际成交价格的，本栏目填报货值。

40．币制

币制是指进口货物实际成交价格的币种。本栏应根据实际成交情况按海关规定的《货币代码表》选择填报相应的货币名称或代码，如《货币代码表》中无实际成交币种，需转换后填报。

41．征免

征免是指海关对进口货物进行征税、减税、免税或特案处理的实际操作方式。在 Sim Trade 中，货物通常都适用于一般征税，在《征免性质代码表》中对应的代码为 101，因此本栏可填"一般征税"或代码"101"。

42．税费征收情况

本栏供海关批注进口货物税费征收及减免情况。

43．录入员

本栏用于记录预录入操作人员的姓名并打印。

44．录入单位

本栏用于记录并打印电子数据报关单的录入单位名称。

45．申报单位、报关员、单位地址、邮编、电话

本栏是指报关单左下方用于填报申报单位有关情况的总栏目。申报单位是指对申报内容的真实性直接向海关负责的企业或单位。自理报关的，应填报进口货物的经营单位名称及代码；委托代理报关的，应填报经海关批准的专业或代理报关企业名称及代码。本栏目还包括报关单位地址、邮编和电话等分项目，由申报单位的报关员填报。

46．填制日期

填制日期是指报关单的填制日期。预录入和 EDI 报关单由计算机自动打印。

47. 海关审单批注及放行日期（签章）

本栏目是指供海关内部作业时签注的总栏目，由海关关员手工填写在预录入报关单上。其中"放行"栏填写海关对接受申报的进出口货物做出放行决定的日期。

第三节　进口报检、进口报关与提货具体操作

一、进口报检

1. 换提货单

单击"业务中心"里的"船公司"按钮，再单击"换提货单"按钮。

2. 准备相应单据

（1）添加"入境货物报检单"并进行填写（表单样本请参考附录中的附表20）。
（2）填写完成后单击"检查"按钮，确认通过。

3. 报检

（1）回到"业务中心"，单击"检验机构"按钮，选择"申请报检"业务（如图9.4）。
（2）选择单据"销货合同""商业发票""装箱单""提货单""入境货物报检单"，单击"报检"按钮（如图9.4）。

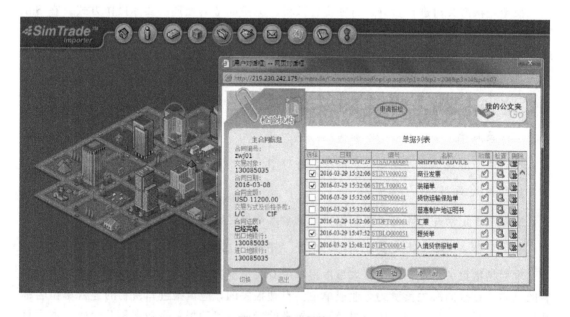

图9.4　进口报检

（3）报检完成后，检验机构签发"入境货物通关单"（如图9.5），凭以报关。

中华人民共和国出入境检验检疫
入境货物通关单

编号：STIPP000055

1.收货人 Love trading company,LLC		5.标记及号码 CANNED SWEET CORN SPAIN C/No.1-800 MADE IN CHINA
2.发货人 crescent western foods corp		
3.合同/提(运)单号 zwj01/STBLO000051	4.输出国家或地区 CHINA	
6.运输工具名称及号码 Rotterdam/DY100-09	7.目的地	8.集装箱规格及数量 TBXU3605231*1*20'
9.货物名称及规格 CANNED SWEET CORN	10.H.S.编码 2005800000	11.申报总值 USD 11200.00	12.数/重量、包装数量及种类 800CARTON 16156.800KGS 800CARTON
13.证明 上述货物业已报检/申报，请海关予放行。 签字：SimTrade　日期：2016 年 3 月 29 日		
14.备注		

图 9.5　Sim Trade 系统自动生成的"入境货物通关单"

二、进口报关与提货

1．准备相应单据

（1）添加"进口货物报关单"并进行填写（表单样本请参考附录中的附表 21）。

（2）填写完成后单击"检查"按钮，确认通过。

2. 报关

（1）单击"业务中心"里的"海关"按钮，选择"报关"业务（如图9.6）。

（2）选中"销货合同"、"商业发票"、"装箱单"、"提货单"、"入境货物通关单"（不需进口检验的商品可免附）、"进口货物报关单"前的复选框，单击"报关"按钮（如图9.6）。

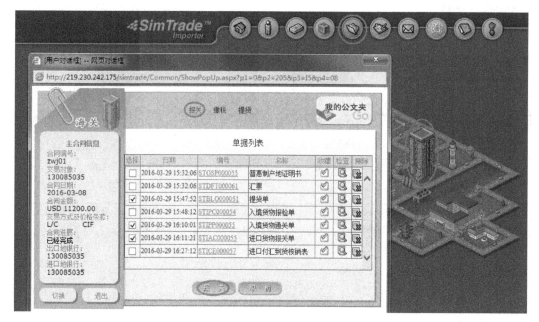

图9.6 进口报关

（3）完成报关后，海关加盖放行章后返还提货单与进口报关单。

3. 缴税

单击"报关"旁边的"缴税"按钮，缴纳税款。

4. 提货

单击"缴税"旁的"提货"按钮，领取货物。

本 章 小 结

本章主要讲解进口报检、进口报关与提货。首先对进口报检、进口报关、进口提货的含义与程序作了阐述。其中，进口报检的主要程序为：接单、审单、预录、申报、放行、下账、验货；进口报关工作的主要程序为：申报、查验、缴税、放行；进口提货的一般程序为：发出到货通知、提取货物、签收货运单。然后对进口报检、进口报关与提货所需的入境货物报检单、进口货物报关单等单据的填写作了介绍。最后对进口报检、进口报关与提货具体操作步骤进行了讲解。

复习思考题

1. 进口报检的程序是怎样的？
2. 简述进口报关的主要程序。
3. 进口提货的一般程序是怎样的？
4. 如何填写入境货物报检单？
5. 如何填写进口货物报关单？
6. 进口报检的具体步骤有哪些？
7. 进口报关与提货的具体步骤有哪些？

第十章　进口付汇核销和销货

【学习目标】

1. 掌握进口付汇核销基本知识。
2. 掌握进口付汇到货核销表的填写。
3. 了解进口付汇核销和销货的流程。
4. 掌握意外事故发生后的处理程序。

【实验任务】

1. 完成进口付汇核工作。
2. 完成销货工作。

第一节　进口付汇核销预备知识

进口付汇核销是指以付汇金额为标准，核对是否有相应的货物进口到国内，或有其他证明抵冲付汇的一种事后管理措施。其目的是规范进口企业按照正常的业务操作渠道办理贸易进口，做到真正意义上的"款、物对流"，保证每一笔贸易进口付汇的真实性，防止利用假单据进行逃汇、套汇。

一、进口付汇核销所需单据

根据《进口付汇核销监管暂行办法》规定，进口单位"应当在有关货物进口报关后一个月内向外汇局办理核销报审手续"。进口单位在办理到货报审手续时，须对应提供下列单据。

（1）进口付汇核销单（如核销单上的结算方式为"货到付款"，则报关单号栏不得为空）。

（2）进口付汇备案表（如核销单付汇原因为"正常付汇"，企业可不提供该单据）。

（3）进口货物报关单正本（如核销单上的结算方式为"货到付汇"，企业可不提供该单据）。

（4）进口付汇到货核销表（一式两份，均为打印件并加盖公司章）。

（5）结汇水单及收账通知单（如核销单付汇原因不为"境外工程使用物资"及"转口贸易"，企业可不提供该单据）。

（6）外汇局要求提供的其他凭证、文件。

上述单据的内容必须真实、完整、清晰、准确。

二、进口付汇核销流程

（1）进口单位须备齐有关单据，一并交外汇局进口核销业务人员初审。

（2）初审人员对于未通过审核的单据，应在向企业报审人员明确不能报审的原因后退还进口单位。

（3）初审结束后，经办人员签字并转交其他业务人员复核。

（4）复核人员对于未通过审核的单据，应在向企业报审人员明确不能报审的原因后退还进口单位。

（5）复核无误后，复核员签字并将企业报审的全部单据及 IC 卡留存，并留下企业名称、联系电话、联系人等信息。

（6）外汇局将留存的报关单及企业 IC 卡通过报关单检查系统检验报关单的真伪。如无误，则将 IC 卡退进口单位，并在到货报审表和报关单上加盖“已报审”章；如报关单通不过检查，则将有关材料及情况转检查部门。

第二节　进口付汇到货核销表填写

在办理核销报审时，对已到货的，进口单位应当如实填写《贸易进口付汇到货核销表》；对未到货的，填写《贸易进口付汇未到货核销表》。在办理到货报审手续时，必须提供进口付汇到货核销表（一式两份，均为打印件并加盖公司章）。

图 10.1 为贸易进口付汇到货核销表空白样书，对该单据的填写介绍如下。

年　　月贸易进口付汇到货核销表

进口单位名称：　　　　进口单位编码：　　　　核销表编号：

付汇情况								报关到货情况							
序号	核销单号	备案表号	付汇币种金额	付汇日期	结算方式	付汇银行名称	应到货日期	报关单号	到货企业名称	报关币种金额	报关日期	与付汇差额 退汇	与付汇差额 其它	凭报关单付汇	备注
			[ ][ ]							[ ][ ]					

付汇合计笔数：	付汇合计金额：[ ][ ]	到货报关合计笔数：	到货报关合计金额：[ ][ ]	退汇合计金额：[ ][ ]	凭报关单付汇合计金额：[ ][ ]
至本月累计笔数：	至本月累计金额：[ ][ ]	至本月累计笔数：	至本月累计金额：[ ][ ]	至本月累计金额：[ ][ ]	至本月累计金额：[ ][ ]

填表人：　　　　负责人：　　　　填表日期：　　年　　月　　日

第二联：进口单位留存　　　　本核销表内容无讹。

图 10.1　贸易进口付汇到货核销表空白样书

1. 核销年月

填写此笔核销的年月。

2. 进口单位名称

填写进口商公司的名称（复制公司基本资料里的相关内容）。

3. 进口单位编码

复制公司基本资料里的“单位编码”。

4. 序号

核销笔数。比如：1、2、3、4、…

5. 核销单号

填写《贸易进口付汇核销单》编号。

6. 备案表号

在 Sim Trade 中可不填。

7. 付汇币种金额

填写《贸易进口付汇核销单》中规定的币种与金额。在 Sim Trade 中，填写合同币种与金额。

8. 付汇日期

填写付款的具体日期。例如：2017－10－10。

9. 结算方式

结算方式必须与合同一致，L/C、D/P、D/A、T/T。

10. 付汇银行名称

此栏应与《贸易进口付汇核销单》里的"付汇银行名称"一致。

11. 应到货日期

填写实际到货日期。例如：2017－10－10。

12. 报关单号

填写进口报关单编号，在"查看单据列表"中查找。

13. 到货企业名称

进口商公司名称，请在公司基本资料中查询。

14. 报关币种金额

填写合同币种及金额。

15. 报关日期

填写报关单上的"申报日期"。

16. 与付汇差额

在 Sim Trade 中，报关金额与付汇金额是一致的，所以此栏不用填。

17. 凭报关单付汇

在 Sim Trade 中可不填。

18. 备注

在 Sim Trade 中可不填。

19. 笔数与金额

涉及"付汇合计笔数""付汇合计金额""到货报关合计笔数""到货报关合计金额""退汇合计金额""凭报关单付汇合计金额"以及"至本月累计笔数""至本月累计金额"等内容。此处需要根据实际情况进行填写,笔数分别填 1、2、3……,金额分别填货币种类及具体数额。

20. 填表人

填写该表实际填写人姓名。

21. 负责人

填写公司资料里的法人名称。

22. 填表日期

按实际填表日期填写。

第三节 进口付汇核销和销货具体操作

一、进口付汇核销

1. 准备相应单据

(1) 添加"进口付汇到货核销表"并进行填写(表单样本请参考附录中的附表 22)。

(2) 填写完成后单击"检查"按钮,确认通过。

2. 付汇核销

(1) 回到"业务中心",单击"外管局"按钮,选择"付汇核销"业务(如图 10.2)。

图 10.2 进口付汇核销

（2）选中单据"进口付汇核销单""进口货物报关单""进口付汇到货核销表"前的复选框，单击"付汇核销"按钮（如图10.2）。

二、销货

1. 单击"业务中心"里的"市场"按钮（如图10.3）。

2. 再单击"销货"按钮，选择需要销售的商品，单击"确定"按钮即可销售货物（如图10.3）。

此时，进口商可以单击主页面中的"财务"按钮，即可查看到销货收入已经收到。至此，进口商的工作就完成了。我们的第一笔交易就全部完成了。

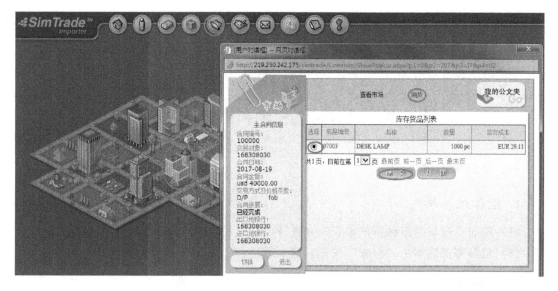

图 10.3　进口商销货

第四节　意外事故处理

在 Sim Trade 中，货物在运输途中有可能发生意外事故（如 10% 的概率，可由老师进行调整）。如果进口商在换提货单时系统出现以下之一的提示："本批货物运输船只在海上意外触礁，连同货物一起沉没""货物因包装破坏而受损""货物被偷""船只发生火灾"等，就意味着货物运输遭遇了意外事故。这时，进口商不能换提单提取货物。在采用 CIF、CFR、FOB 等贸易术语时，进口商要承担货物在装运港装船后的一切费用和风险造成的损失。

如果货物在运输途中出现意外事件，进口商不必惊慌。若是货物已经投保，进口商就应凭保险单到保险公司办理索赔。如果在保险范围之内（大部分意外事件会在此范围之内），进口商的损失会得到保险公司的赔偿，索赔完成后可单击"财务状况"按钮，查看索赔款是否到账；如果货物没有投保或投保不在保险范围之内，意外事件所造成的损失就要由进口商承担了。

在 Sim Trade 中的意外损失属于实际全损，是保险公司的责任，保险公司将赔付保险金额的全部。当货物发生意外时，进口商可向当地保险公司提出索赔，具体操作步骤如下。

1. 进入"业务中心"，单击标志"保险公司"的建筑物。
2. 选择合同号后，单击"索赔"按钮。
3. 进入"财务状况"，在"当前余额"画面，确认收入中是否有"保险费赔偿"项。

不论是否得到赔偿，索赔工作完成后，进口商不需要继续做进口报检、报关、提货、销货等工作，也无须填写"进口付汇到货核销表"。但这时合同还未最终完成，此时进口商还需要完成进口付汇核销工作。只要进口商在付款后到外管局凭"进口付汇核销单"办理进口付汇核销，即可完成合同。

简单来说，当进口商在换提货单遭遇意外时，只需完成以下两项工作。
（1）进口商到保险公司办理保险索赔。
（2）完成进口付汇核销。

这时进口商可以关注一下合同的进展状况，如合同进展显示为：正在进行（如图 10.4），进口商需要查看"业务日志"，看看是否有需要做而未完成的工作。如合同进展显示为：已经完成（如图 10.5），则意味着进口商与出口商的合同完成（无意外事故发生情况下，需关注"销货"工作是否完成）。

一笔交易完成后，出口商、进口商可以分别在单据列表中查看出口预算表、进口预算表填写是否准确，不断总结，以逐步提高预算能力。

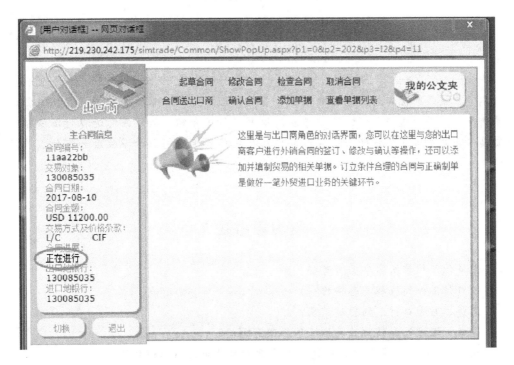

图 10.4　合同正在进行

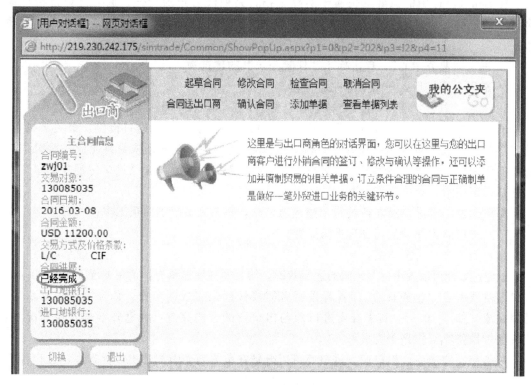

图 10.5　合同已经完成

本 章 小 结

本章主要讲解进口付汇核销和销货。首先对进口付汇核销所需单据、具体流程进行了讲解。然后对进口付汇到货核销表的填写进行了介绍。接下来对进口付汇核销和销货具体操作步骤予以说明。最后对进口商在换提货单遭遇意外事故后如何处理作了阐述。

复习思考题

1. 进口付汇核销所需单据有哪些？
2. 进口付汇核销流程是怎样的？
3. 怎样填写进口付汇到货核销表？
4. 进口付汇核销和销货的具体操作步骤有哪些？
5. Sim Trade 中，货物在运输途中发生意外事故时应该如何处理？

第十一章 第二笔交易

【学习目标】

1. 掌握不同贸易术语、不同结算方式的差异。
2. 掌握不同贸易术语、不同结算方式下的单据填写。
3. 掌握 D/P+FOB 和 D/A+FOB 贸易流程。

【实验任务】

2人1组分角色完成 D/P+FOB 方式下 4 000pc 台灯（07001）的交易。

第一笔交易完成后，进行下一笔交易将会容易很多。第二笔交易我们将使用 D/P+FOB 组合来进行，对交易商品、数量及报价仍然做出一定的限制（后面将逐步放开，最终达到自己选择商品、自己定价、自己决定买卖数量的目的）。从第二笔交易开始，学生需要逐步加强对进出口预算表的填写，最终能够达到100%正确。

第一节 不同贸易术语、不同结算方式的比较

一、不同贸易术语的比较

在国际贸易中广泛采用的贸易术语有三组：FOB、CFR、CIF。Sim Trade 规定实习的贸易条件即为这三组贸易术语。

FREE ON BOARD（FOB）（…named port of shipment）——装运港船上交货（……指定装运港）是指在指定装运港将货物交到买方指定的船上，或取得以如此交付的货物，卖方完成交货。当货物被交到船上时，风险转移。自该时刻起，买方负担货物灭失或损坏的风险，并支付一切费用。

COST AND FREIGHT（CFR）（…named port of destination）——成本加运费（……指定目的港）是指卖方将货物交至船上，或取得以如此交付的货物，完成交货。卖方必须支付将货物运至指定目的港所必需的运费，但交货后货物灭失或损坏的风险，以及由于发生事件而引起的任何额外费用，自卖方转移至买方。

COST，INSURANCE AND FREIGHT（CIF）（…named port of destination）——成本加保险费、运费（……指定目的港）是指卖方将货物交至船上，或取得以如此交付的货物，完成交货。卖方必须支付将货物运至指定目的港所必需的运费，但交货后货物灭失或损坏的风险，以及由于发生事件而引起的任何额外费用，自卖方转移至买方。然而，在

CIF 术语中卖方还必须为货物在运输中灭失或损坏的买方风险取得海上保险。因此，卖方须办理保险，并支付保险费。

这三组贸易术语具有以下相同点：适用的运输方式相同，三者都适用于水上运输；三者的交货地点和风险划分界限相同，都是在装运港船上；三者办理进出口手续的责任人相同，都是出口手续由出口商办理，进口手续由进口商办理。

这三组贸易术语又存在以下差异。

1. 费用构成不一样，报价不一样

CIF 包含了运费和保险费由卖方支付，FOB 中卖方不负责运输和保险，CFR 中卖方负责运费但不负责保险费。FOB 价格是包括货物从原料购进、生产直到出口报关货物在装运港装到买方指定船上为止的一切费用和利润，而 CFR 则是在 FOB 价格的基础上再加海运费。CIF 则在 CFR 基础上再加保险费。CIF 价＝FOB 价＋海运费＋保险费＝CFR 价＋保险费。或者说：FOB 价＝CIF 价－海运费－保险费＝CFR 价－海运费，CFR 价＝CIF 价－保险费＝FOB 价＋海运费。FOB 出口，由于不用担心保险费用和运费的变化，因此作价时考虑因素较少，容易作价，且报价相对会较低。而 CIF 价要包含保险和运费，因此相对 FOB 来说价格要高。CFR 价介于二者之间，由于一般海运费要比保险费高出很多，所以 CFR 价会与 CIF 价更为接近一些。

2. 价格术语后港口性质不一样

FOB 后的港口为卖方所在国的海港或河港，而 CFR、CIF 后的港口为买方所在国的海港或河港。如果目的港的名字在世界上有重名的现象，则 CIF 价格术语目的港后应注明港口所属国别。例如，维多利亚港在英国有，巴西有，必须加注国别来进行区分。

3. 租船订舱不同

FOB 价格由买方指定船公司（或货代公司），买方能否及时租船订舱，会影响卖方及时交货以及银行交单等。CFR、CIF 价格则由卖方自主选择船公司（或货代公司）。在 Sim Trade 中使用 CFR、CIF 贸易术语，"货物出运委托书"的添加填写、"指定船公司"和"洽订舱位"的工作均由出口商完成，使用 FOB 贸易术语"指定船公司"的工作由进口商完成，"货物出运委托书"的添加填写和"洽订舱位"的工作仍然是由出口商完成。

4. 向买方发出装船通知时间不同

使用 FOB、CFR 贸易术语，需要在装船前告知买方装船内容、装船细节，以便买方有充足的时间办理货物海上保险；而使用 CIF 贸易术语是由卖方投保，可以在装船后几天内向买方发出装船通知。

5. 保险手续办理、保险费支付不同

使用 FOB、CFR 贸易术语，由买方办理保险并支付保险费；使用 CIF 贸易术语，由卖方按合同保险条款办理保险、支付保险费并将保险单交给买方。

二、不同结算方式的比较

1. 不同结算方式简介

信用证（Letter of Credit，L/C）是银行开立的有条件的书面承诺付款保证，即由一家银行（开证行）依照客户（开证申请人或进口商）的要求和指示，只要受益人（出口商）提交符合信用证规定的各种单据，即保证付款。所以，这就将由进口商履行付款责任变成银行为第一责任人的付款责任，既保证出口商安全迅速收到货款，又保证了进口商按时收到货运单据，在一定程度上解决了进出口商之间互不信任的矛盾，同时也为双方提供了融资的便利。目前，采用信用证支付已成为国际贸易中普遍采用的支付方式。信用证流程如图 11.1 所示。

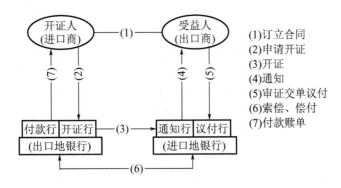

图 11.1　信用证流程

托收（Collection）是指银行根据收到的指示处理金融单据或商业单据，以便凭付款或承兑交付单据。根据交单条件不同，托收分为付款交单（Documents against Payment，D/P）和承兑交单（Documents against Acceptance，D/A）。付款交单（D/P）的基本做法是，出口商发货后取得装运单据，连同汇票委托银行办理托收，并在托收委托书中指示银行，只有在进口商付清货款后，才能把装运单据交给进口商（如图 11.2）。承兑交单（D/A）由出口商发货后开具汇票连同装运单据，委托银行向进口商提示，并授权代收行在进口商承兑汇票后将装运单据交给进口商，由其在汇票到期时履行付款义务（如图 11.3）。

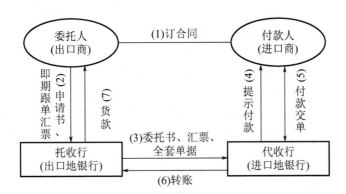

图 11.2　即期付款交单（D/P）流程

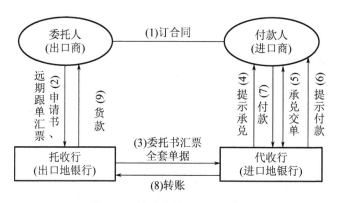

图 11.3 承兑交单（D/A）流程

汇付（Remittance），又称汇款，是付款人通过银行，使用各种结算工具将货款汇交收款人的一种结算方式。汇付属于商业信用，采用顺汇法。汇付的优点在于手续简便、费用低廉，是最简单的国际货款结算方式。根据不同的汇款方法，汇付方式又分为电汇（Telegraphic Transfer，T/T）、信汇（Mail Transfer，M/T）和票汇（Remittance by Banker's Demand Draft，D/D）三种，由于信汇和票汇速度较慢，已逐渐退出历史舞台。电汇（T/T）根据其性质，分为"前 T/T"（PAYMENTIN ADVANCE）和"后 T/T"（DEFFERRED PAYMENT）两种。所谓"前 T/T"，即"预付货款"，就是卖方在发货前就已经收到了货款，然后按合同规定的时间，将货物发给买方的一种结算方法。"后 T/T"又称"货到付款"，就是在签署合同后，卖方先发货，买方收到货物后，再付款的结算方式。

2. L/C、D/P、D/A、T/T 的比较

（1）收汇风险对比。信用证方式则将应由买方承担的付款义务转化为银行的付款义务，从而引入了银行信用，使得结算的程序更加规范、严格，结算的风险得到进一步控制。D/P、D/A 中出口商通过货运单据控制货物所有权，进口商只有付款或承兑，才能取得货运单据，尽量避免了出口商"钱货两空"的惨重损失。但是托收的性质是商业信用，虽然通过银行办理，但是银行只是按照卖方的指示办事，不承担付款责任，也不负责单据的真伪，如无特殊约定，对已运到目的地的货物不负提货和看管责任。因此，卖方交货后能否收回货款，完全取决于买方的信誉，这样卖方承担的风险比较大。尤其采用 D/A 时进口商对汇票一经承兑就可提走货运单据，有可能出现货款两空的情况。前 T/T 对出口商有利，既可以降低货物出售的风险，同时也能减轻资金负担，但对进口商不利；后 T/T 对进口商有利，可做到先验货后付款，相当于得到资金融通，但对出口商不利。

（2）操作手续对比。信用证方式下，开立信用证的手续以及到期付款的手续烦琐，费用也较高；托收方式下出口商需通过银行传递货运单据，手续烦琐程度较之信用证简单，较之汇付复杂；汇付方式的操作手续相对简单，通过银行实现货款的转移，银行手续费用也相对较低。

（3）信用性质对比。信用证方式下，开证银行以自己的信用做出付款保证并负主要的付款责任，属于银行信用。汇付和托收两种方式下，买卖双方根据所签订的合同彼此提供信用，属于商业信用。银行信用较之商业信用更加安全可靠。

3. 选择支付方式时应考虑的因素

(1) 合作双方的关系程度。若双方具有长期良好合作，则可以选择费用较低的汇付或托收方式；若双方为首次合作，则需要选择相对稳妥的信用证方式。

(2) 货物标的物的价值。若货物标的物价值较高，可选用信用证支付方式，以确保货物万无一失；若货物标的物价值不高，可尝试使用电汇或跟单托收方式。

(3) 客户所在国家或地区。欧美国家经济状况稳定，法律法规健全，可采用远期信用证方式；而非洲、南美一些国家，政局不稳，各种突发事件频发，最好采用即期信用证或预付货款的方式。

总之，在进出口实际操作中，支付方式的选择并不仅是简单地从风险角度入手，需要综合考虑众多因素。作为进出口企业，需要灵活运用各种支付方式进行国际贸易结算，以分散结算的风险。

第二节　第二笔交易基本要求

本着循序渐进原则，我们将对第二笔交易的商品交易条件继续进行给定，具体要求如下。

1. 买卖商品：07001 台灯。在"淘金网""产品展示"中，找到商品编号为"07001"台灯的商品，查看该商品的详细资料（如图 11.4）。

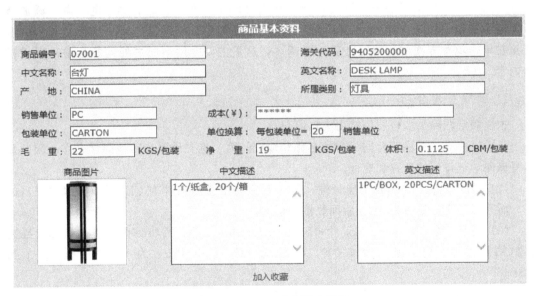

图 11.4　07001 台灯基本资料

2. 交易数量：4 000pc。由于每包装单位＝20 销售单位，4 000pc 台灯意味着总共能够装 200CARTON，总的毛重为 4 400KGS，总的体积为 22.5CBM，可以用 1 个 20'集装箱来进行装运。

3. 成交方式：D/P＋FOB。为了使学生能够灵活地掌握外贸操作，Sim Trade 实验过程中，变换交易商品、交易对象、贸易术语和结算方式都会增加系统评分。第一笔交易采用"L/C+CIF"方式成交，第二笔交易我们采用"D/P+FOB"方式成交。Sim Trade 中总共有 12 种成交方式，学生在后面的实验过程中需要尽量采用不同的成交方式。

4. 工厂报价：人民币 135 元/pc。以工厂身份登录，可在"淘金网""产品展示"中，查询到 07001 台灯的生产成本为人民币 80.5 元/pc，根据相关报价原则（下一章将详细阐述），工厂卖给出口商的价格可定为人民币 135 元/pc。

5. 出口商报价：45 美元/pc。出口商向工厂采购的成本为人民币 135 元/pc，根据相关报价原则，出口商卖给进口商的价格定为 45 美元/pc。

在第二笔交易中，建议两位同学组成一组。第一笔交易是自己分别扮演 5 个角色，Sim Trade 中需要尽量多找不同的交易对象。但是人数太多（如 5 人一组），互相等待的时间会比较长，效率较为低下，因此建议 2 人一组。由于出口商工作量较大，进口商、工厂工作量其次，银行的工作量最小（可以忽略不计），故建议：一人做出口商、出口地银行，另一人做进口商、工厂、进口地银行。等交易完成后，两人对换角色再做一遍，这样才能算是完成一笔完整的交易。

第三节　第二笔交易单据的填写

第二笔交易是与其他同学合作进行的交易，使用的是 FOB 贸易术语和 D/P 结算方式。在做第二笔交易过程中，有关信用证的部分不需要做，在填写单据时，凡是与信用证有关的内容（如信用证号、开证日期、开证银行等）可以空着不填，也不需要添加填写"不可撤销信用证申请书""信用证""信用证通知书"等单据。第二笔交易与第一笔交易在单据填写方面的相同之处就不再阐述，这里主要介绍不同之处以及容易出现错误的内容。

1. 国际买卖合同

这里假定国际买卖合同仍然由出口商起草。

(1) Messrs。要注明合同买方的名称和地址。第二笔交易因和其他同学合作，因此要填写该同学进口商的名称和地址。

(2) 交易条件。填 FOB+装运港。第一笔交易中交易条件为 CIF 后面要接的是目的港，而第二笔交易条件为 FOB 后面要接装运港。

(3) 商品明细。Product No. 为 07001，Description 部分需将该商品英文名称及描述复制粘贴过来，Quantity 为 4 000，Unit 为 PC，Unit Price 为 USD45，Amount 为 USD180 000。

(4) Total、Say Total。与商品明细对应。

(5) Payment。选择 D/P。第二笔交易时，中括号中的说明部分可将第一笔交易的"irrevocable sight letter of credit"替换为"documents against payment"，也可以空着不填。

(6) packing。分两行，第一行将 07001 台灯的规格（英文）复制粘贴过来，第二行可以和附表 1 一致，打上："Each of the carton should be indicated with Item No., Name of the Table, G. W., and C/No."

(7) Port of Destination。要填写进口商所在国家的港口。此时的进口商与第一笔交易会有所不同。

(8) Shipment。将第一笔交易中涉及信用证有关内容去掉。可以参考：All of the goods will be shipped on or before June. 20，2016. Partial shipment are not allowed。

(9) Shipping Mark。4 000pc 台灯共装 200CARTON。此处填写可参照附表 1 并做适当修改，第一行为 07001 台灯的英文名称，第二行为进口商所在国家，第三行可改为：C/NO.1－200，第四行不变。

(10) Insurance。FOB 术语下由买方负责办理保险，需将附表 1 中"SELLER"改为"BUYER"，同时将"Canada"改为进口商所在国家。

2. 出口预算表

(1) FOB 总价。采用 FOB 贸易术语成交时，FOB 总价与合同金额一致。

(2) 海运费。采用 FOB 贸易术语成交时，海运费由进口商承担，因此出口预算表中填"0"。

(3) 保险费。采用 FOB 贸易术语成交时，保险费由进口商承担，因此出口预算表中填"0"。

其他费用需根据第四章"出口预算表的填写"进行认真计算。

3. 进口预算表

(1) CIF 总价。需要在合同金额基础上加上海运费和保险费。

(2) 海运费。由进口商计算并填写。

(3) 保险费。由进口商计算并填写。

4. 贸易进口付汇核销单（代申报单）

在结算方式中勾选"托收 90 天以内"，其他内容参考附表 4 填写。

5. 不可撤销信用证开证申请书

第二笔交易结算方式为 D/P，无须添加填写。

6. 信用证

第二笔交易结算方式为 D/P，无须添加填写。

7. 信用证通知书

第二笔交易结算方式为 D/P，无须添加填写。

8. 国内买卖合同

参考附表 8 进行填写。

9. 货物出运委托书

(1) 信用证号、开征银行。非信用证方式无须填写。

(2) 贸易国别、消费国别。填写进口商所在国家。

(3) 目的港。根据新的合同填写。

(4) 运费预付、运费到付。FOB 贸易术语由进口商支付运费，因此运费预付填"NO"，运费到付填"YES"。

(5) 标志唛头。与合同保持一致。可复制合同中"Shipping Mark"内容（后面其他单据中凡是涉及运输标志的内容均可如此操作）。

(6) 件数、数量。此处的件数指包装件数，数量指销售数量。因此件数填"200CARTON"，数量填"4000PC"。

其他内容参考附表 9 填写。

10. 出境货物报检单

(1) 运输工具名称号码。在该笔交易的"配舱通知"里查找，按"船名/航次"格式填写。

(2) 信用证号。无须填写。

(3) 输往国家。用中文填写进口商所在国家。

(4) 起运地。国内"某某港"。按合同填写。

(5) 到达口岸。按合同中文填写目的港名称。

其他内容参考附表 10 填写。

11. 商业发票

(1) TRANSPORT DETAILS。注意目的港的变化。

(2) L/C NO.。此处不用填写。

(3) TERMS OF PAYMENT。第二笔交易结算方式为 D/P，此处填 D/P。

(4) 交易条件中第一笔交易的"CIF＋目的港"改为"FOB＋装运港"。

其他内容参考附表 11 填写。

12. 装箱单

(1) INVOICE NO.。需要将该笔交易商业发票的编号复制粘贴过来。

(2) Package。按包装数量填写。

其他内容参考附表 12 填写。

13. 货物运输保险投保单

第二笔交易（FOB 术语）由进口商投保。此时应由进口商添加并填写货物运输保险投保单。

(1) 发票号码。进口商可向出口商咨询商业发票号码。

(2) 被保险人。客户抬头直接填写进口商公司名称。过户一栏无须填写。

(3) 保险金额。在投保条款和险别和附表 13 一样的情况下，此处保险金额＝（合同价＋海运费）×1.1÷0.990 32。注意：海运费要到出口商"配舱通知"里查找。

其他内容参考附表 13 填写。

14. 出口收汇核销单

在出口退税专用联中，货物名称部分不要填写商品具体名称，只需填写商品的种类即可，第二笔交易可填写"灯具"。其他内容参考附表 14 填写。

15. 出口货物报关单

（1）经营单位、发货单位。均填写出口商的公司名称及海关代码。

（2）运输工具名称。在"配舱通知"里查找，按"船名/航次"格式填写。

（3）结汇方式。D/P。

（4）成交方式。FOB。

（5）运费、保费。计算后填写。运费也可以到"配舱通知"里查找，在按附表13勾选"投保条款和险别"的情况下，保费计算公式为：保险费＝保险金额×0.008 8。

（6）运抵国（地区）、指运港、最终目的国（地区）。要根据第二笔交易进口商所在国家及目的港等信息填写。

其他内容参考附表15填写。

16. 装船通知

（1）Invoice No. 填写第二笔交易商业发票号码。

（2）L/C NO. 空着不填。

其他内容参考附表16填写。

17. 普惠制产地证明书

（1）Goods consigned to (Consignee's name, address, country)。要填写收货人名称、地址、国别三项内容，即使注册地址里包含了国家，也要打个逗号后再填写进口商所在国家名称。

（2）Number and kind of packages; description of goods。填写商品的数量、包装种类及商品名称与描述，可按以下内容填写：

200 CARTON of DESK LAMP

1PC/BOX, 20PCS/CARTON

（3）Number and date of invoices。要填写商业发票号码及开具的日期。

其他内容参考附表17填写。

18. 汇票

（1）Drawn under L/C No., Dated。非信用证方式不用填写。

（2）Issued by。非信用证方式，则填进口商名称。

（3）To。被出票人（To），非信用证方式下填写进口商名称地址。

其他内容参考附表18填写。

19. 出口收汇核销单送审登记表

第二笔交易采用FOB贸易术语，因此此处FOB金额与合同价格一致。其他内容参考附表19填写。

20. 入境货物报检单

运输工具名称号码在出口商"配舱通知"或出口商发来的"SHIPPING ADVICE"里查找，按"船名/航次"格式填写。其他内容参考附表20填写。

21. 进口货物报关单

（1）经营单位、收货单位。均填写进口商公司名称及海关代码。

（2）运输工具名称、提运单号。可查看"SHIPPING ADVICE"或向出口商咨询。

（3）运费、保险费。按公式计算。运费也可在出口商"配舱通知"里查找到。在按附表13 勾选"投保条款和险别"的情况下，保费计算公式为：保险费＝保险金额×0.008 8。

（4）合同协议号。填写出口商与进口商签订合同的编号。

（5）毛重、净重。需要计算得出。

其他内容参考附表21填写。

22. 进口付汇到货核销表

（1）核销单号。按进口付汇核销单编号填写。

（2）结算方式。D/P。

（3）付汇银行名称。进口地银行名称。

（4）报关单号。按进口报关单编号填写。

其他内容参考附表22填写。

第四节　第二笔交易流程

第二笔交易也要发布广告、信息，出口商与进口商、出口商与工厂之间也要通过电子邮件进行交易磋商（具体过程参考第四章内容）。交易磋商完成后，就可以开始签订并履行合同，具体流程参照表11－1进行。

表11－1　D/P＋FOB 履约流程

说明：外销合同可以由出口商或进口商起草，国内购销合同也可以由出口商或工厂起草，然后送对方签字确认，本表中仅以出口商起草的情况为例。

No.	工　厂	出口商	出口地银行	进口地银行	进口商
1		起草外销合同			
2		添加并填写出口预算表			
3		合同送进口商			
4					添加并填写进口预算表
5					签字并确认外销合同
6		起草国内购销合同			指定船公司
7		合同送工厂			
8	签字并确认购销合同				
9	组织生产				

续表

No.	工厂	出口商	出口地银行	进口地银行	进口商
10	放货给出口商				
11	到国税局缴税				
12		添加并填写"货物出运委托书"			
13		洽订舱位			
14		添加并填写"报检单、商业发票、装箱单"			
15		出口报检			
16		添加并填写产地证明书			
17		到相关机构申请产地证			
18		到外管局申领并填写"核销单"			
19		到海关办理核销单的口岸备案			
20		添加并填写"报关单"			
21		送货到海关			
22		出口报关,货物自动出运			
23		到船公司取提单			
24		添加并填写装船通知"SHIPPING ADVICE"			
25		发送装船通知			
26		添加并填写"汇票"			查看装船通知
27		向出口地银行交单托收			添加并填写"投保单"
28			审单		到保险公司投保
29			发送进口地银行		
30				审单	
31				通知进口商取单	
32					到银行领取并填写"进口付汇核销单"
33					付款

续表

No.	工厂	出口商	出口地银行	进口地银行	进口商
34		到银行办理结汇			取回单据
35		添加并填写"出口收汇核销单送审登记表"			到船公司换提货单
36		到外管局办理核销			添加并填写"报检单"
37		到国税局办理出口退税			进口报检
38					添加并填写"报关单"
39					进口报关
40					缴税
41					提货
42					添加并填写"进口付汇到货核销表"
43					到外管局办理进口付汇核销
44					到消费市场销货

如果采用 D/A＋FOB 的方式进行交易，整个履约流程和 D/P＋FOB 大体上一致。不同之处在于：进口地银行通知进口商取回单据后，D/P 方式下进口商需要先申领并填好"进口付汇核销单"，付完款之后才能取回单据；D/A 方式下，进口商可以先进行"承兑"后取回单据，再在合适的时间（如最终销货后）进行付款（付款前要先申领并填好"进口付汇核销单"）。表 11-2 为 D/A＋FOB 详细履约流程。

表 11-2　D/A＋FOB 履约流程

说明：外销合同可以由出口商或进口商起草，国内购销合同也可以由出口商或工厂起草，然后送对方签字确认，本表中仅以出口商起草的情况为例。

No.	工厂	出口商	出口地银行	进口地银行	进口商
1		起草外销合同			
2		添加并填写出口预算表			
3		合同送进口商			
4					添加并填写进口预算表
5					签字并确认外销合同
6		起草国内购销合同			指定船公司
7		合同送工厂			
8	签字并确认购销合同				

续表

No.	工　厂	出口商	出口地银行	进口地银行	进口商
9	组织生产				
10	放货给出口商				
11	到国税局缴税				
12		添加并填写"货物出运委托书"			
13		洽订舱位			
14		添加并填写"报检单、商业发票、装箱单"			
15		出口报检			
16		添加并填写产地证明书			
17		到相关机构申请产地证			
18		到外管局申领并填写"核销单"			
19		到海关办理核销单的口岸备案			
20		添加并填写"报关单"			
21		送货到海关			
22		出口报关，货物自动出运			
23		到船公司取提单			
24		添加并填写装船通知"SHIPPING ADVICE"			
25		发送装船通知			
26		添加并填写"汇票"			查看装船通知
27		向出口地银行交单托收			添加并填写"投保单"
28			审单		到保险公司投保
29			发送进口地银行		
30				审单	
31				通知进口商取单	
32					承兑汇票
33					取回单据

续表

No.	工 厂	出口商	出口地银行	进口地银行	进口商
34					到船公司换提货单
35					添加并填写"报检单"
36					进口报检
37					添加并填写"报关单"
38					进口报关
39					缴税
40					提货
41					到消费市场销货
42					到银行领取并填写"进口付汇核销单"
43					汇票到期时付款
44					添加并填写"进口付汇到货核销表"
45					到外管局办理进口付汇核销
46		到银行办理结汇			
47		添加并填写"出口收汇核销单送审登记表"			
48		到外管局办理核销			
49		到国税局办理出口退税			

在Sim Trade中，采用托收（D/P、D/A）方式时，结汇时可以按照以下流程进行。

1. 货物装运后，"出口商"在业务中心单击"出口地银行"按钮，选"托收"，选择装箱单、商业发票、海运提单、汇票、原产地证书等相应单据（CIF术语还要选保险单），然后单击"托收"按钮。

2. 以出口地银行身份登录，单击"结汇单据"按钮，选中相应单据，单击"送进口地银行"按钮。

3. 以进口地银行身份登录，单击"结汇单据"按钮，选中相应单据，单击"通知进口商"按钮。

4. 以进口商身份登录，在业务中心单击"进口地银行"按钮，先申领核销单，在单据列表中打开并填好核销单，检查确定无误。再单击"进口地银行"按钮，D/A方式下先单击"承兑"，再单击"取回单据"按钮，再单击"付款"按钮；D/P方式下，先单击"付款"按钮，再单击"取回单据"按钮。

5. 以出口商身份登录，业务中心单击"出口地银行"按钮，单击"结汇"按钮。

请记住：在非信用证结算方式下，只有当进口商付款之后，出口商才能够结汇。如果出口商无法结汇，请提醒进口商及时付款。

提示：第二笔交易在起草合同时需要注意，交易对象编号填合作伙伴的学号，本地银行编号填自己的学号。如果由进口商办理保险，在投保时，无须商业发票，只需"出运货物投保单"即可办理投保手续。

本章小结

本章主要讲解第二笔交易。首先分别对 Sim Trade 实验的不同贸易术语（FOB、CFR、CIF）和不同结算方式（L/C、D/P、D/A、T/T）进行了比较，对第二笔交易买卖商品、交易数量、成交方式、工厂报价、出口商报价等基本要求做了明确。然后对第二笔交易单据的填写与第一笔交易的不同之处以及容易出现错误的内容进行了阐述。接下来以表格的方式对第二笔交易流程进行了罗列。最后对 Sim Trade 中采用托收（D/P、D/A）方式的结汇流程进行了总结。

复习思考题

1. 试比较 FOB、CFR、CIF 三组贸易术语的异同。
2. 请对 L/C、D/P、D/A、T/T 四种结算方式进行比较。
3. 对第二笔交易给定的条件，具体要求有哪些？
4. 与第一笔交易相比较，第二笔交易在单据填写方面有哪些不同之处？
5. 第二笔交易的流程是怎样的？

第十二章　其他笔交易

【学习目标】

1. 掌握买卖商品目标市场和目标产品的选择技巧。
2. 掌握买卖商品数量确定的原则方法。
3. 掌握工厂向出口商报价、出口商向进口商报价的计算方法。
4. 掌握其他交易方式下的贸易流程。
5. 了解并学会处理 Sim Trade 使用过程中的常见问题。

【实验任务】

完成不同交易商品、交易对象、贸易术语、结算方式条件下的多笔交易，直至完全掌握 Sim Trade 操作流程，准确填写各种单据，正确进行进出口预算，获得满意的分数为止。

在 Sim Trade 实习过程中，要求学生能用不同的贸易术语、不同的结算方式、买卖不同的商品和不同的交易对象合作，尽量完成多笔交易业务。一般需要完成 5 笔完整交易操作方可及格，如需进一步熟悉外贸流程、掌握单据填写技巧获得更高的评分，需要完成更多笔交易操作。学生一旦熟悉了 Sim Trade 基本操作，后续实验将能够很快进行。

第一节　买卖商品的选择与报价

第二笔交易完成以后，我们对后面其他笔交易的交易对象、商品数量种类、贸易术语、结算方式等交易条件将不再进行限制。学生在开始进行第三笔交易之前，需要思考以下问题：第一，目标市场和目标产品如何选择？第二，买卖多少数量的商品合适？第三，工厂如何向出口商报价？出口商又如何向进口商报价？

一、目标市场和目标产品的选择

1. 选择目标市场

在交易开始前，我们通常要考虑产品销到哪个市场去，价格怎样，竞争状况如何，怎样销售等问题。这就要求我们加强对国际市场的调查研究，通过各种途径广泛了解产品和市场情况，以便从中选择适当的产品和市场，并有针对性地制定适当的策略。例如，在圣诞节前夕，欧美客户对玩具的需求量会增多，将玩具出口到这些国家和地区会有较好销路。又如突然收到世界上某个地区即将爆发战争、居民纷纷抢购食品的信息，向该地区出口食品可能会面临着价格上涨的商机。在 Sim Trade 中,可从"市场信息"、"买卖信息"中寻找适当的目标市场。

2. 选择交易商品

在 Sim Trade 中,选择交易产品可以分以下两步进行操作。

(1) 通过从选定的目标市场、主页上的"买卖信息"中分析某种产品的销售趋势,分析利润空间是否合适等情况选择交易商品。

(2) 在"产品展示"中打开"详细情况",了解目标产品的基本特点,如目前市场上的价格、有关包装的描述、重量、体积、销售单位、包装单位等,为以后的交易磋商做好准备。

3. 选择交易对象

正确选择交易对象,对于我们发展业务、扩大出口有很大关系。了解交易对象的途径很多,在实际业务中,出口商可以通过驻外机构、有关国家的银行、商会和咨询公司,也可以通过举办交易会、展览会、技术交流会、学术研讨会主动接触交易对象并进行了解;了解国内供应商,可以通过我国相关的行业类特殊机构、互联网、电话黄页、商会和咨询公司,也可以通过主动接触供应商进行了解和选择。

在 Sim Trade 中,可从"买卖信息""广告""公司库""榜上有名"等渠道寻找进口商和供应商,并记下交易对象的编号,为邮件联络做准备。

二、商品交易数量的确定

首先,商品数量不宜太少。在刚开始交易时,部分同学没有做好预算工作,签合同时交易商品数量过少,整体交易额过小。而国际货物买卖需要支付关税、增值税、消费税、运费、保险费、报检费、报关费、核销费等多种税费。买卖商品数量过少,辛辛苦苦做一笔交易所得到的利润可能还不够缴各种税费,这样就会出现交易赚不到钱甚至亏损的结果。Sim Trade 中的某些商品,较为笨重,海运费可能会非常高,在选择交易时需要慎重。

其次,商品数量不宜过多。在 Sim Trade 中,出口商、工厂的注册资金各为人民币 100 万元,进口商注册资金为相当于人民币 200 万元的外币。一些同学没有注意到公司财务状况,买卖过多数量的商品(尤其是一些体积小、重量轻、价值大的商品,如眼镜、口红等产品),商品交易额超过各个角色现有资金,付款时就会出现金额不足。虽然可以向银行申请贷款,但是系统允许贷款的总额为人民币 500 万,超出部分银行将不予批准。因此,不管进口商,还是出口商,都要根据自己资金状况选择适当数量商品进行交易。

由于一个集装箱的运费是固定的,在一个集装箱有效容积和最大限重之内尽量多装货物,将会使得单件商品的运费得到降低。在 Sim Trade 实验过程中,通常以一个 20' 或 40' 集装箱的可装数量作为交易数量。在 Sim Trade 中,20' 集装箱的有效容积为 25CBM,限重 17.5TNE;40' 集装箱的有效容积为 55CBM,限重 26TNE。

从节省运费角度确定交易数量,范例如下。

例 12 − 1:商品 01002 洋菇罐头(切片),销售单位和包装单位都是 CARTON(箱),每箱体积为 0.017 943CBM,毛重为 14.784KGS。如用 20' 集装箱运输,出口时交易数量多少合适?

解:在"淘金网""产品展示"中找到 01002 洋菇罐头(切片)的基本资料,如

图 12.1 所示。

图 12.1　01002 洋菇罐头（切片）基本资料

按体积计算，可装箱数为 25÷0.017 943＝1 393.30，取整 1 393 箱。

按重量计算，可装箱数为 17.5×1 000÷14.784＝1 183.71，取整箱 1 183 箱。

由于货物体总体积、总重量均不能超过一个 20' 集装箱有效容积和限重，因此需要从以上计算出的数据中取一个较小的数据作为最大装货量。也就是说，一个 20' 集装箱最多能够装 1 183 箱 01002 洋菇罐头（切片）。由于销售单位和包装单位相同，该商品的最高报价数量为 1 183 箱。为了方便交易，在进出口交易时可以交易 1 100 箱或 1 000 箱。

例 12 - 2：商品 04001 木制茶具，销售单位 SET（件），包装单位 CARTON（箱），每包装单位＝5 个销售单位。每箱体积为 0.160 64CBM，毛重为 6.2KGS。试计算该商品用一个 40' 集装箱运输时，出口时交易数量为多少合适？

解：在"淘金网""产品展示"中找到 04001 木制茶具的基本资料，如图 12.2 所示。

图 12.2　04001 木制茶具基本资料

按体积计算，可装箱数为 55÷0.160 64＝342.38，取整 342 箱。

按重量计算，可装箱数为 26×1 000÷6.2＝4 193.55，取整 4 193 箱。

从以上计算出的数据中取一个较小的数据作为最大装货量。也就是说，一个 40' 集装箱最多能够装 342 箱 04001 木制茶具。为了方便交易，在出口时可以按 340 箱进行装运。此时需要注意的是，04001 木制茶具销售单位和包装单位不同，每包装单位＝5 个销售单位，因此，合理的交易数量为 340×5＝1 700（SET）。

对于一些体积较小、毛重较轻而价值又较高的商品（如眼镜、口红等），在确定销售数量时，不宜选用一个 20' 集装箱或 40' 集装箱来确定。假如选用一个 20' 集装箱，根据充分利用集装箱的原则，将需要装运 1 157CARTON，而每包装单位＝180 销售单位，09001 太阳眼镜仅生产成本就为人民币 21 元（如图 12.3），这样出口商与工厂、出口商与进口商的交易额会远远大于各自的注册资金，可能会导致交易无法进行。对于这类商品，在装运时可选用拼箱（LCL）方式进行，商品交易数量无须根据集装箱的有效容积和最大限重来确定，但最好为每包装单位所装销售单位数量（如 09001 太阳眼镜为 180 副）的整数倍。

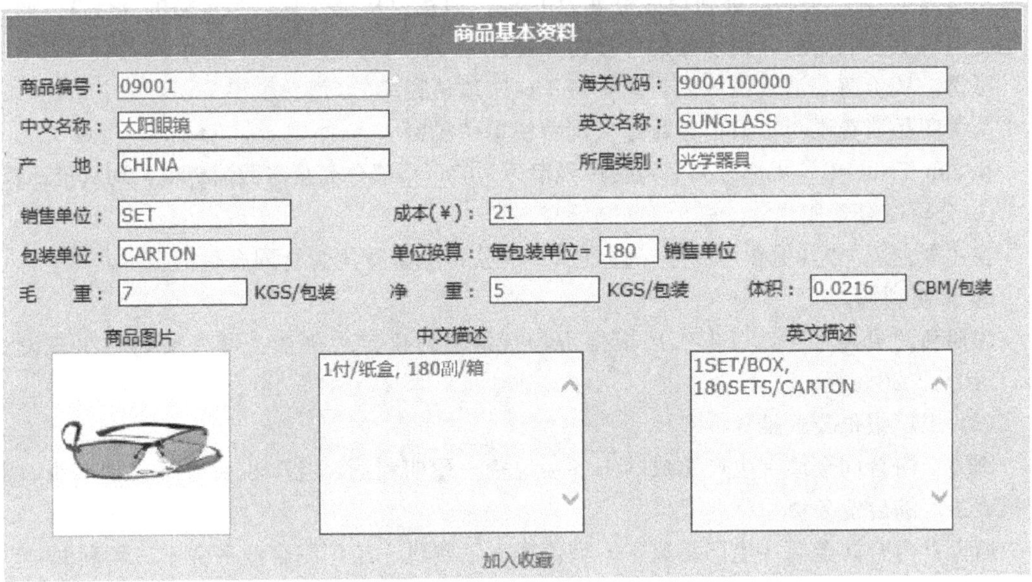

图 12.3　09001 太阳眼镜基本资料

三、商品定价

商品的价格由成本、各项税费和预期利润三个部分组成。不论是工厂将商品销售给出口商，还是出口商将商品销售给进口商，在定价过程中，商品价格都要包含这样三个部分。因此，在报价之前，必须搞清楚成本、各项税费共有多少，利润率估计是多少（利润由定价方自行确定，可多可少）。

1. **工厂向出口商定价**

（1）内合同金额的构成。

内合同金额是指工厂与出口商签订国内买卖合同的总金额（总价），等于商品销售单价乘以销售数量。根据以上分析可知：内合同金额＝生产总成本＋各项税费＋预期利润。

① 生产成本。

以工厂角色登录后可在"淘金网""产品展示"中查询得到单件商品的生产成本，在此基础上乘以销售数量即为生产总成本。

② 各项税费。

Sim Trade 里，工厂在完成一笔业务的过程中，须缴纳和花费的费用包括三项：增值税、消费税与公司综合费用。这三种费用的计算方法如下。

A. 增值税。

进入"淘金网""税率"页面，输入商品海关编码进行查询（例如，输入商品 01001 的海关编码 2003101100，查到增值税率为 17%）。如果一笔合同涉及多项商品，则须分别计算再累加。

可得：商品增值税＝内合同金额÷（1＋增值税率）×增值税率

B. 消费税。

进入"淘金网""税率"页面，输入商品海关编码进行查询（例如，输入商品 10001 的海关编码 3304100000，查到增值税率为 17%，消费税从价计算，为价格的 30%）。如果一笔合同涉及多项商品，则须分别计算再累加。

可得：从价商品消费税＝内合同金额÷（1＋增值税率）×消费税率

从量商品消费税＝出口销售数量×消费税单位税额

在 Sim Trade 中，大部分商品消费税税率为"0"，小部分商品需缴消费税，均从价计算。

C. 公司综合费用。

在"淘金网""其他费用"中，查到工厂的公司综合费用为合同金额的 5%。

③ 预期利润。

预期利润可大可小，可由工厂根据市场行情自行确定。例如：可将预期利润率设为 5%、10%、20%等。

（2）工厂报价公式推导。

因为：内合同金额＝生产总成本＋各项税费＋预期利润，各项税费包括：增值税、消费税、工厂综合业务费

所以：内合同金额＝生产总成本＋增值税＋消费税＋工厂综合业务费＋工厂利润

又因为：增值税＝内合同金额÷（1＋增值税率）×增值税率，消费税＝内合同金额÷（1＋增值税率）×消费税率，工厂综合业务费＝内合同金额×5%，工厂利润＝内合同金额×预期利润率

所以：内合同金额＝生产总成本＋内合同金额÷（1＋增值税率）×（增值税率＋消费税率）＋内合同金额×5%＋内合同金额×预期利润率

将公式进行合并同类项整理后可推导出：

内合同金额＝生产总成本÷[1－（增值税率＋消费税率）÷（1＋增值税率）－5%－预期利润率]

又因为：工厂报价（单价）等于内合同金额÷销售数量，生产成本＝生产总成本÷销售数量

所以：工厂报价＝生产成本÷[1－（增值税率＋消费税率）÷（1＋增值税率）－5%－预期利润率]

(3) 工厂报价举例。

① 以 01005 甜玉米罐头为例。

查看"淘金网",以工厂角色登录后,产品展示中显示成本为 43.47 元。查看"税费查询",输入商品海关代码 2005800000,查得结果如下:增值税 17%,消费税 0。工厂预期利润假设为 10%。

工厂报价 = 43.47 ÷ [1 − 0.17 ÷ (1 + 0.17) − 0.05 − 0.1]
　　　　 = 61.69 元/箱

为方便计算,工厂报价可为 62 元/箱。

② 以 10001 口红 L-33 为例。

查看"淘金网",工厂角色登录后,产品展示中显示成本为 108 元。查看"税费查询",输入商品海关代码 3304100000,查得结果如下:增值税 17%,消费税 30%。工厂预期利润假设为 20%。

工厂报价 = 108 ÷ [1 − (0.17 + 0.3) ÷ (1 + 0.17) − 0.05 − 0.2]
　　　　 = 310.09 元/件

为方便计算,工厂报价可为 310 元/件。

2. 出口商向进口商报价

(1) 出口商报价的构成。

根据"报价=成本+各项税费+预期利润"的原则,出口商在采用 FOB 贸易术语条件下,合同总报价=实际采购成本+各项国内费用之和+预期利润。

① 实际采购成本。

实际采购成本=采购成本-退税收入

采购成本是指出口商向工厂买进商品的名义成本,等于工厂报价(单价)乘以销售数量。退税收入对于出口商来说是一笔额外的收入,出口商需要计算实际采购成本,采购成本扣除退税收入后为实际采购成本。商品出口退税收入的计算参考第四章预算表填写部分的内容。

② 各项国内费用之和。

对照出口预算表,国内各项费用之和包括:内陆运费、报检费、报关费、核销费、银行费用、其他费用。在 Sim Trade 中,其他费用的构成为:出口商公司综合费率 5%(合同总报价×5%)、证明书费 RMB200/份、邮费 USD28/次(仅 T/T 方式下有邮费)。

③ 预期利润。

预期利润可大可小,可由出口商根据市场行情自行确定。例如:可将预期利润率设为 5%、10%、20%等。

(2) 出口商报价公式的推导。

由以上内容可知:

FOB 合同总报价=采购成本-退税收入+内陆运费+报检费+报关费+核销费+银行费用+出口商公司综合费+证明书费+邮费+预期利润

而:出口商公司综合费=合同总报价×5%,预期利润=合同总报价×预期利润率

所以:FOB 合同总报价=采购成本-退税收入+内陆运费+报检费+报关费+核销

费＋银行费用＋FOB合同总报价×5%＋证明书费＋邮费＋FOB合同总报价×预期利润率

将公式进行合并同类项整理后可推导出：

FOB合同总报价＝(采购成本－退税收入＋内陆运费＋报检费＋报关费＋核销费＋银行费用＋证明书费＋邮费)÷(1－5%－预期利润率)

由国际贸易实务知识可知CFR报价比FOB报价多了一个海运费，CIF报价又比CFR报价多了一个保险费。因此可以推出：

CFR合同总报价＝(采购成本－退税收入＋内陆运费＋报检费＋报关费＋核销费＋银行费用＋证明书费＋邮费＋海运费)÷(1－5%－预期利润率)

CIF合同总报价＝(采购成本－退税收入＋内陆运费＋报检费＋报关费＋核销费＋银行费用＋证明书费＋邮费＋海运费)÷(1－5%－预期利润率－1.1×保险费率)

以上假定银行费用为固定金额（银行费用一般有最低和最高限，另T/T方式下出口商没有银行费用）的情况。如果银行费用不固定，需要根据合同总报价的百分比来收取，则：

FOB合同总报价＝(采购成本－退税收入＋内陆运费＋报检费＋报关费＋核销费＋证明书费＋邮费)÷(1－5%－银行费率－预期利润率)

CFR合同总报价＝(采购成本－退税收入＋内陆运费＋报检费＋报关费＋核销费＋证明书费＋邮费＋海运费)÷(1－5%－银行费率－预期利润率)

CIF合同总报价＝(采购成本－退税收入＋内陆运费＋报检费＋报关费＋核销费＋证明书费＋邮费＋海运费)÷(1－5%－银行费率－预期利润率－1.1×保险费率)

上面的报价为人民币计价的总报价，但出口报价一般要用美元、欧元等国际通用货币，因此需要将人民币报价换算成外币（如美元），再用外币计价的总报价除以销售数量，就可以得到单件商品的外币报价。为了方便计算，一般也要进行"取整"处理。

(3) 出口商报价举例。

例12-3：假设交易情况如下：交易商品：01001洋菇罐头（整粒）；数量：1 000 CARTONS；工厂报价：RMB50/CARTON；与进口商的价格条件为：CIF MARSEILLES；支付方式：T/T；所需证书：普惠制产地证；投保险别：一切险、战争险；出口商预期利润率：20%。请问出口商如何给出该商品的FOB价、CFR价和CIF价？

准备工作：先查看该商品的基本资料（如图12.4），计算出总体积、总毛重。由商品基本资料可知：每包装单位01001洋菇罐头（整粒）的毛重为11.2KGS，体积为0.014 739CBM。查"淘金网""银行"得知，美元：人民币＝1：6.387 8。查"淘金网""保险费"计算得知，在投保险别为一切险、战争险的情况下，保险费率＝0.008 8。

解：(1) 商品基本计算。

总体积＝每包装单位的体积×包装数量＝0.014 739×1 000＝14.739（CBM）。

总毛重＝每包装单位的毛重×包装数量＝11.2×1 000÷1 000＝11.2（TNE）。

(2) 计算各项费用。

① 采购成本：50×1 000＝50 000（元）。

② 内陆运费＝14.739×60＝884.34（元）。

③ 报检费＝200（元）（查"淘金网""其他费用"得知）。

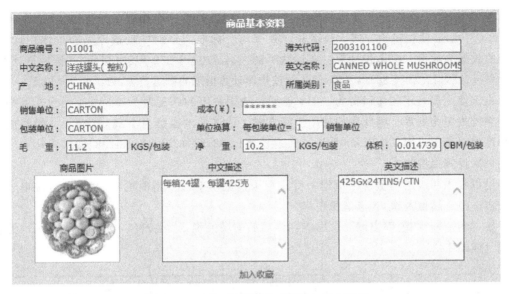

图 12.4　01001 洋菇罐头（整粒）基本资料

④ 报关费＝200（元）（查"淘金网""其他费用"得知）。

⑤ 核销费＝10（元）（查"淘金网""其他费用"得知）。

⑥ 银行费用＝0（元）。（T/T 方式下出口商无银行费用）。

⑦ 证明书费＝200（元）（1 张证书费用）。

⑧ 邮费＝28×6.387 8＝178.86(元)。

⑨ 海运费＝8 728.29（元）。由于 1 000CARTON 的 01001 洋菇罐头（整粒）总体积 14.739CBM，总重量（总毛重）11.2TNE，与一个 20' 集装箱有效容积 25CBM、限重 17.5TNE 均存在较大的差距，我们可以将使用拼箱方式和使用一个 20' 集装箱的海运费进行对比，看看是拼箱费用低还是集装箱费用低。在"淘金网""运费查询"中查得马赛港港口费用信息（如图 12.5）。

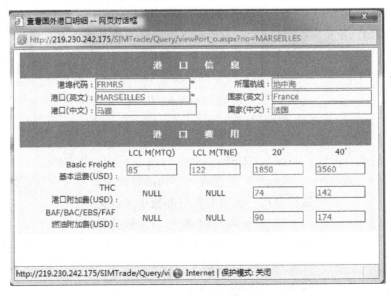

图 12.5　马赛港运费信息

使用一个20'集装箱的海运费＝基本运费1 850＋港口附加费74＋燃油附加费90＝2 014（美元）。使用拼箱方式，海运费计算有两个标准，分别按重量计算和按体积计算：取大的数据为运费。按体积计算：海运费＝85×14.739＝1 252.815（美元）；按重量计算，海运费＝122×11.2＝1 366.4（美元）。故按拼箱计算出来的海运费为：1 366.4（美元）。

由于使用集装箱的海运费为2 014美元，使用拼箱的海运费为1 366.4美元，可知使用拼箱方式更为划算。因此我们使用拼箱方式，最终的海运费为1 366.4美元。换算成人民币需乘以美元汇率6.387 8。所以：海运费＝1 366.4×6.387 8＝8 728.29（元）。

（3）计算退税收入。

退税收入＝应退增值税＋应退消费税＝采购成本÷（1＋增值税率）×出口退税率＋采购成本÷（1＋增值税率）×消费税税率

在"淘金网""税率查询"页面查到该商品的增值税率为17％，退税率为15％，无消费税（如图12.6）。

海关编码	货名	进口税% 普通	进口税% 优惠	出口税%	增值税%	消费税 从量	消费税 从价%	退税%	单位	监管条件
2003101100	小白蘑菇罐头（指洋蘑菇，用醋或醋酸以外其他方法制作或保藏的）	90	25	0	17	0	0	15	千克	AB

图12.6 洋菇罐头（整粒）适用税率

则：退税收入＝50 000÷（1＋17％）×15％＝6 410.26(元)。

（4）运用公式进行报价。

① FOB合同总报价＝(采购成本－退税收入＋内陆运费＋报检费＋报关费＋核销费＋
    银行费用＋证明书费＋邮费)÷(1－5％－预期利润率)
  ＝(50 000－6 410.26＋884.34＋200＋200＋10＋0＋200＋178.86)÷
    (1－0.05－0.20)
  ＝60 350.59(元)

换算成美元：60 350.59÷6.387 8＝9 447.79(美元)

总报价取整可为：9 400美元。FOB单价为9.4美元/CARTON。

② CFR合同总报价＝(采购成本－退税收入＋内陆运费＋报检费＋报关费＋核销费＋
    银行费用＋证明书费＋邮费＋海运费)÷(1－5％－预期利润率)
  ＝(50 000－6 410.26＋884.34＋200＋200＋10＋0＋200＋
    178.86＋8 728.29)÷(1－0.05－0.20)
  ＝71 988.31(元)

换算成美元：71 988.31÷6.387 8＝11 269.66(美元)

总报价取整可为：11 300美元。CFR单价为11.3美元/CARTON。

③ CIF合同总报价＝(采购成本－退税收入＋内陆运费＋报检费＋报关费＋核销费＋
    银行费用＋证明书费＋邮费＋海运费)÷
    (1－5％－预期利润率－1.1×保险费率)
  ＝(50 000－6 410.26＋884.34＋200＋200＋10＋0＋200＋
    178.86＋8 728.29)÷(1－0.05－0.20－1.1×0.008 8)
  ＝72 929.58(元)

换算成美元：72 929.58÷6.387 8＝11 417.01(美元)。

总报价取整可为：11 400 美元。CIF 单价为 11.4 美元/CARTON。

第二节 其他方式下的交易流程

Sim Trade 中共有四种结算方式（L/C、D/P、D/A、T/T）和三组贸易术语（CIF、CFR、FOB），共可组合出 12 种成交方式，分别是：L/C＋CIF、L/C＋CFR、L/C＋FOB、D/P＋CIF、D/P＋CFR、D/P＋FOB、D/A＋CIF、D/A＋CFR、D/A＋FOB、T/T＋CIF、T/T＋CFR 和 T/T＋FOB。第一、二笔交易分别使用了 L/C＋CIF、D/P＋FOB 两种成交方式，并对它们的履约流程进行了介绍，第十一章也列出了 D/A＋FOB 履约流程。其他 9 种成交方式的履约流程与前面两种有很多相同之处，这里不再展开阐述，仅用表格方式罗列出来。学生在操作初期，需要严格按照流程一步步往下做，等做到一定程度后，就能够灵活掌握运用。需要说明的是，外销合同可以由出口商或进口商起草，国内购销合同也可以由出口商或工厂起草，然后送对方签字确认。从表 12－1 到表 12－9 中，均以出口商起草合同的情况为例。

一、L/C＋CFR 履约流程

L/C＋CFR 履约流程参见表 12－1。

表 12－1　L/C＋CFR 履约流程

No.	工　厂	出口商	出口地银行	进口地银行	进口商
1		起草外销合同			
2		添加并填写出口预算表			
3		合同送进口商			
4					添加并填写进口预算表
5					签字并确认外销合同
6					到银行领取并填写"进口付汇核销单"
7					添加并填写开证申请书
8					发送开证申请
9				根据申请书填写信用证	
10				送进口商确认	
11					对照合同查看信用证
12					同意信用证
13				通知出口地银行	
14			审核信用证		

续表

No.	工厂	出口商	出口地银行	进口地银行	进口商
15			填写信用证通知书		
16			通知出口商		
17		对照合同审核信用证			
18		接受信用证			
19		起草国内购销合同			
20		合同送工厂			
21	签字并确认购销合同				
22	组织生产				
23	放货给出口商				
24	到国税局缴税				
25		添加并填写"货物出运委托书"			
26		指定船公司			
27		洽订舱位			
28		添加并填写"报检单、商业发票、装箱单"			
29		出口报检			
30		添加并填写产地证明书			
31		到相关机构申请产地证			
32		到外管局申领并填写"核销单"			
33		到海关办理核销单的口岸备案			
34		添加并填写"报关单"			
35		送货到海关			
36		出口报关,货物自动出运			
37		到船公司取提单			
38		添加并填写装船通知"SHIPPING ADVICE"			

续表

No.	工厂	出口商	出口地银行	进口地银行	进口商
39		发送装船通知			
40		添加并填写"汇票"			查看装船通知
41		向出口地银行交单押汇			添加并填写"投保单"
42			审单		到保险公司投保
43			发送进口地银行		
44		到银行办理结汇		审单	
45		添加并填写"出口收汇核销单送审登记表"		通知进口商取单	
46		到外管局办理核销			到银行付款
47		到国税局办理出口退税			取回单据
48					到船公司换提货单
49					添加并填写"报检单"
50					进口报检
51					添加并填写"报关单"
52					进口报关
53					缴税
54					提货
55					添加并填写"进口付汇到货核销表"
56					到外管局办理进口付汇核销
57					到消费市场销货

二、L/C+FOB 履约流程

L/C+FOB 履约流程参见表 12-2。

表 12-2 L/C+FOB 履约流程

No.	工厂	出口商	出口地银行	进口地银行	进口商
1		起草外销合同			
2		添加并填写出口预算表			
3		合同送进口商			
4					添加并填写进口预算表

续表

No.	工　厂	出口商	出口地银行	进口地银行	进口商
5					签字并确认外销合同
6					到银行领取并填写"进口付汇核销单"
7					添加并填写开证申请书
8					发送开证申请
9				根据申请书填写信用证	
10				送进口商确认	
11					对照合同查看信用证
12					同意信用证
13				通知出口地银行	
14			审核信用证		
15			填写信用证通知书		
16			通知出口商		
17		对照合同审核信用证			
18		接受信用证			
19		起草国内购销合同			指定船公司
20		合同送工厂			
21	签字并确认购销合同				
22	组织生产				
23	放货给出口商				
24	到国税局缴税				
25		添加并填写"货物出运委托书"			
26		洽订舱位			
27		添加并填写"报检单、商业发票、装箱单"			
28		出口报检			
29		添加并填写产地证明书			
30		到相关机构申请产地证			

续表

No.	工 厂	出口商	出口地银行	进口地银行	进口商
31		到外管局申领并填写"核销单"			
32		到海关办理核销单的口岸备案			
33		添加并填写"报关单"			
34		送货到海关			
35		出口报关,货物自动出运			
36		到船公司取提单			
37		添加并填写装船通知"SHIPPING ADVICE"			
38		发送装船通知			
39		添加并填写"汇票"			查看装船通知
40		向出口地银行交单押汇			添加并填写"投保单"
41			审单		到保险公司投保
42			发送进口地银行		
43		到银行办理结汇		审单	
44		添加并填写"出口收汇核销单送审登记表"		通知进口商取单	
45		到外管局办理核销			到银行付款
46		到国税局办理出口退税			取回单据
47					到船公司换提货单
48					添加并填写"报检单"
49					进口报检
50					添加并填写"报关单"
51					进口报关
52					缴税
53					提货
54					添加并填写"进口付汇到货核销表"
55					到外管局办理进口付汇核销
56					到消费市场销货

三、D/P+CIF 履约流程

D/P+CIF 履约流程参见表 12-3。

表 12-3　D/P+CIF 履约流程

No.	工厂	出口商	出口地银行	进口地银行	进口商
1		起草外销合同			
2		添加并填写出口预算表			
3		合同送进口商			
4					添加并填写进口预算表
5					签字并确认外销合同
6		起草国内购销合同			
7		合同送工厂			
8	签字并确认购销合同				
9	组织生产				
10	放货给出口商				
11	到国税局缴税				
12		添加并填写"货物出运委托书"			
13		指定船公司			
14		洽订舱位			
15		添加并填写"报检单、商业发票、装箱单"			
16		出口报检			
17		添加并填写产地证明书			
18		到相关机构申请产地证			
19		添加并填写"投保单"			
20		到保险公司投保			
21		到外管局申领并填写"核销单"			
22		到海关办理核销单的口岸备案			
23		添加并填写"报关单"			
24		送货到海关			

续表

No.	工 厂	出口商	出口地银行	进口地银行	进口商
25		出口报关，货物自动出运			
26		到船公司取提单			
27		添加并填写装船通知"SHIPPING ADVICE"			
28		发送装船通知			
29		添加并填写"汇票"			
30		向出口地银行交单托收			
31			审单		
32			发送进口地银行		
33				审单	
34				通知进口商取单	
35					到银行领取并填写"进口付汇核销单"
36					付款
37		到银行办理结汇			取回单据
38		添加并填写"出口收汇核销单送审登记表"			到船公司换提货单
39		到外管局办理核销			添加并填写"报检单"
40		到国税局办理出口退税			进口报检
41					添加并填写"报关单"
42					进口报关
43					缴税
44					提货
45					添加并填写"进口付汇到货核销表"
46					到外管局办理进口付汇核销
47					到消费市场销货

四、D/P+CFR 履约流程

D/P+CFR 履约流程参见表 12-4。

表 12-4 D/P+CFR 履约流程

No.	工　厂	出口商	出口地银行	进口地银行	进口商
1		起草外销合同			
2		添加并填写出口预算表			
3		合同送进口商			
4					添加并填写进口预算表
5					签字并确认外销合同
6		起草国内购销合同			
7		合同送工厂			
8	签字并确认购销合同				
9	组织生产				
10	放货给出口商				
11	到国税局缴税				
12		添加并填写"货物出运委托书"			
13		指定船公司			
14		洽订舱位			
15		添加并填写"报检单、商业发票、装箱单"			
16		出口报检			
17		添加并填写产地证明书			
18		到相关机构申请产地证			
19		到外管局申领并填写"核销单"			
20		到海关办理核销单的口岸备案			
21		添加并填写"报关单"			
22		送货到海关			
23		出口报关,货物自动出运			

续表

No.	工厂	出口商	出口地银行	进口地银行	进口商
24		到船公司取提单			
25		添加并填写装船通知"SHIPPING ADVICE"			
26		发送装船通知			
27		添加并填写"汇票"			查看装船通知
28		向出口地银行交单托收			添加并填写"投保单"
29			审单		到保险公司投保
30			发送进口地银行		
31				审单	
32				通知进口商取单	
33					到银行领取并填写"进口付汇核销单"
34					付款
35		到银行办理结汇			赎单
36		添加并填写"出口收汇核销单送审登记表"			到船公司换提货单
37		到外管局办理核销			添加并填写"报检单"
38		到国税局办理出口退税			进口报检
39					添加并填写"报关单"
40					进口报关
41					缴税
42					提货
43					添加并填写"进口付汇到货核销表"
44					到外管局办理进口付汇核销
45					到消费市场销货

五、D/A＋CIF 履约流程

D/A＋CIF 履约流程参见表 12-5。

表 12-5 D/A+CIF 履约流程

No.	工 厂	出口商	出口地银行	进口地银行	进口商
1		起草外销合同			
2		添加并填写出口预算表			
3		合同送进口商			
4					添加并填写进口预算表
5					签字并确认外销合同
6		起草国内购销合同			
7		合同送工厂			
8	签字并确认购销合同				
9	组织生产				
10	放货给出口商				
11	到国税局缴税				
12		添加并填写"货物出运委托书"			
13		指定船公司			
14		洽订舱位			
15		添加并填写"报检单、商业发票、装箱单"			
16		出口报检			
17		添加并填写产地证明书			
18		到相关机构申请产地证			
19		添加并填写"投保单"			
20		到保险公司投保			
21		到外管局申领并填写"核销单"			
22		到海关办理核销单的口岸备案			
23		添加并填写"报关单"			
24		送货到海关			
25		出口报关,货物自动出运			
26		到船公司取提单			

续表

No.	工厂	出口商	出口地银行	进口地银行	进口商
27		添加并填写装船通知"SHIPPING ADVICE"			
28		发送装船通知			
29		添加并填写"汇票"			
30		向出口地银行交单托收			
31			审单		
32			发送进口地银行		
33				审单	
34				通知进口商取单	
35					承兑汇票
36					取回单据
37					到船公司换提货单
38					添加并填写"报检单"
39					进口报检
40					添加并填写"报关单"
41					进口报关
42					缴税
43					提货
44					到消费市场销货
45					到银行领取并填写"进口付汇核销单"
46					汇票到期时付款
47					添加并填写"进口付汇到货核销表"
48					到外管局办理进口付汇核销
49		到银行办理结汇			
50		添加并填写"出口收汇核销单送审登记表"			
51		到外管局办理核销			
52		到国税局办理出口退税			

六、D/A+CFR 履约流程

D/A+CFR 履约流程参见表 12-6。

表 12-6 D/A+CFR 履约流程

No.	工 厂	出口商	出口地银行	进口地银行	进口商
1		起草外销合同			
2		添加并填写出口预算表			
3		合同送进口商			
4					添加并填写进口预算表
5					签字并确认外销合同
6		起草国内购销合同			
7		合同送工厂			
8	签字并确认购销合同				
9	组织生产				
10	放货给出口商				
11	到国税局缴税				
12		添加并填写"货物出运委托书"			
13		指定船公司			
14		洽订舱位			
15		添加并填写"报检单、商业发票、装箱单"			
16		出口报检			
17		添加并填写产地证明书			
18		到相关机构申请产地证			
19		到外管局申领并填写"核销单"			
20		到海关办理核销单的口岸备案			
21		添加并填写"报关单"			
22		送货到海关			
23		出口报关,货物自动出运			

续表

No.	工厂	出口商	出口地银行	进口地银行	进口商
24		到船公司取提单			
25		添加并填写装船通知"SHIPPING ADVICE"			
26		发送装船通知			
27		添加并填写"汇票"			查看装船通知
28		向出口地银行交单托收			添加并填写"投保单"
29			审单		到保险公司投保
30			发送进口地银行		
31				审单	
32				通知进口商取单	
33					承兑汇票
34					取回单据
35					到船公司换提货单
36					添加并填写"报检单"
37					进口报检
38					添加并填写"报关单"
39					进口报关
40					缴税
41					提货
42					到消费市场销货
43					到银行领取并填写"进口付汇核销单"
44					汇票到期时付款
45					添加并填写"进口付汇到货核销表"
46					到外管局办理进口付汇核销
47		到银行办理结汇			
48		添加并填写"出口收汇核销单送审登记表"			
49		到外管局办理核销			
50		到国税局办理出口退税			

七、T/T+CIF 履约流程

T/T+CIF 履约流程参见表 12-7。

表 12-7 T/T+CIF 履约流程

No.	工　厂	出口商	出口地银行	进口地银行	进口商
1		起草外销合同			
2		添加并填写出口预算表			
3		合同送进口商			
4					添加并填写进口预算表
5					签字并确认外销合同
6		起草国内购销合同			
7		合同送工厂			
8	签字并确认购销合同				
9	组织生产				
10	放货给出口商				
11	到国税局缴税				
12		添加并填写"货物出运委托书"			
13		指定船公司			
14		洽订舱位			
15		添加并填写"报检单、商业发票、装箱单"			
16		出口报检			
17		添加并填写产地证明书			
18		到相关机构申请产地证			
19		添加并填写"投保单"			
20		到保险公司投保			
21		到外管局申领并填写"核销单"			
22		到海关办理核销单的口岸备案			

续表

No.	工厂	出口商	出口地银行	进口地银行	进口商
23		添加并填写"报关单"			
24		送货到海关			
25		出口报关,货物自动出运			
26		到船公司取提单			
27		添加并填写装船通知"SHIPPING ADVICE"			
28		发送装船通知			
29		将货运相关单据送进口商			
30					查收单据
31					到银行领取并填写"进口付汇核销单"
32					付款
33		到银行办理结汇			到船公司换提货单
34		添加并填写"出口收汇核销单送审登记表"			添加并填写"报检单"
35		到外管局办理核销			进口报检
36		到国税局办理出口退税			添加并填写"报关单"
37					进口报关
38					缴税
39					提货
40					添加并填写"进口付汇到货核销表"
41					到外管局办理进口付汇核销
42					到消费市场销货

八、T/T+CFR 履约流程

T/T+CFR 履约流程参见表 12-8。

表 12－8 T/T＋CFR 履约流程

No.	工 厂	出口商	出口地银行	进口地银行	进口商
1		起草外销合同			
2		添加并填写出口预算表			
3		合同送进口商			
4					添加并填写进口预算表
5					签字并确认外销合同
6		起草国内购销合同			
7		合同送工厂			
8	签字并确认购销合同				
9	组织生产				
10	放货给出口商				
11	到国税局缴税				
12		添加并填写"货物出运委托书"			
13		指定船公司			
14		洽订舱位			
15		添加并填写"报检单、商业发票、装箱单"			
16		出口报检			
17		添加并填写产地证明书			
18		到相关机构申请产地证			
19		到外管局申领并填写"核销单"			
20		到海关办理核销单的口岸备案			
21		添加并填写"报关单"			
22		送货到海关			
23		出口报关，货物自动出运			

续表

No.	工　厂	出口商	出口地银行	进口地银行	进口商
24		到船公司取提单			
25		添加并填写装船通知"SHIPPING ADVICE"			
26		发送装船通知			
27		将货运相关单据送进口商			查看装船通知
28					添加并填写"投保单"
29					到保险公司投保
30					查收单据
31					到银行领取并填写"进口付汇核销单"
32					付款
33		到银行办理结汇			到船公司换提货单
34		添加并填写"出口收汇核销单送审登记表"			添加并填写"报检单"
35		到外管局办理核销			进口报检
36		到国税局办理出口退税			添加并填写"报关单"
37					进口报关
38					缴税
39					提货
40					添加并填写"进口付汇到货核销表"
41					到外管局办理进口付汇核销
42					到消费市场销货

九、T/T+FOB 履约流程

T/T+FOB 履约流程参见表 12-9。

表12-9　T/T＋FOB 履约流程

No.	工　厂	出口商	出口地银行	进口地银行	进口商
1		起草外销合同			
2		添加并填写出口预算表			
3		合同送进口商			
4					添加并填写进口预算表
5					签字并确认外销合同
6		起草国内购销合同			指定船公司
7		合同送工厂			
8	签字并确认购销合同				
9	组织生产				
10	放货给出口商				
11	到国税局缴税				
12		添加并填写"货物出运委托书"			
13		洽订舱位			
14		添加并填写"报检单、商业发票、装箱单"			
15		出口报检			
16		添加并填写产地证明书			
17		到相关机构申请产地证			
18		到外管局申领并填写"核销单"			
19		到海关办理核销单的口岸备案			
20		添加并填写"报关单"			
21		送货到海关			
22		出口报关，货物自动出运			
23		到船公司取提单			

续表

No.	工厂	出口商	出口地银行	进口地银行	进口商
24		添加并填写装船通知"SHIPPING ADVICE"			
25		发送装船通知			
26		将货运相关单据送进口商			查看装船通知
27					添加并填写"投保单"
28					到保险公司投保
29					查收单据
30					到银行领取并填写"进口付汇核销单"
31					付款
32		到银行办理结汇			到船公司换提货单
33		添加并填写"出口收汇核销单送审登记表"			添加并填写"报检单"
34		到外管局办理核销			进口报检
35		到国税局办理出口退税			添加并填写"报关单"
36					进口报关
37					缴税
38					提货
39					添加并填写"进口付汇到货核销表"
40					到外管局办理进口付汇核销
41					到消费市场销货

第三节　实习成绩评定与常见问题处理

一、实习成绩评定

基于 Sim Trade 外贸实习平台的实训结束后，教师可以使用 Sim Trade 的自动评分系统统计学生的成绩，对本班学生扮演的所有角色进行综合评分。系统将根据评分标准和实训资料自动计算出综合实训成绩。由于银行的工作量不大,Sim Trade 中的出口地银行与进口地银行不参与评分。系统生成的学生成绩由三大块组成,即出口商成绩、进口商成绩、工厂成绩,出口商工作量较大,其成绩在系统生成最终总分中有较大的权重。该系统给定的成绩能客观、真实地反映学生平时的学习状况与应用能力,其公正性不言而喻。以下为各角色评分标准。

1. 出口商评分标准

基本资料:10分。单据制作:28分。财务状况:20分。库存状况:5分。供求信息:5分。邮件管理:10分。业务能力:22分(其中:每个交易对象1分,最多6分;每个交易产品0.8分,最多5分;每种成交方式1分,最多6分;每条成交业务0.8分,最多5分)。

2. 进口商评分标准

基本资料:10分。单据制作:28分。财务状况:20分。库存状况:5分。供求信息:5分。邮件管理:10分。业务能力:22分(其中:每个交易对象1分,最多6分;每个交易产品0.8分,最多5分;每种成交方式1分,最多6分;每条成交业务0.8分,最多5分)。

3. 工厂评分标准

基本资料:10分。财务状况:20分。库存状况:20分。供求信息:5分。邮件管理:10分。业务能力:35分(其中:每个交易对象2分,最多10分;每个交易产品2分,最多10分;每条成交业务2分,最多15分)。

完善的个人资料填写,更多的盈利,信息广告和邮件充分、准确的撰写发布(发送),正确的单据填写,尽量多的变换交易对象、交易产品、成交方式以及尽量多做业务能够增加系统评分。学生在实验结束之前,最好检查一下是否还有合同没有完成,是否还存在库存,是否还有贷款没有偿还。如果上述工作还有未完成的,最好在结课之前全部处理完毕,以获得系统更高的评分。

指导老师不仅可以看到系统给学生的综合评分,还能查看每位同学得分的详细资料,清楚了解每位同学的实验状况。指导老师可结合学生平时表现、进出口预算表的填写等情况进行适当的加分。

随着实验进程的深入,指导老师可以通过修改商品资料、运费、保险费及其他费用,调整交易商品价格系数改变利润空间,修改"今日汇率",重新设置货物意外与随机事件发生频率,关闭单据检查功能等途径进一步提高操作的仿真性,加大实习难度,提升实习乐趣。在实习后期或者实习时间较为紧张的情况下,老师可以设置自动银行,让系统代替学生自动处理银行相关业务,以节省时间。

二、常见问题处理

1. 单据弹不出来

(1)请在 IE 浏览器里,依次在"工具"菜单,单击"Internet 选项",单击"隐私"选项卡的"弹出窗口阻止程序"去掉"拦截弹出窗口"功能的勾选。因实验室计算机一般都装有还原系统，请每次做实验前（计算机重启后）都要进行此操作。

（2）如果还是不行，请检查系统里有没有安装其他 IE 辅助工具，比如雅虎、百度等上网助手。如果有，请将其广告拦截功能关闭或者直接把那些工具卸载掉。

2. 单据上没有"保存"按钮

解决方法：

（1）一直按键盘上的 Tab 键，直至切换至"保存"按钮。

（2）在"工具"菜单，单击"Internet 选项"，单击"高级"选项卡，滚动到"浏览"组，去除"对网页上的按钮和控件启用视觉样式"前面的勾选。

3. 单据具体内容不显示

已经填好的 Sim Trade 单据具体内容显示为空白，将 IE 浏览器设置为兼容性视图即可。具体操作如下：打开 IE 浏览器，选择"工具"—"兼容性视图设置"。在"更改兼容性视图设置"栏中将 Sim Trade 网址添加进来。

4. 无法访问 Sim Trade 网站

解决方法：

（1）确认是否在校园内访问（校外一般无法访问该网站）。

（2）检查能否访问其他网站。

（3）提请指导老师或实验室管理老师检查 Sim Trade 服务器及网络是否正常运行。

5. 如何填写单据

参考本教程各章单据填写部分的内容（或打开单据后，单击单据名称的蓝色字体，即可看到完整的单据填写说明），再结合教程附录部分（或系统帮助里"单据填写样本参考"）单据样本进行填写。填好后在"查看单据列表"里单击单据旁边的"检查"按钮，根据提示进行修改。

6. 合同无法修改

起草合同时，可能会出现打开合同后无法填写或修改的问题，原因有两种。

一是点错地方。如果是出口商起草合同，在合同起草阶段，进入业务中心单击"进口商"建筑物标志，再单击"修改合同"按钮，这时合同才可以填写或修改。

二是合同已经发送给交易对象。合同一旦发送，就不能再直接填写或修改。如果对方还没有确认合同，可提请对方"取消合同"，然后可对合同进行修改；如果合同已经被对方签字确认，合同将彻底无法修改。一般来说，合同只要经双方签字，即需履行完成。

7. 交易过程中出现"金额不足"的处理

可以通过 3 种方式解决。

（1）可以通过银行贷款，具体操作方法见常见问题处理 8。

（2）向别的公司借款，也就是从别的公司汇款，操作方法见常见问题处理 9。

（3）向老师申请增加资产。

8. 如何向银行申请贷款

请按以下步骤操作。

（1）在进出口商业务中心，单击标志"出口地银行"或"进口地银行"的建筑物。

（2）单击上方的"申请贷款"按钮，进入贷款业务页面。

（3）填写银行编号，选择贷款币别，输入贷款金额、贷款说明，单击"确定"按钮，即可完成向银行的贷款申请。

（4）登录进入申请贷款的"出口地银行"或"进口地银行"页面，单击上方的"贷款业务"按钮。选择相应的申请贷款栏目，单击"发放贷款"按钮，进出口商即可在各自业务中心的"财务"里查收到申请的贷款。

注意事项：

（1）贷款金额为数字格式，不能加如千分号等符号，否则贷款申请无法通过。

（2）若老师没有修改过，则每个角色贷款上限默认为人民币 500 万元（如其他币别要进行换算）。

9. 如何给其他公司汇款

请按以下步骤操作。

（1）在业务中心，单击标志"出口地银行"或"进口地银行"的建筑物。

（2）单击上方的"汇款"按钮，进入汇款业务页面。

（3）填写收款人账号（注意是账号而不是编号，为收款人的公司基本资料里的"账号"），写明通过其汇款的银行编号，选择汇款币别，输入汇款金额、汇款说明，单击"确定"按钮，即完成汇款，同时银行会收取一定手续费。

提示：汇款和贷款一样，都需要还，不还会影响得分。

10. D/A、D/P 方式下，向银行交单托收时，需要递交的单据

出口商在业务中心单击"出口地银行"建筑，再单击"托收"按钮，选中单据"商业发票"、"装箱单"、"普惠制产地证明书"、"货物运输保险单"（CIF 条件时）、"海运提单"、"汇票"，单击"托收"按钮，完成托收手续的办理。

11. T/T 方式下，出口商如何交单

出口商在业务中心单击"进口商"建筑，再单击"查看单据列表"按钮，选中单据"商业发票"、"装箱单"、"普惠制产地证明书"、"货物运输保险单"（CIF 条件时）、"海运提单"、"汇票"，直接单击"单据送进口商"按钮，完成交单手续。

12. 所有商品是否都要进出口报检

不是。我们一般根据商品的监管条件来判断某种商品是否需要进出口报检。在 SimTrade 中，商品的监管条件在"淘金网"的"税率"页面中，输入商品海关编码进行查

询。"A"代表需要入境报检,"B"代表需要出境报检,如果没有"A"和"B"则代表不用报检(报检也可以)。

13. 进口关税是按"普通税"还是"优惠税"税率来征收

"淘金网"的"税率查询"中可以查到有些商品有"普通税"和"优惠税",我们系统里都是普惠制国家,因此都按"优惠税"税率来征收。如果"优惠税"税率中没有数字,就意味着优惠税税率为"0"。

14. Sim Trade 自动评分为什么会出现下降现象

Sim Trade 系统将根据学生实验综合情况自动计算出实验成绩,一般来说交易笔数越多分数会越高。但一笔交易做完后,再开始进行新的一笔交易时,可能是由于各交易角色的资金、库存及单据填写准确率等出现了变化,系统评分可能暂时会出现不升反降的现象。学生对此不要过于担心,通常情况是新的一笔交易完成后,系统评分又会上升回来。

本 章 小 结

本章主要讲解其他笔交易。首先对如何选择目标市场、交易商品、交易对象进行了简要的讲解,对商品交易数量确定的原则和方法进行了分析介绍,从理论上对商品价格的构成进行了分析,并推导出工厂向出口商报价、出口商向进口商报价的计算公式。其次以列表形式介绍了 L/C+CFR、L/C+FOB、D/P+CIF、D/P+CFR、D/A+CIF、D/A+CFR、T/T+CIF、T/T+CFR、T/T+FOB 9 种成交方式的履约流程。最后对实习成绩评定与 14 种常见问题处理做出了必要的说明。

复习思考题

1. 在 Sim Trade 中,商品交易数量是如何确定的?
2. 工厂如何向出口商进行报价?
3. 出口商如何向进口商进行报价?

附录 单据样本

附表1 国际买卖合同

crescent western foods corp

room2501,jiafa mansion,beijing west road,nanjing 210005,p.r.china

SALES CONFIRMATION

Messrs:	Love trading company		No.	zwj01
	p.o.box8935,new terminal,lata.vista,Barcelona,Spain		Date:	2016-03-08

Dear Sirs,

We are pleased to confirm our sale of the following goods on the terms and conditions set forth below:

Choice	Product No.	Description	Quantity	Unit	Unit Price	Amount
○	01005	CANNED SWEET CORN 3060Gx6TINS/CTN	800	CARTON	[CIF] [BARCELO] USD14	USD11200
		Total:	800	CARTON		[USD] [11200]

Say Total: U.S.DOLLARS ELEVEN THOUSAND TWO HUNDRED ONLY

Payment: L/C
By 100% irrevocable sight letter of credit in our favor.

Packing: 3060Gx6TINS/CTN
Each of the carton should be indicated with Item No.,Name of the Table,G.W.,and C/No.

Port of Shipment: Nanjing

Port of Destination: BARCELONA

Shipment: All of the goods will be shipped on or before Apr.18,2016 subject to L/C reaching the SELLER by the end of March,2016.Partial shipments and transhipment are not allowed.

Shipping Mark:
CANNED SWEET CORN
SPAIN
C/No.1-800
MADE IN CHINA

Quality: As per sample submitted by seller.

Insurance: The SELLER shall arrange marine insurance covering ICC(A) plus institute War Risks for 110% of CIF value and provide of claim,if any,payable in Spain,with U.S.currency.

Remarks: The Buyers are requested to sign and return one copy of this Sales Confirmation immediately after receipt of the same.

BUYERS	SELLERS
Love trading company	crescent western foods corp
Lover	*rebecca*
(Manager Signature)	(Manager Signature)

附表 2　出口预算表

合同号：　zwj01
预算表编号：　STEBG000060　　　　　　　　　　（注：本预算表填入的位数全部为本位币）

项目	预算金额	实际发生金额
合同金额	92835.68	71543.36
采购成本	52000.00	52000.00
FOB总价	62246.19	58330.73
内陆运费	1235.33	1235.33
报检费	200.00	200.00
报关费	200.00	200.00
海运费	29690.84	12520.09
保险费	898.65	692.54
核销费	10.00	10.00
银行费用	400.00	400.00
其他费用	5073.87	3777.17
退税收入	7555.56	2222.22
利润	10682.55	2730.46

附表 3　进口预算表

合同号：　zwj01
预算表编号：　STIBG000044　　　　　　　　　　（注：本预算表填入的位数全部为本位币）

项目	预算金额	实际发生金额
合同金额	11200.00	8151.70
CIF总价	11200.00	8151.70
内陆运费	149.03	140.75
报检费	24.13	22.79
报关费	24.13	22.79
关税	1456.00	815.17
增值税	1904.00	1524.37
消费税	0.00	0.00
海运费	0.00	0.00
保险费	0.00	0.00
银行费用	55.49	45.58
其他费用	560.00	407.58

[打印] [保存] [退出]

附表4 贸易进口付汇核销单（代申报单）

印单局代码： 320000   核销单编号： STICA000031

单位代码 00000234-8	单位名称 Love trading company	所在地外汇局名称
付汇银行名称 the chartered bank	收汇人国别 China	交易编码 0101
收款人是否在保税区：是 □ 否 ☑	交易附言	

对外付汇币种 USD   对外付汇总额 11200
其中：购汇金额 11200   现汇金额 0   其他方式金额 0
人民币账号 0   外汇账号 0

付汇性质

☑ 正常付汇
□ 不在名录   □ 90天以上信用证   □ 90天以上托收   □ 异地付汇
□ 90天以上到货   □ 转口贸易
备案表编号

预计到货日期 04/10/2016   进口批件号   合同/发票号 zwj01

结算方式

| 信用证 | 90天以内 ☑ | 90天以上 □ | 承兑日期 0 / 0 / 0 | 付汇日期 0 / 0 / 0 | 期限 0 天 |
| 托收 | 90天以内 □ | 90天以上 □ | 承兑日期 0 / 0 / 0 | 付汇日期 0 / 0 / 0 | 期限 0 天 |

汇款
预付货款 □   货到付汇（凭报关单付汇）□   付汇日期 0 / 0 / 0

报关单号   报关日期 0 / 0 / 0   报关单币种   金额 0
报关单号   报关日期 0 / 0 / 0   报关单币种   金额 0
报关单号   报关日期 0 / 0 / 0   报关单币种   金额 0
报关单号   报关日期 0 / 0 / 0   报关单币种   金额 0

（若报关单填写不完，可另附纸。）

其他 □   付汇日期 0 / 0 / 0

以下由付汇银行填写

申报号码：
业务编号：   审核日期： / /   （付汇银行签章）

附表 5 不可撤销信用证开证申请书
IRREVOCABLE DOCUMENTARY CREDIT APPLICATION

TO: the chartered bank   **DATE:** 160319

- [ ] Issue by airmail
- [ ] With brief advice by teletransmission
- [ ] Issue by express delivery
- [x] Issue by teletransmission (which shall be the operative instrument)

Credit NO. STLCA000071

Date and place of expiry 160515 in the beneficiary's country

Applicant
Love trading company
p.o.box8935,new terminal,lata.vista,Barcelona,Spain

Beneficiary (Full name and address)
crescent western foods corp
room2501,jiafa mansion,beijing west road,nanjing 210005,p.r.china

Advising Bank
nanjing commercial bank
no.19 lane 32 l sen rd, nanjing 210014,p.r.china

Amount
[USD] [11200]
U.S.DOLLARS ELEVEN THOUSAND TWO HUNDRED ONLY

Parital shipments: [ ] allowed [x] not allowed
Transhipment: [ ] allowed [x] not allowed

Credit available with nanjing commercial bank
By: [ ] sight payment [ ] acceptance [x] negotiation
[ ] deferred payment at

Loading on board/dispatch/taking in charge at/from
NANJING
not later than 160415
For transportation to: BARCELONA

against the documents detailed herein
[x] and beneficiary's draft(s) for 100 % of invoice value
at **** sight
drawn on ISSUE BANK

[ ] FOB   [ ] CFR   [x] CIF   [ ] or other terms

Documents required: (marked with X)

1.(x) Signed commercial invoice in 6 copies indicating L/C No. and Contract No. zwj01
2.(x) Full set of clean on board Bills of Lading made out to order and blank endorsed, marked "freight [ ] to collect / [x] prepaid [ ] showing freight amount" notifying THE APPLICANT
   ( ) Airway bills/cargo receipt/copy of railway bills issued by ____ showing "freight [ ] to collect/ [ ] prepaid [ ] indicating freight amount" and consigned to
3.(x) Insurance Policy/Certificate in 3 copies for 110 % of the invoice value showing claims payable in Spain in currency of the draft, blank endorsed, covering All Risks and War Risks
4.(x) Packing List/Weight Memo in 3 copies indicating quantity, gross and weights of each package.
5.( ) Certificate of Quantity/Weight in 0 copies issued by
6.( ) Certificate of Quality in 0 copies issued by [ ] manufacturer/[ ] public recognized surveyor
7.(x) Certificate of Origin in 3 copies issued by MANUFACTURER
8.( ) Beneficiary's certified copy of fax / telex dispatched to the applicant within 0 hours after shipment advising L/C No., name of vessel, date of shipment, name, quantity, weight and value of goods.

Other documents, if any

Description of goods:
01005 CANNED SWEET CORN,3060GX6TINS/CTN
QUANTITY:800 CARTONS
PRICE:USD14/CTN

Additional instructions:
1.(x) All banking charges outside the opening bank are for beneficiary's account.
2.(x) Documents must be presented within 21 days after date of issuance of the transport documents but within the validity of this credit.
3.( ) Third party as shipper is not acceptable, Short Form/Blank B/L is not acceptable.
4.( ) Both quantity and credit amount 0 % more or less are allowed.
5.( ) All documents must be forwarded in ____
 ( ) Other terms, if any

附表 6　信用证

LETTER OF CREDIT
------------------------------------ MESSAGE TEXT ------------------------------------

:27:SEQUENCE OF TOTAL
　　1/1
:40A:FORM OF DOCUMENTARY CREDIT
　　IRREVOCABLE
:20:DOCUMENTARY CREDIT NUMBER
　　STLCN000071
:31C:DATE OF ISSUE
　　160320
:31D:DATE AND PLACE OF EXPIRY
　　160515 in the beneficiary's country
:51A:APPLICANT BANK
　　the chartered bank

:50:APPLICANT
　　Love trading company
　　p.o.box8935,new terminal,lata.vista,Barcelona,Spain
:59:BENEFICIARY
　　crescent western foods corp
　　room2501,jiafa mansion,beijing west road,nanjing 210005,p.r.china
:32B:CURRENCY CODE, AMOUNT
　　[USD　　　　][11200　　　　　　　　]
:41D:AVAILABLE WITH BY
　　nanjing commercial bank by negotiation

:42C:DRAFTS AT
　　SIGHT

:42A:DRAWEE
　　ISSUE BANK

:43P:PARTIAL SHIPMENTS
　　not allowed
:43T:TRANSHIPMENT
　　not allowed
:44A:ON BOARD/DISP/TAKING CHARGE
　　NANJING
:44B:FOR TRANSPORTATION TO
　　BARCELONA
:44C:LATEST DATE OF SHIPMENT
　　160415
:45A:DESCRIPTION OF GOODS AND/OR SERVICES
　　01005 CANNED SWEET CORN,3060GX6TINS/CTN, QUANTITY:800 CARTONS
　　CIF BARCELONA, PRICE:USD14/CTN
:46A:DOCUMENTS REQUIRED
　　+Signed commercial invoice in 6 copies indicating Contract No. zwj01
　　+Full set of clean on board Bills of Lading made out to order and blank endorsed, marked "freight to prepaid" notifying THE APPLICANT
　　+Insurance Policy/Certificate in 3 copies for 110 % of the invoice value showing claims payable in Spain in currency of the draft, blank endorsed, covering All Risks and War Risks
:47A:ADDITIONAL CONDITIONS

:71B:CHARGES
　　All banking charges outside the opening bank are for beneficiary's account
:48:PERIOD FOR PRESENTATION
　　Documents must be presented within 21 days after date of issuance of the transport documents but within the validity of this credit.
:49:CONFIRMATION INSTRUCTIONS
　　WITHOUT
:57D:ADVISE THROUGH BANK

附表7 信用证通知书

南京商业银行
nanjing commercial bank

no.19 lane 32 l sen rd, nanjing 210014, p.r.china
FAX:862527203335

信 用 证 通 知 书
NOTIFICATION OF DOCUMENTARY CREDIT

日期:2016-03-22

TO 致: crescent western foods corp room2501, jiafa mansion, beijing west road, nanjing 210005, p.r.china	WHEN CORRESPOND NG PLEASE QUOTE OUT REF NO.	AD94001A40576
ISSUING BANK 开证行 the chartered bank p.o.box99552, riyadh 22766, ksa	TRANSMITTED TO US THROUGH 转递行 REF NO.	

L/C NO. 信用证号 STLCN000071	DATED 开证日期 160320	AMOUNT 金额 [USD] [11200]	EXPIRY PLACE 有效地 Spain
EXPIRY DATE 有效期 160515	TENOR 期限 SIGHT	CHARGE 未付费用 RMB0.00	CHARGE BY 费用承担人 BENE
RECEIVED VIA 来证方式 SWIFT	AVAILABLE 是否生效 VALID	TEST/SIGN 印押是否相符 YES	CONFIRM 我行是否保兑 NO

DEAR SIRS 敬启者:
WE HAVE PLEASURE IN ADVISING YOU THAT WE HAVE RECEIVED FROM THE A/M BANK A(N) **LETTER OF CREDIT**, CONTENTS OF WHICH ARE AS PER ATTACHED SHEET(S).
THIS ADVICE AND THE ATTACHED SHEET(S) MUST ACCOMPANY THE RELATIVE DOCUMENTS WHEN PRESENTED FOR NEGOTIATION.
该通知贵公司,我行收自上述银行信用证一份,现随附通知。贵司交单时,请将本通知书及信用证一并提示。

REMARK 备注:
 PLEASE NOTE THAT THIS ADVICE DOES NOT CONSTITUTE OUR CONFIRMATION OF THE ABOVE L/C NOR DOES IT CONVEY ANY ENGAGEMENT OR OBLIGATION ON OUT PART.

THIS L/C CONSISTS OF _____ SHEET(S), INCLUDING THE COVERING LETTER AND ATTACHMENT(S).
本信用证连同面函及附件共 _____ 纸。

IF YOU FIND ANY TERMS AND CONDITIONS IN THE L/C WHICH YOU ARE UNABLE TO COMPLY WITH AND OR ANY ERROR(S), IT IS SUGGESTED THAT YOU CONTACT APPLICANT DIRECTLY FOR NECESSARY AMENDMENT(S) SO AS TO AVOID AND DIFFICULTIES WHICH MAY ARISE WHEN DOCUMENTS ARE PRESENED.
如本信用证中有无法做到的条款及/或错误,请迳与开证申请人联系,进行必要的修改,以排除交单时可能发生的问题。

THIS L/C IS ADVISED SUBJECT TO ICC UCP PUBLICATION NO.500.
本信用证之通知系遵循国际商会跟单信用证统一惯例第500号出版物办理。

此证如有任何问题及疑虑,请与结算业务部审证科联络,电话: 862527293344

YOURS FAITHFULL
FOR _____ *nanjing commercial bank*

附表8 国内买卖合同

买 卖 合 同

卖方： gucci股份有限公司　　　　　　　　　　　合同编号： zwj02
买方： 新月国际股份有限公司　　　　　　　　　签订时间： 2016-03-20
　　　　　　　　　　　　　　　　　　　　　　　签订地点： 南京

一、产品名称、品种规格、数量、金额、供货时间：

选择	产品编号	品名规格	计量单位	数量	单价(元)	总金额(元)	交(提)货时间及数量
○	01005	甜玉米罐头 每箱6罐，每罐3060克	CARTON	800	65	52000	2016年4月16日前工厂交货
		合计：	CARTON				

[添加] [修改] [删除]

合计人民币(大写)	伍万贰仟元整
备注：	

二、质量要求技术标准、卖方对质量负责的条件和期限：
质量符合国标出口优级品，如因品质问题引起的一切损失及索赔由供方承担，质量异议以本合同产品保质期为限。（产品保质期以商标有效期为准）

三、交(提)货地点、方式：
工厂交货

四、交(提)货地点及运输方式及费用负担：
集装箱门到门交货，费用由需方承担。

五、包装标准、包装物的供应与回收和费用负担：
纸箱包装符合出口标准，商标由需方无偿提供。

六、验收标准、方法及提出异议期限：
需方代表按出口优级品检验内在品质及外包装，同时供方提供商检放行单或商检换证凭单。

七、结算方式及期限：
需方凭供方提供的增值税发票及相应的税收（出口货物专用）缴款书在供方工厂交货后七个工作日内付款。如果供方未将有关票证备齐，需方扣除17%税款支付给供方，等有关票证齐全后结清余款。

八、违约责任：
违约方支付合同金额的15%违约金。

九、解决合同纠纷的方式：
按《中华人民共和国经济合同法》

十、本合同一式两份，双方各执一份，效力相同。未尽事宜由双方另行友好协商。

卖　方	买　方
单位名称： 冠驰股份有限公司	单位名称： 新月国际股份有限公司
单位地址： 南京市中正路651号3楼	单位地址： 南京市北京西路嘉发大厦2501室
法人代表或委托人： 张驰驰	法人代表或委托人： 瑞贝卡
电话： 862529072727	电话： 862523501213
税务登记号： 000000000000233	税务登记号： 000000000000232
开户银行： 南京商业银行	开户银行： 南京商业银行
帐号： SIM-1300850353	帐号： SIM-1300850351
邮政编码： 210016	邮政编码： 210005

附表 9 货物出运委托书

货物出运委托书
(出口货物明细单)　日期：2016-04-04

根据《中华人民共和国合同法》与《中华人民共和国海商法》的规定，就出口货物委托运输事宜订立本合同。

合同号	ZWJ02		运输编号	STINV000001	
银行编号	dst01		信用证号	STLCN000071	
开证银行	the chartered bank				

托运人	新月国际股份有限公司 南京市北京西路嘉发大厦2501室
抬头人	To order of Love trading company,LLC
通知人	Love trading company,LLC p.o.box8935,new terminal,lata.vista,ottawa,canada

付款方式	L/C			
贸易性质	一般贸易	贸易国别	Spain
运输方式	海运	消费国别	Spain
装运期限	2016-04-08	出口口岸	Nanjing
有效期限	2016-04-14	目的港	BARCELONA
可否转运	No	可否分批	No
运费预付	Yes	运费到付	No

选择	标志唛头	货名规格	件数	数量	毛重	净重	单价	总价
○	CANNED SWEET CORN SPAIN C/No.1-800 MADE IN CHINA	CANNED SWEET CORN 3060GX6TINS/CTN	800CARTON	800CARTON	16156.8KGS	14688KGS	USD14	USD11200
TOTAL:			[800][CARTON	][800][CARTON	][16156.8][KGS	][14688][KGS	]	[USD][11200]

[添 加][修 改][删 除]

FOB价	[USD][	7509.58]
总体积	[	20.5888][CBM]
保险单	险别	ICC(A) WAR RISKS
	保额	[USD][12320]
	赔偿地点	Spain
海关编号	0000000232	
制单员	瑞贝卡	

注意事项：

受托人(即承运人)　　　　　　　　　委托人(即托运人)
名　　称：　　　　　　　　　　　　名　　称：新月国际股份有限公司
电　　话：　　　　　　　　　　　　电　　话：862523501213
传　　真：　　　　　　　　　　　　传　　真：862523500638
委托代理人：　　　　　　　　　　　委托代理人：瑞贝卡

附表10　出境货物报检单

中华人民共和国出入境检验检疫
出境货物报检单

报检单位（加盖公章）：	新月国际股份有限公司		* 编　号	STEPC000059
报检单位登记号： 0000000000000	联系人：瑞贝卡	电话：862523501213	报检日期：2016年3月20日	

发货人	（中文）	新月国际股份有限公司
	（外文）	crescent western foods corp

收货人	（中文）	
	（外文）	Love trading company,LLC

选择	货物名称（中/外文）	H.S.编码	产地	数/重量	货物总值	包装种类及数量
○	甜玉米罐头 每箱6罐，每罐3060克 CANNED SWEET CORN 3060GX6TINS/CTN	2005800000	china	800CARTON	USD11200	800CARTON

[添加] [修改] [删除]

运输工具名称号码	Rotterdam/DY100-09	贸易方式	一般贸易	货物存放地点	Nanjing CY
合同号	zwj02	信用证号	STLCN000071	用途	
发货日期	2016-04-04	输往国家(地区)	西班牙	许可证/审批号	
启运地	南京港	到达口岸	巴塞罗那	生产单位注册号	

集装箱规格、数量及号码

合同、信用证订立的检验检疫条款或特殊要求	标记及号码	随附单据（划"√"或补填）	
	CANNED SWEET CORN SPAIN C/No.1-800 MADE IN CHINA	☑合同 ☑信用证 ☑发票 ☐换证凭单 ☑装箱单 ☐厂检单	☐包装性能结果单 ☐许可/审批文件 ☐ ☐ ☐ ☐

需要证单名称（划"√"或补填）		*检验检疫费	
☐品质证书　　　0正　0副 ☐重量证书　　　0正　0副 ☐数量证书　　　0正　0副 ☐兽医卫生证书　0正　0副 ☐健康证书　　　0正　0副 ☐卫生证书　　　0正　0副 ☐动物卫生证书　0正　0副	☐植物检疫证书　　　0正　0副 ☐熏蒸/消毒证书　　　0正　0副 ☐出境货物换证凭单 ☑报关单 ☐ ☐ ☐	总金额（人民币元）	0
		计费人	
		收费人	

报检人郑重声明： 　1.本人被授权报检。 　2.上列填写内容正确属实，货物无伪造或冒用他人的厂名、标志、认证标志，并承担货物质量责任。 　　　　　　　　　　签名：瑞贝卡	领　取　证　单	
	日　期	
	签　名	

注："*"号栏由出入境检验检疫机关填写　　　　　　　　　　　　　　　◆国家出入境检验检疫局制
[1-2 (2000.1.1)]

附表 11　商业发票

ISSUER		商业发票	
crescent western foods corp room2501,jiafa mansion,beijing west road,nanjing 210005,p.r.china		COMMERCIAL INVOICE	
TO			
Love trading company,LLC p.o.box8935,new terminal,lata.vista,Barcelona,Spain	NO. STINV000053		DATE 2016-03-20
TRANSPORT DETAILS	S/C NO. ZWJ02		L/C NO. STLCN000071
From Nanjing to Barcelona on Apr.04,2016 By Vessel.	TERMS OF PAYMENT L/C		

Choice	Marks and Numbers	Description of goods	Quantity	Unit Price	Amount
					CIF BARCELONA
○	CANNED SWEET CORN SPAIN C/No.1-800 MADE IN CHINA	CANNED SWEET CORN 3060GX6TINS/CTN	800CARTON	USD14	USD11200
					[添加][修改][删除]
		Total: [800][CARTON]			[USD][　　11200]

SAY TOTAL:　　U.S.DOLLARS ELEVEN THOUSAND TWO HUNDRED ONLY

(写备注处)

crescent western foods corp (公司名称)

rebecca (法人签名)

附表 12 装箱单

ISSUER crescent western foods corp room2501,jiafa mansion,beijing west road, nanjing 210005,p.r.china			装 箱 单 PACKING LIST			
TO Love trading company,LLC p.o.box8935,new terminal,lata.vista,Barcelona,Spain			INVOICE NO. STINV000053		DATE 2016-03-20	
Choice	Marks and Numbers	Description of goods	Package	G.W	N.W	Meas.
○	CANNED SWEET CORN SPAIN C/No.1-800 MADE IN CHINA	CANNED SWEET CORN 3060GX6TINS/CTN	800CARTON	16156.8KGS	14688KGS	20.5888CBM
				[添 加][修 改][删 除]		
		Total:	[800 [CARTON	][16156.8][KGS	][14688][KGS	][20.5888][CBM]

SAY TOTAL:　　EIGHT HUNDRED CARTONS ONLY

(写备注处)

crescent western foods corp(公司名称)
rebecca(法人签名)

附表 13　货物运输保险投保单

货 物 运 输 保 险 投 保 单

投保人：新月国际股份有限公司　　　　　　　　　　　投保日期：2016-03-25

发票号码	STINV000053	投保条款和险别	
被保险人	客户抬头 新月国际股份有限公司 过户 Love trading company,LLC	(　) PICC CLAUSE (√) ICC CLAUSE (　) ALL RISKS (　) W.P.A./W.A. (　) F.P.A (√) WAR RISKS (　) S.R.C.C	
保险金额	[USD　　　][12320　　　　　]	(　) STRIKE (√) ICC CLAUSE A (　) ICC CLAUSE B	
启运港	Nanjing	(　) ICC CLAUSE C	
目的港	Barcelona	(　) AIR TPT ALL RISKS (　) AIR TPT RISKS	
转内陆		(　) O/L TPT ALL RISKS (　) O/L TPT RISKS	
开航日期	2016-04-04	(　) TRANSHIPMENT RISKS	
船名航次	Rotterdam, DY100-09	(　) W TO W (　) T.P.N.D.	
赔款地点	Spain	(　) F.R.E.C. (　) R.F.W.D.	
赔付币别	USD	(　) RISKS OF BREAKAGE	
保单份数		(　) I.O.P.	
其它特别条款			
以下由保险公司填写			
保单号码		签单日期	

附表14　出口收汇核销单

出口收汇核销单（存根）

（苏）编号：STECA002627

出口单位：	新月国际股份有限公司
单位代码：	00000232-8
出口币种总价：	[USD] [11200]
收汇方式：	L/C
预计收款日期：	2016-04-20
报关日期：	2016-04-04
备注：	

此单报关有效期截止到

出口收汇核销单

（苏）编号：STECA002627

类别	币种金额	日期	盖章
[ ]	[ ]		

海关签注栏：

外汇局签注栏：
年　月　日（盖章）

出口收汇核销单（出口退税专用）

（苏）编号：STECA002627

出口单位：	新月国际股份有限公司
单位代码：	00000232-8

选择	货物名称	数量	币种总价
○	食品	800CARTON	[USD] [11200]

[添加] [修改] [删除]

报关单号：

外汇局签注栏：
年　月　日（盖章）

未经核销此联不得撕开

附表15　出口货物报关单

中华人民共和国海关出口货物报关单

预录入编号：　　　　　　　　海关编号：

出口岸 NANJING PORT	备案号	出口日期 2016-04-04	申报日期 2016-04-04
经营单位 新月国际股份有限公司,0000000232	运输方式 江海运输	运输工具名称 Rotterdam/DY100-09	提运单号
发货单位 新月国际股份有限公司,0000000232	贸易方式 一般贸易	征免性质 一般征税	结汇方式 L/C
许可证号	运抵国（地区） 西班牙	指运港 巴塞罗那	境内货源地 Nanjing
批准文号	成交方式 CIF	运费 [USD] [1960]	保费 [USD][108.4] 杂费 [ ] [0]
合同协议号 zwj01	件数 800	包装种类 CARTON	毛重(公斤) 16156.8　净重(公斤) 14688
集装箱号 TBXU3605231*1	随附单据 INVOICE,PACKING LIST,		生产厂家

标记唛码及备注
CANNED SWEET CORN
　SPAIN
　C/No.1-800
　MADE IN CHINA

选择	项号	商品编号	商品名称、规格型号	数量及单位	最终目的国(地区)	单价	总价	币制	征免
○	1	01005	甜玉米罐头每箱6罐，每罐3060克	800CARTON	Spain	14	11200	USD	一般征税

[添加] [修改] [删除]

税费征收情况：

录入员 录入单位	兹声明以上申报无讹并承担法律责任	海关审单批注及放行日期(签章)	
报关员 瑞贝卡	申报单位（签章）	审单	审价
单位地址 南京市北京西路嘉发大厦2501室		征税	统计
邮编 210005　电话 862523501213	填制日期 2016-04-04	查验	放行

附表 16　装船通知

SHIPPING ADVICE

Messrs.
Love trading company,LLC
p.o.box8935,new terminal,lata,vista,Barcelona,Spain

Invoice No. STINV000053
Date: 2016-04-04

Particulars

1. L/C No. STLCN000071
2. Purchase order No. zwj01
3. Vessel: Rotterdam/DY100-09
4. Port of Loading: Nanjing
5. Port of Dischagre: Barcelona
6. On Board Date: 2016-04-04
7. Estimated Time of Arrival: 2016-04-13
8. Container: 20' X 1
9. Freight: [USD] [1960]
10. Description of Goods:
CANNED SWEET CORN
3060GX6TINS/CTN

11. Quantity:[800] [CARTON]
12. Invoice Total Amount: [USD] [11200]

Documents enclosed
1. Commercial Invoice: 1
2. Packing List: 1
3. Bill of Lading: 1(Duplicate)
4. Insurance Policy: 1(Duplicate)2(Copies)

Very truly yours,
crescent western foods corp
rebecca
Manager of Foreign Trade Dept.

附表 17　普惠制产地证明书

ORIGINAL

1.Goods consigned from (Exporter's business name, address, country) crescent western foods corp room2501,jiafa mansion,beijing west road,nanjing 210005, p.r.china	Reference No. STGSP000055 **GENERALIZED SYSTEM OF PREFERENCES CERTIFICATE OF ORIGIN** (Combined declaration and certificate) **FORM A** Issued in **THE PEOPLE'S REPUBLIC OF CHINA** (country)
2.Goods consigned to (Consignee's name, address, country) Love trading company,LLC p.o.box8935,new terminal,lata.vista,Barcelona,Spain， Spain	
3.Means of transport and route (as far as known) From Nanjing to Barcelona on Apr.04,2016 By Vessel.	4.For official use

Choice	Item number	6.Marks and numbers of packages	7.Number and kind of packages; description of goods	8.Origin criterion (see Notes overleaf)	9.Gross weight or other quantity	10.Number and date of invoices
○	1	CANNED SWEET CORN SPAIN C/No.1-800 MADE IN CHINA	800 CARTON(EIGHT HUNDRED CARTON ONLY)OF CANNED SWEET CORN 3060Gx6TINS/CTN	"P"	16156.8KGS	STINV000053 Mar 20,2016

[添加]　[修改]　[删除]

11.Certification It is hereby certified, on the basis of control carried out, that the declaration by the exporter is correct.	12.Declaration by the exporter The undersigned hereby declares that the above details and statements are correct, that all the goods were produced in **CHINA** (country) and that they comply with the origin requirements specified for those goods in the Generalized System of Preferences for goods exported to (importing country)
Place and date, signature and stamp of certifying authority	Place and date, signature and stamp of authorized signatory

附表18　汇票

BILL OF EXCHANGE

No. STDFT000061　　　　　　　　　　　　　　　　　Dated 2016-03-23

Exchange for　USD　　11200

　　　　　At　---　　　　　　　　　　Sight　of　this　FIRST　of　Exchange

(Second of exchange being unpaid)

Pay to the Order of　nanjing commercial bank

the sum of　U.S.DOLLARS ELEVEN THOUSAND TWO HUNDRED ONLY

Drawn under L/C No.　STLCN000071　　　　　　　Dated 2016-03-20

Issued by　the chartered bank

To　Love trading company,LLC
　　p.o.box8935,new terminal,lata.vista,Barcelona,Spain

　　　　　　　　　　　　　　　　　　　crescent western foods corp

　　　　　　　　　　　　　　　　　　　　(Authorized Signature)

附表19　出口收汇核销单送审登记表

出口收汇核销单送审登记表

出口单位：新月国际股份有限公司　　　　　　　　送审日期：2016年4月14日

核销单编号	发票编号	商品大类	国别地区	贸易方式	结算方式	报关日期	货款			收汇核销金额	
							币别	报关金额	FOB金额		
STECA000038	STINV00005	食品	Spain	一般贸易	L/C	2016-04-04	USD	11200	9131.58	[USD][11200]	第一联外汇局留存

出口单位填表人：瑞贝卡　　　　　　外汇局审核人：

附表20 入境货物报检单

中华人民共和国出入境检验检疫

入境货物报检单

报检单位（加盖公章）:	Love trading company,LLC		*编 号	STIPC000054
报检单位登记号:	0000000000000	联系人: Lover	电话: 051622448800	报检日期: 2016年4月10日

收货人	（中文）		企业性质（划"√"） ☐合资 ☐合作 ☐外资
	（外文）	Love trading company,LLC	
发货人	（中文）	新月国际股份有限公司	
	（外文）	crescent western foods corp	

选择	货物名称（中/外文）	H.S.编码	原产国（地区）	数/重量	货物总值	包装种类及数量
○	甜玉米罐头 CANNED SWEET CORN 3060G×6TINS/CTN	2005800000	Nanjing	800CARTON	USD11200	800CARTON

[添加] [修改] [删除]

运输工具名称号码	Rotterdam/DY100-09		合同号	zwj01
贸易方式	一般贸易	贸易国别（地区） 中国	提单/运单号	STBLN000062
到货日期	2016-04-10	启运国家（地区） 中国	许可证/审批号	
卸毕日期	2016-04-10	启运口岸 南京港	入境口岸	巴塞罗那
索赔有效期至	2016-04-20	经停口岸	目的地	
集装箱规格、数量及号码	TBXU3605231*1*20'			
合同订立的特殊条款以及其他要求			货物存放地点	
			用途	

随附单据（划"√"或补填）	标记及号码	*外商投资财产（划"√"） ☐是 ☐否
☑合同 ☐到货通知 ☑发票 ☑装箱单 ☑提/运单 ☐质保书 ☐兽医卫生证书 ☐理货清单 ☐植物检疫证书 ☐磅码单 ☐动物检疫证书 ☐验收报告 ☐卫生证书 ☐原产地证 ☐许可/审批文件	CANNED SWEET CORN SPAIN C/No.1-800 MADE IN CHINA	*检验检疫费 总金额（人民币元） 0 计费人 收费人

报检人郑重声明: 1.本人被授权报检。 2.上列填写内容正确属实。 签名 Lover	领取证单
	日期
	签名

注: 有"*"号栏由出入境检验检疫机关填写

◆国家出入境检验检疫局制

[1-2 (2000.1.1)]

附表 21　进口货物报关单

中华人民共和国海关进口货物报关单

预录入编号：012004516-1　　　　　　　　海关编号：

进口口岸	Barcelona Port		备案号		进口日期 2016-04-10	申报日期 2016-04-10
经营单位	Love trading company,LLC, 0000000234		运输方式 江海运输	运输工具名称 Rotterdam/DY100-09		提运单号 STBLN000062
收货单位	Love trading company,LLC, 0000000234		贸易方式 一般贸易		征免性质 一般征税	征税比例
许可证号			起运国（地区） 中国	装货港 南京港		境内目的地
批准文号			成交方式 CIF	运费 [USD] [1960]	保费 [USD] [108.4]	杂费 [ ] [0]
合同协议号	zwj01		件数 800	包装种类 CARTON	毛重(公斤) 16156.8	净重(公斤) 14688
集装箱号	TBXU3605231*1		随附单据 INVOICE,PACKING LIST		用途	
标记唛码及备注 CANNED SWEET CORN 　　SPAIN 　C/No.1-800 　MADE IN CHINA						

选择	项号	商品编号	商品名称、规格型号	数量及单位	原产国(地区)	单价	总价	币制	征免
○	1	2005800000	CANNED SWEET CORN3060Gx6TINS/CTN	800CARTON	Spain	14	11200	USD	一般征税

[添加] [修改] [删除]

税费征收情况

录入员 录入单位	兹声明以上申报无讹并承担法律责任	海关审单批注及放行日期(签章)	
报关员 Lover		审单	审价
	申报单位（签章）		
单位地址　p.o.box8935,new terminal, 　　　　　lata.vista,Barcelona,Spain		征税	统计
邮编　　　电话 051622448800　　填制日期 2016-04-10		查验	放行

附表22 进口付汇到货核销表

2016 年 4 月贸易进口付汇到货核销表

进口单位名称：Love trading company,LLC　　进口单位编码：00000234-8　　核销表编号：STICE000057

| 序号 | 核销单号 | 备案表号 | 付汇情况 | | | | 付汇银行名称 | 应到货日期 | 报关单号 | 到货企业名称 | 报关到货情况 | | 与付汇差额 | | 凭报关单付汇 | 备注 |
			付汇币种金额		付汇日期	结算方式					报关币种金额	报关日期	退汇	其他		
1	STICA00003		[USD]	[11200]	2016-04-10	L/C	the chartered bank	2016-04-10	STIAC000055	Love trading company	[USD][11200]	2016-04-04	0			

付汇合计笔数：1　　付汇合计金额：[USD][11200]　　到货报关合计笔数：1　　到货报关合计金额：[USD][11200]　　退汇合计金额：[ ][0]　　凭报关单付汇合计金额：[ ][0]

至本月累计笔数：0　　至本月累计金额：[ ][0]　　至本月累计笔数：0　　至本月累计金额：[ ][0]　　至本月累计金额：[ ][0]　　至本月累计金额：[ ][0]

填表人：Lover　　负责人：Lover　　填表日期：2016 年 4 月 10 日

第二联：进口单位留存　　本核销表内容无讹。

参 考 文 献

顾建华，2010. 外贸单证实务［M］. 北京：清华大学出版社.
过晓颖，2014. 国际贸易实务综合实验教程［M］. 天津：南开大学出版社.
李雁玲，韩之怡，任丽明，2014. 国际贸易实务实验教程［M］. 北京：机械工业出版社.
刘铁敏，2010. 国际结算［M］. 北京：清华大学出版社.
鲁晓东，2016. 国际贸易实务实验教程［M］. 北京：清华大学出版社.
南京世格软件公司，2005. Sim Trade 外贸实习平台实习指导书.
王乃彦，2013. 对外经贸英语函电［M］. 北京：对外经济贸易大学出版社.
吴百福，徐小薇，聂清，2015. 进出口贸易实务教程［M］. 上海：格致出版社.
吴艳，袁定喜，2008. 国际贸易实务［M］. 武汉：武汉大学出版社.
谢娟娟，2008. 国际贸易实务实验教程［M］. 北京：中国财政经济出版社.